To.

....

....

....

From.

스물다섯
미친나눔으로
세상을 바꾸다

송주현 지음

스물다섯
미친나눔으로
세상을 바꾸다

초판발행일 | 2013년 7월 5일
4쇄 발행일 | 2014년 1월 15일

지 은 이 | 송주현
펴 낸 이 | 배수현
디 자 인 | 박수정
제　　작 | 송재호

펴 낸 곳 | 가나북스 www.gnbooks.co.kr
출 판 등 록 | 제393-2009-000012호
전　　화 | 031) 408-8811(代)
팩　　스 | 031) 501-8811

ISBN 978-89-94664-46-0(03230)

스물다섯 미친 놈을 세상을 바꾸다

송주현 지음

Preface

머리말

내 나이 스물 다섯(1988년 생).

나눔에 미쳐... 나눔으로 세상을 바꾸고 싶다는 꿈도 키만치[01] 큰 청년이다(참고로 키는 191밖에...). 언젠가부터 나의 삶 자체가 나눔이 되어버렸다. 연애를 해도 나눔데이트, 계모임을 해도 나눔계모임, 소풍을 가도 나눔소풍, 이렇게 자칭 나눔전도사로 살기로 했는데... 이제는 타칭 나눔전도사가 되어 버렸다.

내가 하고 있는 일은... 아니 살아가고 있는 삶은 또래 청년들과는 조금 다르다. 난 대학을 졸업함과 동시에 백수로 취업(?)했다. 돈 한 푼 없는 놈이, 돈 버는 고대로 넘을 위해 나누고 베풀면서 소외된 이웃들의 친구로 살아왔다. 백수가 말이다... 지금은 비영리법인으로 등록시켜 공식단체로 활동하는 **나눔커뮤니티** 대표로 있지만, 우리 팀, 아직 많이 멀었다. 간지날려

---

01) 만큼

면... 깜깜 멀었다.

이런 4대 보험은 들도[02] 못하는 백수 사역자(?), 그저 평범한 한 청년의 삶이 감동이 되는 것은... 누구나 마음은 있지만 실천하지 못하고 있는 일을 미친 척 해내고 있기 때문이라는 생각이 든다. 이 작은 움직임이 나비효과가 되어 세상을 바꾸어 가리라 믿는다. 아니 바뀌고 있다.

페이스북(SNS)에 거의 매일 올리다시피 하는 나의 '나눔 일기'를 받아보는 팬(?)들이 언젠가부터 많아졌다. 응원도 격려도, 더 나아가 실천까지 하는 분들이 많아졌는데... 그 살아있는(?) 나눔 일기를 모아 책으로 내고자 한다. 더 많은 이들이 이 책을 통해 나눔 바이러스에 감염되길 소망한다.

글재주가 그리 뛰어난 것도 아니지만, 그렇다고 그리 재미없지도 않다. 나눔일기, 갱상도 사투리로 있는 그대로 나의 감정을 써 올렸는데 꽤 감동이 있었나보다. 그래서 **이 책도 갱상도 사투리를 사용**하려고 한다. 왜? 내 진심이 가장 잘 담기고 전해질 수 있는 언어는... 사투리니깐!

2012년 12월 11일, 여느 때처럼 하루를 마무리하면서... 당일 있었던 한 사건을 페이스북에 올렸다. 나눔일기, 누가 보든 안보든 그 날 있었던 나눔에 대한 사건, 이야기, 에피소드, 생각 등을 매일 같이 올려왔었기에., 그날도 그렇게 아무 생각 없이 글을 써 올렸는데... 대박(?)이 터졌다. 자고 일어났더니 좋아요가 3만 명이 훌쩍 넘겨져 있었다.

이를 시작으로 일주일 동안 5개의 글이 1만 명부터, 4만 명, 7만 명, 9만 명까지 좋아요가 찍히며... 일명 좋아요 스타, 페이스북 일진이 되어버렸다. 친구도 정원이 하루 만에 다 차버리고. 급 관심과 주목을 받게 된 것이다. 이후, 전국각지, 아니 전 세계에서 응원, 격려 메시지가 날라왔고, 후원

---

02) 들지도

금까지 쇄도했다. 그렇게 한 청년의 되도 안 하는 꿈을 응원하며 함께해주는 팬들이 많아졌다.

내가 나눔일기를 써왔던 이유, '나 좋은 일 했어요. 칭찬해주세요.'가 아닌, 우리 모두가... 특히 젊은이들이 소외된 이웃에 관심을 가지며 함께 세상을 아름답고 따뜻하게 바꿔가자는 진심이 이 책을 통해서 잘 전달되길 기도하며... 모든 영광 하나님께 올려드린다.

나는 예수쟁이다. 예수 믿고. 내만 천국 가는 거 말고. 예수 믿는 것 같이 살아서 이 세상을 천국같이 만들고 싶은 예수쟁이일 뿐이다.

난 예수쟁이다. 예수를 믿기에... 예수 믿는 것 같이 살려는 것이 나의 삶의 목적이 되었고, 이 나눔 역시! 예수님께서 살아내었던 삶을 따라가려는 발버둥일 것이다. 난 예수님이 좋다. 그래서 그를 닮고 싶다... 끝까지

아직 부족하고, 많이 배워나가야 할 삶, 책으로 많은 분에게 소개 될 수 있도록 기꺼이 출판을 추진, 지원해주신 가나북스 배수현 대표님께 진심으로 감사드린다.

일상처럼 퇴근하시고 잠자리에 들기 전, 내가 출연했던 〈CBS 새롭게 하소서〉를 우연히 보시게 되셨다는데... 보는 내내 너무 감동이 되어, 눈물을 훔치면서 보시게 되었다고 하신다. 저 청년을 위해 뭔가 도움이 되어주고 싶은데... '아! 내가 출판 일을 하니까, 다른 것보다는 책을 내줘야겠다.' 라는 마음을 갖게 되시어 그 다음 날 바로 내게 전화를 주셨다.

그리곤 미팅을 하게 되었고, 대표님께서는... 관행상 인세는 10% 정도 되는데... 그런거 다 무시하고, 제작, 인쇄비 빼고는 모든 수익을 나에게 후원금으로 주시겠다고 하시는 것이다. 이런 손해 보는 장사가 어디 있노? 대표님 역시, '거저 받았으니, 거저 주어라.'는 삶의 철학을 가지고 지금까지 숱한 나눔과 섬김의 삶이 있으셨던 분이셨기에... 나의 삶이 더 이뻐 보이셨

다고 하신다. 앞으로의 나의 삶 또한 '거저 받은 것 거저 주리라...'

이 책의 수익금 전액은 나눔커뮤니티 사역- 독거노인, 노숙인, 보육원, 저소득층 아이들을 위한 지원 사업에 사용됩니다. 감사합니다.

🍎 추천사(?)는 우리 노숙인 아버지, 독거노인 할머니들의 짧은 글로....

주현아 니가 내를 살렸다. 내가 제일 힘들어 할 때 손 내밀어 줬던 사람이 자네야. 자네가 새 삶을 시작할 수 있는 씨앗을 줬다. 내 니 평생 못 잊는다. – **신용대**(노숙에서 자립- 일용직)

그날 방 안 구해주셨으면... 지금도 부산역에서 지내고 있었을 텐데. 너무 고맙습니다. – **최병관**(노숙에서 자립- 페인트 설비)

주현아 너는 노숙한다고 사회의 악이다. 더럽다, 짐승같다는 선입견을 가지고 대하는 것이 아니라 우리를 사람 대 사람으로 대해주는게 너무 고맙다. – **송경권**(노숙에서 자립- 이사짐센터 근무)

우리 손주가 얼매나 잘해준다고! 쌀이니 반찬이니... 학생이 돈도 없을 낀데 맨날 사들고 오고 너무 고마워. 사랑해요. –**안덕연**(92세. 독거노인)

나 같은 사람 자식들도 신경도 안 쓰는데... 틀니도 해주고, 맨날 용돈도 주고 너무 고맙습니다. – **안병호**(78세. 독거노인)

개미고 파리고 한 마리도 안 찾아오는데, 맨날 찾아와주고 놀아주고 너무 고맙소. – **박수분**(93세. 독거노인)

🍎 그리고 날 이렇게 책까지 내게끔 만들어주신 내 페이스북 친구들의 글....

노숙자를 경멸하며 사회악이라 생각했는데 당신 같은 사람 덕에 바뀔 수 있다는 것을 배웠습니다. – **하재환**

항상 주현씨 글 읽으면서 정말 느끼는 게 많아요. 너무 너무 훌륭합니다. 예수님의 '예'자도 생각 안하던 제가... 남편에게 '우리 교회 다닐까...?'라고 말할 정도니깐요... 앞으로도 이렇게 힘나는 이야기, 멋지고 값진 하루 일과 더 자주 읽을 수 있길 바랄게요. 파이팅 – **최선희**

부산에 사시는 작은 예수시네요... 감사합니다 .– **강우찬**

누구나 생각은 할 수 있지만 실천하기란 정말 어렵죠. 진심 존경합니다. – **박은선**

노숙인들은 사지 멀쩡한데 일 안하려고 노숙한다 생각했는데... 손 한 번 내밀면 다시 일어서실 분들이었군요. 고맙습니다. 배울 수 있게 해주셔서.... – **김 레지나**

가진 것도 없는 사람이 이런 '기적'을 만드는데 돈 많은 사람들이 직접 활동하고 도와준다면 '더 큰 기적'을 만들 수 있지 않을까? – **황태연**

개인적으로 기독교인들을 너무나 싫어했던 한 사람입니다. 밑도 끝도 없이 믿어라 믿어라 뿐인 미친 종교단체로만 봐 왔는데... 인식이 확 깨져버리고 마음 한 구석에 좋은 감정이 싹트네요. 감사합니다. – **정지윤**

나눔커뮤니티는 '구원 받은 기쁨'으로 인하여 구제사업을 하는 사람들입니다. 그리고 예수 그리스도로 인하여 봉사와 구제를 할 수 있는 '파워'를 얻은 사람들입니다. 복음은 뒷전이고 단지 봉사와 구제에만 초점을 맞춘다면 처음 본 사람에게 방 잡아 주는 '미친 짓'을 할 수 없습니다. 송주현 형제님의 삶은 명백하게 전도자의 삶입니다. 축복합니다. – **변원수**

솔직히 이런 걸 생각하고 있어도 실천하려고 하는 사람이 세계에 몇 명이나 될까... 이 분은 전 세계의 1%의 사람이다.– **김낙기**

개독교 개독교하는 세상에... 정말 자랑스러운 그리스도인이세요. 세상은 아직 아름답습니다. – **이종식**

참 마음이 따뜻해지고 울컥합니다. 모든 게 그냥 감사하고 감사한 마음입니다. 늘 힘내세요. 저는 교인은 아니지만 천사가 있구나... 예수님의 천사를 본 것 같아서 너무 기분이 훈훈해집니다. 늘 건강하시고 파이팅입니다. –**서민영**

당신의 모습에서 예수님의 모습이 느껴집니다. 진정 그리스도인이십니다. – **이동훈**

Content

목차

Part 4. 나눔일기 … 97

Prologue
프롤로그

🌱 **2012년 12월 11일 페이스북 나눔일기 :: 나눔전도사 송주현**

노숙에서 자립하시고. 이제는 신용회복까지!
주현아... 니 때문이다. 고맙다.

지난 2012년 4월. 부산역 대합실. 여느 때처럼 박스를 깔고, 신문지를 이불삼아 주무시려던 아버지. 천국으로 모셔서(김밥천국) 식사도 함께 나누고, 월세방을 지원해드리며 그렇게 아버지와의 관계는 시작되었다. 자립 하실 수 있도록 그동안 시간도, 돈도 많이 썼다. 무엇보다 마음을 참 많이 썼다.

우리 아버지 오늘 모처럼 연락이 와스⁰¹⁾ 한 달만에 만나게 되었다. 얼굴이 얼마나 좋아지셨는지... 피부가 내보다 더 뽀얘지셨다. 내는... 요새 노숙인 소리 듣는데, 내보다 더 좋아보이신다. 쩝. 전세역전 된 듯 하다.

-----
01) 와서

추운께 국밥 한그릇 했다. 쐬주[02]도 한 병 시켰다(난 안 먹는다. 오해마소세!). 아버지께서 그동안 동분서주 하셨단다. 사업실패와 부도로 신용불량자 신세로 노숙을 시작하셨는데, 이제 다시 제대로 시작해보시겠다고 여기 저기 뛰어다니셔서 곧 신용회복이 되신단다. 기적이지요.

"주현이 니 때문이다. 니 만나서 이래 정신 챙기고 살아볼라꼬 욕본다[03]이가. 고맙다 진짜..."라고 하시며 손을 꼭 잡아주시는데... 이제는 그 손마저 힘 있고 따뜻해지셨다. 오늘도 대신 계산해주시라며 식당 아지매들[04] 몰래 손에 쥐어드렸다. (조만간... 진짜로 얻어먹을 수 있겠지요.)

언젠가부터 아버지라고 부르다가 나도 모르게 '아빠'라고 헛(?)나올 때도 있다. 우리 친아바이[05]보다 더 친하게 지낼까싶어 걱정(?)이다. 난 가족이 많다. 사랑으로 기적을 만들어가는 가족♥!

오늘 정말 춥던데, 반대로 내 가슴은 따시다. 진빼이[06] 중의 진빼이 아빠, 하나님께 영광입니다.

----

02) 소주
03) 발버둥 치다.
04) 아주머니들
05) 친아버지
06) 진짜

안녕하세요. 송주현입니다. 저는 자칭 '나눔전도사'라꼬 하면서 부산지역에서 독거노인, 노숙인, 고아원생들, 저소득층 아이들 등 소외된 이웃들을 섬기며 살아가는 스물다섯 청년입니다.

오늘같이 제가 나누고 베풀며 섬기고 봉사하는 삶의 이야기들을 거의 매일 같이 페이스북에 올리면서 지내온지 2년이 넘었네요. 매일이 이러한 삶의 연속이다 보니 신기한 일들도 많고, 또 함께 나누고 베풀면서, 소외된 이웃들에게 관심을 가지고 세상 바까보자꼬 혼자 마 외치는거죠. 감사하게도 언젠가부터 고정 팬(?)들이 생겨서 글도 읽어주시고, 좋아요로 응원도 해주시고 참말로 힘이 넘칩니다.

저는 돈 버는 것이 직업이라면 강사가 직업입니다. 중고등학교, 대학교, 복지시설, 그리고 교회 등에서 저의 삶을 이야기하는 사람이죠. 간증, 강의, 강연이라고 하죠. 스물다섯이 무슨 할 이야기가 많겠냐만... 나름 재미진 이야기가 많아서. 여기저기 돌아댕기게 되네요! 그 강사비가 저의 수입원입니다. 강의 뛰고 돈 벌면 우리 아버지, 어머니, 할아버지, 할머니, 그리고. 동생들까지 후원도 하고 그리고 직접 섬기기도 합니다.

할매들 병원비 없으면 병원비 내주고, 생활비 대주고, 쌀 팔아드리고, 반찬 사드리면서. 노숙인 아버지들께는 간단한 김밥이나 두유 같은 드실거리를 사서 전해드리며 손 잡아드립니다. 그리고 오늘 이야기처럼 자립의 의지가 있으신 분 들은 달셋방도 지원하며 새 삶을 시작할 수 있도록 돕고 있습니다.

제가 이렇게 사는 이유가 있습니다.

첫째는 예수님 때문입니다. 저는 기독교인입니다. 크리스천이죠. 한국 기독교... 욕먹을 짓(?) 많이 합니다. 아니, 저부터 예수님의 가르침대로 제대로 못살아내고 있습니다. 반성합니다. 죄송합니다.

언젠가부터 예수 믿는 것 같이 살아 보려다보니 이렇게 살아가게 되었습니다. 예수님께서도 이렇게 가난하고 헐벗고 굶주린 자들을 직접 찾아다니시며 그 사랑을 나누고 베풀어주셨거든요. 그래서 저도 예수님의 삶을 닮고 싶어서 그리고 예수님 믿는 것 같이 살고 싶어서 이렇게 살아가려고 발버둥 치고 있습니다.

두 번째로 저는 세상을 바꾸고 싶습니다. 아름답고 따뜻한, 간지나는 세상으로요. 사람 사는 세상. 홀로 외로이 지내시다가 돌아가셔도 사흘, 열흘이 지나서야 발견되는 각박한 세상입니다.(고독사라고 하죠...)

그리고 노숙인 분들은 자신들도 그렇게 살고 싶어서 살아가는게 아니신데, 여러 악순환으로 아파하시는데... 어떻게 보면 누군가의 아들이자 아버지셨을텐데... 쓰레기통을 뒤지시며 그렇게 지붕 없는 집에서 하루 하루 힘겹게 살아가십니다.

저는 이 분들에게 그냥 손이라도 내밀면서 지내고 있습니다. 다시 일어서실 수 있다는 1%의 희망을 가지고서요. 보세요! 1%의 희망이 기적이 되어 오늘과 같은 살아있는 이야기가 나오지 않습니까?

저는 세상을 바꾸고 싶습니다. 내만 잘 묵고 잘 사는 세상이 아닌, 다같이 함께 손잡고 살아가는 아름다운 세상으로요. 뭔가 사는 것 같지 않겠습니까? 스물 다섯, 돈이 많은 것도, 그렇다고 누가 알아주지 않아도, 저는 세상의 한쪽 귀퉁이라도 살려내고 싶어 이렇게 미친 척 살아가고 있습니다. 어째... 박수 함 쳐주시나요? 흐.

이렇게 보잘 것 없는 삶. 그냥... 세상 살리보고 싶은 예수쟁이의 글. 이쁘게 봐주시고, 응원해주셔서 감사합니다. 앞으로도 저는 세상 바까갈껍니다. 함께 하시지 않겠습니까? 이제는 우리 청소년, 청년들 차례잖아요. 바싹 땡깁시다. 그래가 세상 바깝시다. 아름답고, 따뜻한, 간지나는 세상으로요.

하나님께서 하셨습니다. 하나님께 영광입니다♥

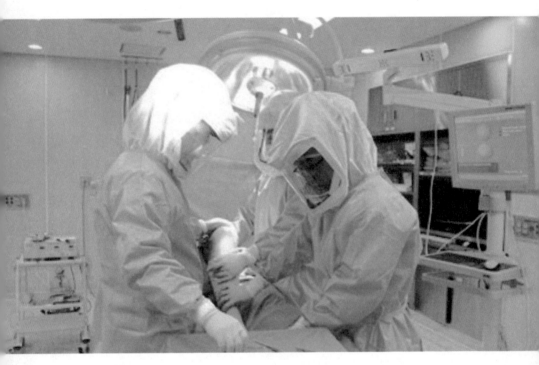

다빠아진 축구선수, 총학생회장까지.

Part 01

제 1 장

나눔전도사,
참 재미나게
살았네?

그러나 내가 가는 길을 그가 아시나니
그가 나를 단련하신 후에는
내가 순금 같이 되어 나오리라 [욥23:10]

나눔전도사,
참 재미나게 살았네?

🍎 곱창집(?) 인생 송주현 :: 내 친구는 기성용, 이청용.

내가 강의하러 가면 항상 물어보는 질문이 있다. "저 뭐하게 생겼어요?"

다양한 대답이 나오는데. 경남 밀양의 한 중딩의 대답은 모두를 웃게 하였다. 진지한 눈빛으로 대답한다. **"곱창집이요..."** 헐. 뭐 때문인지는 모르겠는데 곱창집 하게 생겼다고 말한다. 얼굴이 곱창같이 생겼나? 전라도 목포의 한 초딩의 대답도 멋지다. "노가다요~" 덩치가 커서 그런지 삽질 잘하게 생겼단다 허허.

내 친구들은 유명하다. 기성용, 이청용. 대한민국 국가대표 축구선수들이다. 중요한 건 쟤들이 나를 모른다. 88년생, 만 25세 동갑 친구라는 거다 흐. 난 친구라고 생각한다. 다만 연락이 안 올뿐이지(성용아 혜진이 누나랑 결혼 축하해!)

난 축구선수였다. 초등학교 4학년 때부터 고등학교 3학년 때까지 축구만 했었다. 축구부 생활 참 재밌었다. 냄새나는(?) 남자들끼리 9년 동안 합숙

생활을 했다. 울고 웃었던 그 시간, 지금 생각하면 다시 돌아가고 싶기도 한
추억이다.

　초등학교 때부터 신체조건은 환상적이었다. 초등학교 졸업할 때 키는
165. 중학교 졸업 때는 185. 고등학교 때는 191. 여러 상위학교 감독님들로
부터 관심과 주목을 받았었다. 그렇게 잘하는 것은 아니었지만, 열심히 하
는 선수였던 것 같다.

　열심히 했다. 무릎이 나갈 정도로 했으니. 중학교 3학년 단체훈련이 끝
나고 저녁 식사를 하기 전까지 후배 한 명을 세워놓고... 멀리, 정확하게 주
차는[01] 연습을 100번 이상씩 한 것 같다. 그렇게 몇 주 하다 보니 무릎이 빠
지기(?) 시작했다. 그래도 계속했다. 무식하게시리. 쯧.

　결국엔 그 무릎으로 준결승전을 뛰다가 무릎이 뚝 빠져버렸다. 심각했
다. 퉁퉁 부어올랐고, 땅에 발을 디디기만 해도 바로 넘어졌었으니... 병원
에서는 수술을 권했지만, 그 무릎으로 또 결승전을 뛰었다. 그때 이미 무릎
이 다 망가졌던 것 같다. 결국, 준우승을 하게 되었고, 난 수비상을 받았다.
상 받으면 뭐하노. 내 축구인생은 그때부터 점점 마무리되었던 것 같은데...

　그렇게 첫 수술을 하게 되었고, 고등학교에서도 똑같은 무릎의 수술을
두 번 더하게 되고, 정강이뼈도 뿌싸지고[02], 팔꿈치뼈도 빠지고, 발목도 돌
아가는 등 **고등학교 3년 내내 병원에서 누워있다시피 했던 나의 학창시절
은 절망의 숲을 걷는 시간이었다.**

01) 킥
02) 골절되고

🍎 예수 나의 첫사랑 되시네~

고통 가운데 난 하나님을 만났다. 고등학교 2학년 정강이뼈가 골절됐다. 한여름, 깁스하고 3개월을 찌들어 살았다. 힘들었다. 아팠다. 냄새도... 났다. 으, 그때의 발꾸렁내[03]를 아직도 내 코가 기억하고 있는 듯하다.

3개월 중 첫 달. 아버지, 어머니께 괜히 불평, 불만을 쏟아냈었다. 계속 다치고 다치다 보니 나 자신이 너무 싫었다. 그냥 모든 게 짜증이 되고 화가 되어 표출된 것이다. 정말 힘들었다. 너무. 그렇게 1개월. 세상에서 내가 제일 재수(?) 없는 놈일 꺼란 생각에 빠져 절망으로만 가득한 시간을 보냈다.

그러다 병원에서는 정강이뼈 사이에 뭔가 발견되었다며 MRI를 찍어봐야 할 것 같다고 했다. 의사 선생님께서 아버지만 불러 말씀하시는 소리를 어떻게 하다가 듣게 되었다. '확실한 건 아닌데... 암일 수도 있습니다.' 헐. 무슨 암이야! 말도 안 된다고 생각했지만... 너무 충격을 받았었다.

그날이었던 것 같다. 집에 도착하자마자 바로 옥상에 올라갔다. 나도 모르게 깁스 한 그 상태로 쩔뚝거리며 올라갔다. 그리곤 그 상태로 무릎을 꿇었다. 참 어정쩡한 자세였는데... 무릎을 꿇었다. 나도 모르게. 그렇게 무릎을 꿇고 하나님께 원망 섞인 기도를 하고 있었다.

모태신앙이었던 나. 너무 힘드니 도움을 청할 수 있는 분은 하나님밖에 없었다.

"하나님 너무합니다. 왜 제 인생을 이렇게 힘들게 하십니까? 너무 힘들어요. 쫌 살려주세요. 이 나이에 무슨 암입니까? 무슨 다리에 암이 생겨요!!! 쫌 살려주세요... 이제 하나님 위해서만 살게요. 무슨 일을 해도 하나님을 위해서만 살게요! 도와주세요!"라고 한여름 대낮 옥상에서 2~3시간 딩굴었다. 눈물, 콧물, 입물 다 빼가며 딩굴었다.

---

03) 발냄새

지칠 때 쯤 내 마음속에서 잔잔히 들리는 음성, 난 분명히 들었다. 그분이셨다. **'주현아~ 사랑한다. 니가 아프니 나도 너무 마음이 아프구나. 힘내! 내가 항상 함께 할게! 사랑해 아들아~'**

정신이 번쩍 들었다. 그리곤 그 순간부터 나의 모든 것이 달라진 것 같았다. 짜증, 불평, 불만에서 기쁨, 감사, 기대로 진짜 모든 게 바뀌었다. 이상하게 하나님을 경험하고 만나니 모든 게 다르게 다가왔다.

그렇게 병원에 가서 MRI를 찍어보니 암이 아닌, 염증이 뭉쳐져서 그렇게 보인 것 같다고 걱정 안 해도 될 것 같다는 소식을 듣게 되었고, 남은 2개월 동안 집에서 아버지께서 읽으시던 신앙서적들을 읽게 되었고, 성경은 살아있는 말씀으로 나의 관절과 골수를 쪼개고 있었다. 삶의 가치관이 달라졌다. 하나님이 너무 좋았다. 오직 예수가 나의 삶의 이유가 되었다.

깁스를 풀고 축구부 숙소로 다시 들어갔다. 아직도 날짜가 기억난다. 8월 15일. 숙소에 들어가자마자 애들을 모았다. 성경공부하자고 했다. 모태신앙 후배들을 모았다. 성경 읽고 기도하는 모임을 만들었다.

처음에는 5명으로 시작했다. 욕 세계 챔피언 송주현이 입에서 욕이 끊기고 축복의 입술이 되고 먹을 것도 많이 사맥이 가면서 하니깐 몇 달이 지나니 15명까지 모였다.

여기서 그치지 않고 축구부 애들 데리고 새벽기도부터 교회를 데리고 다녔다. 예수가 좋으니 전도를 시작했다. 거짓말 아니고 40명 중 26명까지 교회에 데꼬 간 적이 있다.

예수님과의 첫 사랑 그 시절. 그 시절을 생각하면 아직도 행복하다. 그리고 한편으론 그 시간처럼 지금은 과연 뜨거운가를 생각해볼 때에 부끄러움이 앞선다.

🍎 꿈을 위해 유급을 준비하다. 그런데...

고등학교 3학년 봄. 감독선생님께서 나를 방으로 부르셨다. 부상으로 운동을 제대로 하지도 못했고, 기대하는 바가 있으셨던지 고등학교 4학년으로 1년 유급을 해서 운동을 더 해보자는 것이었다. 난 오케이 했다. '이 큰 키(191cm)는 하나님께서 축구하라고 주신 키잖아? 열심히 해서 축구로 하나님께 영광 돌리는 축구선교사 해야지!'라는 마음으로. 바로 유급절차를 밟았다. 고등학교 3학년 1학기 도중 휴학을 했다. 그리곤 재활훈련을 통해 몸도 키우고 회복해나갔다.

한 3개월 뒤 연습게임을 뛰었다. 헐 대박! 몸 풀러 들어갔다가 대학교 팀을 상대로 5분 만에 한 골 넣어버렸네? 뭔가 풀리는 것 같았다. 감독선생님을 포함한 여러 관계자님께 기대를 받기 시작했다. '이제 저놈 저그 뭔가 일 내긋네.'라는...

그 다음 날 두 번째 연습게임을 뛰었다. 그날도 정말 잘했다. 그런데 슈팅 찬스가 나서 디딤발을 딛고 슈팅을 때리는데... 세 번이나 수술했던 무릎에서 뚝하는 소리가 나더니 그대로 넘어져 버렸다. 일어나봤는데 무릎이 산 같이 부어있었다. 그 다음날 병원에 가봤다. MRI를 찍어봤다. 무릎뼈가 내려앉았단다. 십자인대도 부분파열 되고, 수술해도 재활기간 등을 따지고 여러 가지 계산해 봐도 **축구를 그만두는 게 좋을 것 같다는...** 진단결과를 듣게 되는데, **나에겐 사망선고와도 같았다.**

초등학교 4학년부터 고등학교 3학년까지 축구만 했다. 그리고 휴학을 해서 고등학교 졸업장도 못 받게 되는 상황이. 이제 난 뭘 할 수 있을까? 절망 중의 더 큰 절망으로 빠지게 하였다. 힘들었다. 너무. 매일 방에서 울었다. 울다가 자고. 울다가 잠들고. 그냥 폐인같이 방 안에만 지내게 되었다. 삶의 의욕은 커녕, 그 좋던 식욕도 없었다. 그렇게 지내다가 아버지와 한바탕 했다. 그냥... 서로 너무 힘드니. 그때 왜 그런 이야기를 했는지 모르겠는데. 아버지께 이렇게 외쳤다.

"노가다를 하든 뭘 하든 하나님 영광 위해서 살면 되죠!!! 좀 냅두세요!"

힘들고 아프고 앞이 보이지 않는 시간이었지만. 하나님은 날 끝까지 잡고 계셨던 것 같다. 노가다를 하든 뭘 하든 하나님 영광 위해서 살겠다... 앞으로의 고백 역시 이러하길 기도한다. 그리고 백수로 살아도 하나님 영광 위해 살겠다는 마음으로 살다보니... 지금은 조금 간지나는 인생이 되는 것 같다.

🍎 절망의 끝자락에서... 멘토를 만나다!

축구를 그만두게 되고 하루하루의 삶이 사는기 사는게 아니었다. 그런 시간을 보내던 중 하나님께서는 한 목사님을 통해 나를 일으켜 세우셨다. 그분은 나의 멘토이신 이한수 목사님.

목사님은 20년이 넘도록 〈영어영성세미나〉, 〈교육부흥회〉 등으로 청소년들에게 꿈과 희망을 심어주시는 청소년전문사역자시다. 중고딩, 대딩들에게 왜 살아야 하고 또 왜 공부를 해야 하는지 말씀으로, 강의로 도전하시고 열정을 불러일으키시는 데에는 탁월한 은사가 있으셨다.

우리교회에서 일주일 단위의 〈영어영성세미나〉가 진행된다는 소식을 접했지만, 세미나 등록금 때문에 아쉬움만 가지게 되었다. 그때 고등부 한 선생님께서 "등록금 보태 줄테니 한번 공부도 배워보고 다시 일어나는 시간 되었음 좋겠다."면서 어깨를 한 번 쳐주시는데... 집으로 가는 길, 눈물이 앞을 가린다. 나에게 이렇게 관심을 가져주시고 신경 써주시는 분이 계신다는 것만으로도 너무 감사했다.

그렇게 영어영성세미나를 참석하게 되었다. 영어영성세미나는 일주일 동안 영어의 기본부터 고급영어, 그리고 전 과목 공부법까지 학습의 실질적인 도움을 얻게 될 뿐만 아니라 영성훈련, 집회 등을 통해 하나님과의 깊은 교제까지 이어갈 수 있는 세미나이다.

첫 날부터 영어로 공부를 시작하는데... 한숨, 눈물밖에 안 났다. 초딩도 다 아는 영어의 기본을 하나도 알아들을 수 없었고, 샬라샬라 하시는 목사님의 영어강의에 진이 빠졌다. 그냥 집에 가고 싶었다. 그럼에도 하나님께서 붙잡아 주셨고, 또 귀한 마음을 주셨다. '그래! 난 영어는 몰라도 **하나님 예배할 줄은 안다. 그냥 하나님이랑 다이다이 함 하자.**'

세미나 기간 중 있는 수요예배... 진짜 목숨 걸었다. 그 누구보다 찬양도 열심히 하고, 살아있는 말씀에 아멘으로 받아먹으며 신령과 진정으로 예배를 드렸다. 그렇게 마지막 기도회 시간이 다가오고... 독하게 마음을 먹게 되었다. '오늘 내가 제일 늦게까지 기도한다. **하나님이랑 쇼부(?)[04]보고 만다.**'

그렇게 시작된 기도회 시간. 제일 앞에서 아픈 무릎을 꿇고 하나님 앞에 매달렸다. '내 인생 포기 안 할 테니 쫌 어째 해주이소.'라며 한 시간, 두 시간이 지나갔다. 한 둘, 집으로 돌아가기 시작하는데, 옆에 한 놈[05]이 나랑 같은 생각인지! 일어날 생각을 안 하네? 속으로... '새이야~ 인자 쫌 가라. 내도 집에 가야한다. 무릎 다 빠아지겠다.'라며 구시렁대면서도 열심히 기도에 목숨을 걸어봤다. 이거마저 못하면, 포기하면 내 인생은 소망 없을 것 같았다.

---

04) 승부
05) 여자였다.

결국, 내가 이겼고(?), 하나님과 쇼부도 봤다. 하나님께서 도와주실 것 같았다. 그리고 이 독기로 살아간다면 무엇이든지 다시 해낼 수 있을 것 같다는 자신감도 생겼던 것 같다. 이후에도 영어는 못 알아들어도 은혜 가운데 세미나를 마치게 되었고, 회복된 가슴으로 새로운 시작을 열어가게 되었다.

🍎 전교 꼴지에서 전교 1등으로

일단 고등학교 졸업장은 따야겠고, 고등학교 4학년으로 복학해서 학교에 들어가게 되었다. 교복도 특수제작해서 입고, 초등학교 이후 처음으로 공부라는 것을 하게 되었다. 한국 체육계의 현실은, 운동부는 수업을 안 들어간다. 정말 복 받은 족속들이다. 초등학교 이후 공부를 해본 적이 없다. 새벽, 오전, 오후, 저녁으로 공만 찼다.

가끔 시험 칠 때만 교실에 들어가게 되는데 MRI 카드[06]... 아! OMR 카드를 받으면, 시험지를 펴서 몇 문제인지만 확인하고, 바로 컴퓨터 사인펜으로 고속도로를 낸다. 그리고 엄마 전화번호, 아빠 전화번호... 배고프면 통닭집 전화번호를 찍고 5분 만에 시험을 종료시켜버리는 놀라운 은사를 가지고 있는 학생들이다. 무늬만 학생이지, 공부는 아예 손 놓고 살게 된다. 나도 그랬다. 공부할 이유가 없으니...

그랬던 나. 고등학교 4학년으로 일반학생으로 펜을 처음 잡아보게 된다. 공부라고는 해본 적도 없지만 하나의 목표가 있었다. 정말 미친 목표였다. 좌절하고 낙심하고 있는 나에게 스스로 위로와 격려의 선물을 주고 싶었던

---

06) 웃음 포인트... 피식 함 해주소.

것이다. 그것은… 전교 1등 함 해보자는 되도 안 하는 꿈이었다. 학교가 아무리 실업계라지만, 공부를 해본 적도 없는 내가 이런 목표를 가지는 것만으로도 무모한 도전이었다.

열심히 했다. 이한수목사님께서 가르쳐주신 공부비법대로 진짜 열심히 해봤다. 잠도 늦게 자고 실업계지만 자진 야자를 하면서 공부를 했다. 대학을 가겠다는 목표도 없었고, 그저 나 자신에게 '주현아 인생 포기하지 마! 할 수 있어!' 이렇게 그냥 얘기해주고 싶었다.

그렇게 펜을 잡은 지 2개월 뒤 중간고사를 쳤다. 하나님 살아계신다. 평균 97점 이상으로 전교 1등을 하게 된 것이다. 이게 말이 되나? 성적표를 받아든 날 갑자기 멈춰있던 가슴이 다시 뛰기 시작했다. '나도 할 수 있구나! 그래! 포기하지 말자! 무엇을 하든지 간에 이래 열심히 살자!'라는 희망이 생기기 시작한 것이다. 그렇게 고등학교 4학년 1, 2학기 중간고사 기말고사 모두 하나님 은혜로 전교 1등을 하게 되었고, 학교에서 매일 성경 읽고 공부하던 난 할렐루야 행님, 할렐루야 복학생이 되어 기적의 주인공이 되었다.

🍎 **새로운 꿈 :: 청소년, 청년들에게 꿈과 희망을 심어주는 영원한 오빠**

고등학교 4학년 꿈도 없이 그저 나 자신에게 자극을 주고 싶어서 시작했던 공부의 열매를 맛보면서부터 조금씩 내 삶의 활기가 생겼고, 무엇보다 나에게 새로운 꿈이 생겼다. 거창한 꿈이었다. 나같이 청소년 시기에 좌절을 경험하고 꿈도 없이 소망도 없이 살아가는 청소년, 청년들에게 꿈과 희망을 심어주는 영원한 오빠가 되고 싶다는 것이다. 난 남자니깐 여자를 좋아해야 하니 오빠가 되고 싶다. 그렇다고 행님이 되기 싫다는 것은... **맞다**[07].

청소년들에게 그냥 꿈과 그냥 희망이 아닌, 바른 꿈과 참 희망을 심어주고 싶다. 내가 생각하는 바른 꿈이란 하나님께서 주신 소명에 따라 살아가며 하나님 영광을 위한 삶, 그리고 자식의 이익을 위함이 아닌 타인의 유익을 위한 꿈이라 생각된다. 참 희망은 오직 예수 그리스도로부터 나오는 참 소망, 참 희망일 테다. 세상이 줄 수 없는 희망은 오직 예수님으로부터 나오리라 믿는다.

하나님 영광 위해, 나보다 타인을 위해 살라고! 오직 예수로 살자고 외치고 싶다. 먼저 내가 그리 살아낸 뒤에. 난 삶으로 이야기하고 싶다. 살아낸 삶으로 함께 살아내자고 도전하는 그런 강사, 사람이 되고 싶다. 지금은 과연 살아내고 있는가? 단디 살아라 주현아!

🍎 고신대 기독교교육과

축구를 그만두고 공장 다니면서 돈 벌면서 그냥 그렇게 살려고 했었는데, 하나님 은혜로 새로운 꿈이 생기고 나서 청소년, 청년 전문 사역자가 되고 싶다는 마음으로 대학진학을 소망하게 되었다.

운동을 했기 때문에 수능을 칠 수 있는 상황도 안 되었고 수시로 입시를 준비했는데 고등학교 4학년 성적 말고는 다 바닥이라서 하나님 은혜만을 기대할 수밖에 없었다. 당시는 기독교교육을 전공하여 기독교학교 교목이

---

07) 여기서 웃어야하는 타이밍.

되고 싶은 꿈이 있어서 고신대학교 기독교교육과에 원서를 내게 되었다.

나도 미쳤지. 미친 믿음으로 하나님과 다이다이를 쳤다. 다른 학교, 학과에는 원서를 쓰지도 않고, **오직 고신대학교 기독교교육과에만 원서를 냈다.** 수능 준비도 못 한 나로서는 정시로는 들어갈 수 없기에 수시 아니면 대학교에 들어갈 수 없는데도... 그냥 무식하게 한 곳에만 원서를 내었다. 그리곤 무작빼이[08]로 하나님과 씨름을 했다. '하나님, 이 길이 제가 가야 할 길이라면 열어주세요. 합격하지 않으면 그냥 공장 댕길게요!' 그렇게 발표일까지 매일같이 새벽기도도 다니고 면접까지 보게 되었는데. 우리 하나님 살아계신다. 2대 1의 경쟁률이었지만! 고신대학교 기독교교육과 08학번 송주현 합격!!!

고신대학교가 SKY 명문대학교는 아니지만, 축구를 그만두게 되면서 2년제는 가겠나? 했던 내가 4년제 학교에 입학하게 된 것만으로도 기적이자 감사와 하나님께 영광되었다. 어머니께서는 가끔 말씀하신다. "핸아~ 솔직히 엄마는 니 축구 그만두고 사역한다 할 때 비인가 신학원에는 들어가겠나 했는데... 하나님께서 4년제 대학교도 입학하게 해주시고 졸업까지 하게 해주셨네. 참 하나님 살아계신다." 나도 어머니 말씀에 전적으로 동의한다. 대학교 입학조차 생각도 못했는데, 어느덧 대학교 졸업을 했으니 말이다.

🍎 **하늘은 스스로 돕는 자를 돕는다.**

대학교 등록금 비싸다. 많이 비싸다. 너무 비싸다. 졸 비싸다. 우리집 돈

---

08) 대책없이

없다. 어쩌야 굿노? 노가다해야지. 고등학교 4학년 12월부터 공장 댕기면서 노가다를 뛰었다. 힘들게 고생해도 돈이 다 모이나? 어떻게 해야 할꼬? 고민을 하고 있었다. 그러다 어느 날 공장에서 일하고 있는데, 이상하게 이한수 목사님 〈영어영서세미나〉에 올라가야겠다는 마음이 들었다. 그 다음 날 바로 올라갔다. 목사님께서 세미나 후배들에게 짧은 간증을 해달라고 하셔서 하나님 은혜로 전교 1등까지 하게 된 이야기를 나누었다. 그리고 현재 근황은 대학교까지 합격했고 등록금 벌려고 공장 댕기면서 노가다 뛰고 있다고 했다.

목사님께서 갑자기 등록금이 얼마냐 물으신다. 그리고 얼마나 모았느냐고 물으신다. 한 100만원 조금 넘게 모았다고 말씀드렸더니, 갑자기 "내가 100만원 장학금 줄게~ 등록금에 보태"라고 하신다. 눈물이 났다. 그리고 콧물까지 났다. 너무 감사했다. 그냥 하나님 마음 주셔서 올라갔을 뿐인데... 하나님께서 목사님을 통해서 이렇게 큰 은혜를 주신다.

여기서 끝나는 것이 아니다. 세미나에 참석한 한 삼촌이 계신다. 문봉호 집사님이시다. 수원에서 지내시는데 자녀와 함께 세미나에 참석하신 것이다. 내 간증을 들으셨다. 감동이 되셨나 보다. 저녁 식사 하러 식당에 내려가는데 갑자기 나를 부르신다. 종이와 펜을 가져오셨길래 '사인 해달라시는 건가?'란 되도 안 하는 착각을 하고 있었는데, "난 교회 잘 안다녀~ 근데 네 이야기 들으니. 하나님이란 분이 살아계신 것 같아. 이상하게 마음에 감동이 있네? 나도 월급쟁이라서 돈이 많은 건 아니지만 계좌번호 쫌 적어줄래? 월급 나오면 등록금 100만원 보태줄게." 헉... 바로 울었다. 이게 무슨 일이냐며 펑펑 울었다. 삼촌과 대화를 나누는데, 다짐했다. 정말 열심히 공부해야겠다. 그리고 이 은혜 꼭 갚고 말겠다고.

이후 한 세미나 간사 누나의 어머니께서도 등록금에 보태라고 30만원을 보내주시는 등 하나님 은혜로 등록 일자에 맞게 등록을 할 수 있었다.

지나고 보니 하나님은 나의 기도를 듣고 계셨던 것 같다. 그냥 지나가면서 한 기도였는데도 그 기도를 다 듣고 계셨던 것 같다. 깜빡 잊고 있었는데 문득 생각나게 하셨다. 대학 합격 후 하나님께 흘러가면서 한 마디 던졌던 것 같다. '하나님 우리 집 돈 없어요. 내 길이라카믄 돈도 알아서 해주시겠죠?' 그냥 그렇게 지나가면서 툭 한마디 뱉었었는데... 하나님은 그걸 다 듣고 계셨던 것이다.

이한수 목사님께서 시간이 지나고 난 뒤 언젠가 말씀해주셨다. "주현아. 내가 왜 등록금 보태준 지 아니? 너는 기도만 하고 손만 놓고 있는 게 아니라 그 힘든 노가다를 하면서 등록금 모아보려고... 네 스스로 노력을 했잖니? 그게 너무 이뻐 보이더라. **'하늘은 스스로 돕는 자에게 돕는다'는 말이 있어. 앞으로도 그런 마음으로 살거라.** 하나님께서 항상 도우실 거야!"

이 일은 나의 삶의 기준이 되었다. '손 놓고 기도만 하지 말자! 내가 할 수 있는 건 최선을 다해 해나가면서 주님을 기대하자.' 앞으로도 이렇게 살련다. 다짐.

🍎 **실수로(?) 과 수석까지 하게 되는데...**

어렵게(?) 대학을 입학하게 되었다. 그럼 어떻게 해야할까? 우짜긴 쌔빠지게[09] 공부해야지! '아무리 실업계에서 전교 1등을 해도 대학곤데 따라는 가겠나? 끄트므리라도[10] 쫓아가자!'며 기숙사에서 내가 제일 늦게 잔다는 마음으로 새벽 2~3시까지 책상에 앉아서 공부했다.

----
09) 최선을 다해
10) 끝자락이라도

공부할 줄 모르는 나. 그냥 전공서적을 읽었다. 무식하게 계속 읽었다. 힘들었다. 앉아있기보다 맨날 뛰댕기기[11] 바쁘던 놈이 무슨 공부를... 도서관, 기숙사에서 땡과음[12] 지르고 싶었던 적이 얼마나 많았던지... 그래도 계속했다. 그냥 궁둥이 붙이고 앉아서 공부했다. 하나님께서 은혜를 주신다.

 1학년 1학기, 4.5점 만점에 4.28점을 받아 학과에서 3등을 하게 해주신 것이다. 다들 놀랐다. 전혀 공부하게 생기지 않은 놈이, 아무생각 없이 항상 놀기만 하구로 생긴 놈이 장학생이 되어버렸으니... 1학년 2학기, 더 열심히 공부했다. 놀 때는 놀고, 기숙사에서는 책상에 앉아있고... 그랬더니 하나님께서 '실수로' 과 수석까지 하게 해주시는데... 2학년까지 성적 우수장학생으로 장학금 받으면서 공부를 할 수 있었다.

난 축구선수였다. 축구선수는 공부를 안 한다. 할 이유가 없으니... 녹슨 머리에 하나님께서 지혜의 기름칠을 해주시니 전교 1등도 과 수석도 하게 해주신다. 사람들은 말한다. '하나님 살아계시네.' 그렇다 하나님 분명 살아계신다. 하나님만 살아계신다고 이런 기적이 일어났을까? 나도 나름 노력했다. 하나님 영광 위해! 그리고 학교에 입학할 수 있도록 도움을 주신 우리 이한수 목사님과 문봉호 집사님 등의 후원자님들의 은혜에 보답하기 위해!

궁둥이 죽치고 앉는 버릇을 들였더니 3, 4학년 때는 솔직히 다른 활동 한다고 그리 열심히 안 했는데, 졸업학점은 4.08을 찍게 해주셨다. 하나님께 영광. 욕본 송주현에게 통닭을!

---

11) 뛰어다니기
12) 고함

🍎 촌놈, 최연소 총학생회장되다!

대학교 2학년 2학기, 전라도에 사는 한 행님으로부터 연락이 왔다. '하나님께서 계속 니 맘을 주신다.'는... 이라믄 안되는 기다. 왜? 남자가 남자를 좋아하면 안되니깐! 행님이 계좌번호를 가르쳐달란다. 하나님께서 마음을 주시는데 왠지 통장에 있는 전액을 다 입금해줘야겠다는 것이다. 헐... 다음 날 행님은 전액을 다 입금해줬다. 자기도 신학생이고 형편도 그리 좋지 못한 건 가까이 있는 사람은 누구나 다 아는 사실인데...

어디 써야 할까? 고민해도 하나밖에 안 떠오른다. 기도의 응답이었으니... '많은 무리를 이끄는 소수가 되고 싶다.'는 꿈을 꾸며 고신대학교 총학생회장에 출마해볼까? 말까? 고민, 기도하고 있었다. 나이도 어렸고, 군대도 안 다녀왔다며 소문도 그리 좋지 못했고, 무엇보다 후보등록비 등 선거운동할 때 작게나마 활동비가 필요했는데... '돈이 어딧노?' 하면서 기도만 하고 있었다.

근데 하나님께서 행님을 통해 출마해보라는 사인을 주시네? 이 후 며칠 동안 신기하게도 선거운동비가 나올 구멍이 없었는데도 여기저기서 마련되었고, 그저 하나님 빽만 믿고 총학생회장에 도전해보았다.

후보가 3명이 나왔었다. 기도했다. 기호 1번 되구로... 제비뽑기를 했다. 부총학생회장과 러닝메이트제였는데, 나와 함께한 부회장 후보친구가 나보고 제비뽑기를 하란다. 나쁜 ×! '잘못 뽑으면 니 책임!'이라는 눈빛을 주네. 얼마나 긴장되던지 그때의 긴장감은 축구선수 시절 전국대회 시합 나갔을 때보다 더 떨렸다. 그렇게 하나 뽑았다. 조심스레 뚜껑을 열어봤다. 와우! 하나님 살아계시네! 기호 1번 뽑았다!!

나이도 어리고 군대도 안 다녀왔다는 여러 핸디캡이 있었지만, 난 자신이 있었다. 하나님께서 마음을 주시고 하나님께서 이루어가시는 게 보였으니. 그리고 나에겐 총학생회장이 되면 할 일들이 많았거든. 나를 위한 것이 아닌 하나님 영광을 위한 일들. 훗.

유세활동 진짜 열심히 했다. 키가 커서 그런지 유독 나만 열심히 하게 보였단다. 큰 키 주신 하나님께 오랜만에 감사했었네. 그렇게 선거일... 하나님 은혜로. 역시나 당선되었다! 아무것도 아닌, 별나기만 한 22살 송주현이 고신대학교 최연소 총학생회장이 된 것이다. 그리고 임기 또한 하나님 은혜로 살아있게 봉사할 수 있었다.

여기서 끝나면 재미없지. 1년 뒤 하나님께서 마음을 주셨을 때 즉각 순종한다며 나에게 통장 전액을 보내줬던 우리 박인성 행님 역시! 행님 학교에서 총학생회장이 되었다.

🍎 저보다 더 어려운 학우 위해서 써주세요!
등록금기부

총학생회장이 되면 등록금 전액이 봉사장학금으로 나온다. 일반학생들은 이 사실을 잘 모른다. 그런데 나는 이걸 알았다. 그래서 했다. 총학생회장.(못된 놈) 장학금을 받자마자 바로 총장님을 찾아갔다. 그리곤 **"총장님 이 장학금요~ 저보다 더 어려운 학생 위해서 써주세요."** 그렇게 하나님과 나와의 약속을 지켰다.

그해 봄, 학교에서 한 강의를 들었다. 한 대학교 박사님께서 총장에 취임하시면서 취임사를 하셨다. "우리 학교는 섬김과 봉사, 희생의 리더십을 배양하는 학교로 만들겠습니다." 이렇게 취임을 하신 지 일주일 뒤, 검은 양복을 입은 젊은이 몇 명이 찾아왔단다. 그리고 봉투를 건네는데, '내가 뭘 잘못했나? 벌써 자르려고 서명을 받아왔나?'라는 생각을 할 찰나에 그 검은 무리가 한마디 건넸다고 한다. "총장님, 장학금입니다. 저희보다 더 힘든 학생들에게 써주십시오." 그들은 학생회장단이었고, 취임사에 감동을 하고 바로 실천한 것이란다.

박사님께서는 이 일화를 소개하시며 '아직도 대한민국 젊은이들에게 희망이 있음을 그날 느끼게 되었습니다.'라고 말씀하셨다. 이 이야기를 듣는데, 가슴이 뜨거워졌다. **저 이야기가 내 이야기가 되고 싶었다.** 그리고 대학 입학 때 받았던 그 은혜를 갚고 싶기도 했다. 그때 무턱대고 결심(?)했다. '총학생회장 되자! 되가 장학금 기부하자. 간지나네~ 함 해보자!!!'라는 되도 안 하는 꿈이 생겼고, 그 꿈과 소망은 어릴 때부터 꿈꿔왔던 꿈과도 이어졌다. '많은 무리를 이끄는 소수가 되고 싶다.'라는 꿈.

내가 기부한 장학금은 개척교회 목사님 자녀인 한 재학생에게 전달되었고, 등록금을 못 내어 알바를 하면서 힘들게 이어가던 학업에 힘이 되었고, 지금은 신학대학원에 진학해 사역하고 있다는 소식을 접하게 된다.

난… 이때 학자금 대출을 했다. 그래도 행복했다! 학자금 대출조차 할 수

없던 친구에게 전달되었고, 또 하나님과의 약속도 지키고. 대학입학 때 입었던 은혜도 갚을 수 있어서 얼마나 감사하고 행복한지. 총장님께 전해드린 뒤 방에서 나와 바로 기도실로 향했다. 그리곤 폭풍 눈물을 쏟았다. '하나님 감사합니다. 저 같은 놈을 통해서도 이런 재미난 이야기를 만들어 가주시고.'

총장님께서는 이런 좋은 일은 기사를 내야

한다고 하셔서 부산일보 등 여러 지역, 교계 신문에 인터뷰도 하고, 기사로도 나가게 되었다. 이 기사를 보시곤 많은 분이 감동했다시며, 고신대학교의 자랑, 하나님께는 영광이라는 격려 메시지, 연락을 받았었던 것 같다.

강의 중 들었던 한 예화(?)에 감동받고, 거기서 그친 것이 아니라 '내가 저 이야기에 주인공이 되어야겠다.'는 되도 안 하는 꿈이 하나님께 영광이 되었다니 감사, 또 감사이다. **난 앞으로도 예화에 감동 받고 그치는 인생이 아니라, 내가 그 이야기, 또 다른 예화의 주인공이 되고 싶다.** 욕심이 있다. 감동을 받는 사람이 아니라 감동을 주는 인생이 되고 싶다는... 더 살아내자. 예수 믿는 것 같이. 다르게. 간지나게.

☕ 2010.5.12 :: <장학금 기부> - 부산일보

"등록금 기부를 하기 위해 총학생회장이 되고 싶었습니다."
고신대학교 총학생회장 송주현(23 · 기독교교육과 3년) 씨는 지난달 말 학교 측에 자신의 장학금 280여만원을 기부했다. 정작 자신은 학자금 대출로 등록금을 마련했다. "대학 입학때 등록금이 부족했어요. 공장 등에서 아르바이트를 하긴 했지만 액수가 모자랐어요. 사정을 딱하게 여기신 주변 분들 도움으로 입학을 하게 됐습니다. 그때 고마움을 언젠가는 돌려주고 싶었어요." 그래서 총학생회장에게 주는 장학금을 어려운 학생들에게 기부하는 방법을 택했던 것.

어려운 학우를 도와줬으면 좋겠어요
고신대 총학생회장 송주현(오른쪽)씨가 지난달 29일 학교 측에 자신의 장학금 280여만 원을 전달하고 있다.

송 씨는 대학생들의 등록금 문제가 심각한 수준이라고 말했다. "어려운 학생들은 저처럼 대출을 받아요. 하지만 신용불량이나 다른 이유로 이마저도 어려운 친구들을 주위에서 많이 봤습니다. 등록금을 내기 위해 휴학해서 아르바이트 하는 일도 다반사고요. 저의 기부가 이런 친구들을 위해서 쓰였으면 합니다."

총학생회장으로 학생들의 등록금 부담을 줄일 수 있는 방안도 마련할 계획이다. 등록금 인상 반대를 위한 시위 외에도 여러 방안을 모색 중이다. 나눔 문화를 확산 시키는 것도 해결책이라 생각한다. "총학생회장 출마도 등록금에서 출발했으니 특별한 관심을 가지고 있습니다. 하지만 현실적으로 대학 재단의 상황이나 어려운 부분도 있습니다. 무조건 인상 반대 시위로만 해결될 문제는 아니라고 생각합니다. 나눔의 뜻을 가진 분들에게 학생들의 어려운 처지를 알려 기부를 끌어내는 것도 좋은 방법이 될 수 있습니다."

그래서 6·2 지방선거를 앞두고 기대도 남다르다. 등록금 때문에 어렵사리 졸업을 해도 막상 취업이 안 되는 암담한 현실을 타개할 비전을 가진 후보가 누구인지 눈여겨보고 있다. "무엇보다 지역의 일자리 창출이 중요합니다. 젊은이들이 희망을 갖고 대학생활을 할 수 있도록 노력해주셨으면 합니다." / 송지연 기자 sjy@busan.com

☕ <송주현 총학생회장 장학금 전액 기부> - 한국기독신문

송주현 총학생회장(기독교교육과 08)이 자신이 받은 장학금 전액을 형편이 더 어려운 학우들을 위해 장학금으로 기부하였다. 자신도 그리 넉넉지 않은 상황이지만, 하나님께 받은 사랑이 커서 다른 사람에게 전하지 않고는 견딜 수 없었기 때문이다.

송주현 총학생회장은 어려운 형편에서 주위에 계신 많은 분들의 도움으로 어렵게 등록금을 마련하여 입학했지만 계속해서 등록금은 큰 부담으로 다가왔다. 총학생회장에 출마하면서 공탁금 또한 걱정이었지만 하나님의 은혜로 마련되었기에, 당선이 되면 봉사 장학금으로 나오는 등록금 전액을 자신보다 더 어려운 학우를 위해 기부하겠다고 하나님께 다짐하였다. 하나님의 은혜로 송주현 학생이 당선되었고, 열심히 학교를 위해 봉사하고 있다.

이번 학기도 학자금 대출을 하여 등록하였지만, 학자금 대출조차 하지 못하는 어려운 학우가 있기에 그들을 위해 본인이 받은 장학금을 내놓았다. 밤낮으로 일하시는 아버지와 병원에 입원해 계시는 어머니를 생각하면 쉽지 않은 결정이었지만, '없을 때 더 베풀고 살아야 한다'는 부모님의 가르침을 생각하며 나눔을 실천하였다.

송주현 총학생회장은 아이티 구호자금 전달, 결식아동 돕기, 금양호 성금 전달 등 학교 차원에서의 나눔 행사를 계속해서 진행하고 있으며, "가난한 자 같으나 많은 사람을 부요하게 하고 아무것도 없는 자 같으나 모든 것을 가진 자로다"라고 고백한 사도바울의 삶을 본받아, 앞으로도 그의 나눔과 베풂은 계속될 것이다.

🍎 나눔의 대학

　하나님의 은혜로 총학생회장이 되었다. 대충하는 건 내 인생이 아니다. 열심히 했다. 니콜라스 월터스톨프의 '샬롬' 이론을 토대로, 하나님, 타인, 세상, 나 자신과의 관계에서 즐거운 학교를 이끌어나가기 위해 노력했다. 이름도 〈즐거운 총학생회〉였다. 깊이 있는 즐거움까지 나아가기 위해 노력했는데, 무엇보다 기독교학교로써 세상을 즐겁게 만들고 싶었다.

　아름답고 따뜻한 세상을 만들어가기 위해 나눔운동을 펼쳤다. 동전 모으기 운동, 헌혈캠페인, 장기기증캠페인, 해외아동결연 뿐만 아니라 결식아동들을 위해, 아이티 지진 피해 복구 성금, 뇌종양 투병 학우 병원비 후원 등 성금 모금을 했다. 그리곤 지역사회와 세계선교를 위해 나누고 베풀었다.

　이 일들이 여러 언론을 통해 보도도 되고 조명을 받았었다. 이로 인해 하나님의 학교, 고신대학교를 하나님의 이름으로 선전하고 싶었던 나의 작은 꿈이 이뤄지게 되었다. 뿐만 아리라 우리 고신대학생들이 나눔의 행복을 맛보고 느낀 시간이었다며 지금까지도 2010년 나눔의 대학, 고신대학교를 추억하는 많은 동문이 있다. 감사하고 행복하다.

🍎 나눔의 축제

　언젠가부터 일반적인 대학교 축제는 똑같다. 학과별로 주점 열어서 술 마시고, 전 붙이고(전봇대에...), 거액의 섭외료를 내가며 연예인들을 초청하여 공연 보는 것. 아쉬웠다. 뭔가 남는 것도 없고... 그래서 뭔가 의미있는 축제를 기획해보고자 노력했다. 총학생회장 출마 전부터 품고 있었던 축제를 시도해본 것이다. 일단 연예인은 절대 부르지 말자! 돈 아깝다. 연예인 없이도 즐거운 축제를 해보자.

축제 전 나눔의 예배를 드리면서 성금 모금을 했다. 그리고 축제 전체 수익금을 성금에 합하기로 했다. 그 사랑으로 축제 마지막 날 학교 인근 영도 달동네에 계시는 독거노인 50여 분에게 연탄, 쌀, 라면 등을 배달하고, 도배까지 해드리는 '사랑의 나눔 잔치'를 기획하고 준비했다.

하나님 은혜로 성공적이었다. 성금도 많이 모였고, 수익금도 많아 국내뿐만 아니라 해외까지 우리들의 나눔은 흘러가게 되었다. 아프리카 가나 한 지역에 공중 화장실 건립비까지 후원할 수 있었던 것이다.

그렇게 일반적인 술 먹고 연예인 초청 공연의 축제문화와 다른, 나눔의 축제를 성공적으로 마무리할 수 있었고, 지역사회와 교계에서 나름 긍정적인 영향을 흘려보낼 수 있었다.

🍎 연탄 나르기

나눔의 축제 행사를 하면서 고신대 인근 영도 달동네에 독거노인 50세대에 연탄배달을 기획하고 진행했었다. 솔직히 고백한다. 학교 홍보를 위한 마음이 컸다. 언론보도를 통해 고신대학교는 기독교학교이며, 기독교학교 학생회는 좋은 일 많이 한다는 것을 보여주고 싶었다. 그때의 솔직한 마음이다. 방송국, 신문사 등 많이 왔다. 연탄 나르는 장면, 나의 인터뷰 등 단디[13] 찍어갔다. 그리고 보도도 되었다. 많이.

모든 촬영(?)을 마치고 할머니께 인사드리러 찾아갔다. 나랑 할머니 단

-----
13) 단단히

둘만 있었다. 할머니께서 손을 꼭 잡으신다. 그리고 눈물을 흘리시며 한 말씀하시는데... "너무 고맙습니다. 이래 늙은 할매들 찾아주고, 아무도 안 찾아오는데... 너무 고맙습니다." 가슴이 먹먹해졌다.

　그냥 연탄 배달하는 착한 대학생으로 봉사하는 척했던 내 모습이 너무 부끄러웠다. 그리곤 하나님과 나와 바로 약속을 했다. '하나님! 저 졸업할 때까지 이 할머니들 모실게요. 덜 심심하게, 덜 외로우시도록 찾아뵐게요. 손주 되어드릴게요!' 그렇게 23살 송주현은 독거노인 봉사, 사역을 시작하게 되었다.

　연탄 배달하러 달동네 함[14] 올라갔다가 인생 꼬여버렸다. 내가 연탄이 되기로 맘먹게 된 것이다. **연탄처럼 나 자신을 희생시키고 불태워서 이 세상을 따뜻하게 만들고 싶다는 인생으로...**

　다음 글은 하나님과 나와의 약속 후 할머니께 처음 찾아뵙던 날의 일기(?)이다.

---

14) 한번

🍎 2010.9.20 :: 개인적으로 독거노인 할머니들을 섬기기 시작

가을 축제 후 하나님과 약속을 했다...! 대학교 졸업할 때까지 연탄 나르기 행사를 하면서 만나게 된 할머니들을 한 달에 한 번씩. 찾아뵙겠다고. 하나님과의 약속. 나와의 약속. '일회성의 행사가 되지 말자.'

사연은... 축제 전 성금 모금과 당일 수익금을 통해 영도 달동네 독거노인 할머니 50분에게 연탄과 쌀 한 포대, 라면을 전달했었다. 연탄나르기 행사 때는 지역언론사와 교계 언론사에서 취재도 나왔었는데... 그때 직접 연탄과 쌀 등을 배달해드렸던 독거노인 할머니를 처음 뵙게 되었다.

모든 취재와 행사를 마친 뒤, 혼자 할머니께 인사를 드리러 갔는데... 할머니께서 손을 꼭 잡으시더니 너무 고맙다시며... 눈물을 글썽이셨다. 그때 하나님께서 마음을 주셨고 나는... 순종, 다짐했다. **"사진 찍기 위한... 행사 치레의 봉사와 나눔 말고... 내 졸업하기 전까지 꾸준히 찾아뵙자!"**

오늘 그 첫 실천을 했다. 교회에서 학교 가는 길. 원래 약속이 있었는데 갑자기 취소되었다. 여자 만나기로 했었는데.... 그런데 하나님께서 갑자기 마음을 주시는데 할머니 뵈러 가라고 하셨다. 그래서 다른 여자 만나기로 계획 수정, 아케보노[15]와 함께 배 한 봉다리[16]를 사서 할머니께서 가르쳐주셨던 번호로 연락을 드리고 꼬불꼬불 언덕과 골목길을 올라 할머니 댁에 도착했다.

할머니께서는 우리를 기다리고 계시다가 반갑게 맞이해주셨다. 공부한

---

15) 사진 속 동생
16) 봉지

다고 바쁠낀데 왜 왔냐시면서... "배를 샀는데 학교에 칼이 없어가 할머니랑 같이 깎아 먹으러 왔지요. 하하." 배 깎아 먹으면서 이런 저런 얘기를 주고받았다. 그냥... 너무 행복했다. 할머니께서도 무척 좋아해주셨고... 흐. "공부 열심히 해서 훌륭한 목사님 되라."라고 하시는 할머니의 기대를 뒤로 한 채 짧은 만남이었지만 앞으로 자주 찾아 뵙겠다고 약속을 하고 학교로 발걸음을 옮겼다.

왜 이렇게 행복하지? 내가 꿈꾸는 더불어 사는 세상. 아름다운 마음들이 모여서 주의 은혜를 나누는 세상. 예수님을 따라 사랑하는 세상. 하나님이 가르쳐준 한 가지. 내 이웃을 내 몸과 같이 사랑하는 세상. 너무 행복한 시간이었다. 하나님 약속 지킬게요. 아름다운 약속.

ps. '그' 여자랑도 할머니 댁에 가기로 했었지. 할머니 다음엔 데리고 갈게요 기다려주세요 흐.

이렇게 시작된 독거노인 봉사... 어느덧 3년이 되어버렸다.

1 + 1 = 3

Part 02.

제 2 장

나눔데이트

크리스천 연애의
새로운 패러다임을 제시

나눔데이트

💜 나눔연애

개인적으로 할머니를 찾아뵈면서 다른 여자도
만나게 되었다. 늙은 여자가 아닌 젊은 여자! 여자
친구가 생기게 되었다. 강의하다가 내가 여자친구
가 생겼다고 말하면 다들 반응이 영 빠이다[01]. 있을
수 없는 일인 것 마냥 눈빛이 흐리멍텅해진다. 여기
서 난 한마디 더 던진다. **"예뻐요!"** 헐... 분위기는
더 심각해진다. 눈빛으로 저주를 퍼붓기 시작한다.
하나님 은혜라고 밝혔음에도 하나님 은혜가 있어도 불가능하다는 참 희한한
눈빛, 반응들을 보여준다. 증거로 여자친구 사진을 보여준다. 반응 참 재밌
다. "오~ 에이~~~", "합성, 합성!" 나쁘다. 안믿어주고.

01) 좋지 못하다.

아무튼 난 여자친구 있다. 그것도 머리만 긴 보편적 인류가 아닌, 예쁜 여자친구. 여자친구랑 연애를 시작하면서 또 되도 안 하는 욕심을 부렸다. 크리스천이나 안크리스천이나 연애하는 것은 다 똑같다. 밥먹고 영화보고 카페 가고 뽀뽀하고 그러다 헤어지고, 환승 찍는… 여자친구에게 한마디 했다. **"은비야~ 우리는 그냥 그렇게 똑같이 하는 평범한 연애 말고 뭔가 다르게 해보자! 크리스천 연애의 새로운 패러다임을 제시해보자!"**는 되도 안 하는 꿈을 꾸면서 연애를 시작하게 되었다.

먼저 함께 큐티를 하고 그 묵상한 은혜를 나누며 성장하는 연애를 시작했다. 그리고 매일 밤마다 그 날 읽은 성경 말씀 중 은혜가 되는 한 구절씩 보내주는 말씀 셔틀 연애도 하게 되었다. 그리고 우리 연애의 정점! 우린 일주일에 3천 원에서 5천 원씩 곗돈을 모은다. 그 돈으로 '우리끼리 맛있는 거 무러 가자!'가 아닌 소외된 이웃들을 찾아가는 '나눔데이트'를 시작하게 되었다.

지금까지 1,000일 가까이 연애를 하면서. 한 달에 한 두 번, 그리고 기념일마다 꾸준하게 나눔데이트를 하며 소외된 이웃들을 만나 왔다. 아래는 지금까지의 나눔데이트 중 기억에 남는 일기만 모아봤다.

🖤 2010.11.22 :: 다른 연애이야기, 나눔데이트 시작

우리는 오늘을 위해 한 달 동안 계를 했다. 일주일에 5,000원씩 5주. 우리를 위해서가 아닌… **'1+1=3'이란 공식과 같이, 우리의 사랑을 또 다른 이에게 사랑으로 나누기 위해.**

우리들의 첫 사랑은 안덕연 할머니(89세). 연탄으로 맺어진 할머니와 나의 관계, 그리고 하나님과 약속. 우리는 오늘 오리불고기, 내의 두 벌, 떡 세 종

류, 그리고 은비가 집에서 째비온[02] 키위와 배까지. 두 손을 무겁게 하여 할머니 댁에 들이댔다.

그런데... 어짜노? 할머니께서 안계신걸. 그래가 집 앞에서 할머닐 무턱대고 기다리면서 이래저래 얘기를 나누다 보니 할머니께서는 꾸부정한 자세로 골목을 힘겹게 올라오고 계셨다. 반가운 마음에 할머니를 모시고 집으로 들어갔다지.

냄비로 지어주신 밥. 그리고 어제 우리 온다고 미리 해놓으신 배추김치와 무 생저리, 고등어찜까지... 여기에 우리 은비가 오리고기를 굽고, 흐. 상추까지 준비해주신 할머니의 진심이 담긴 기도와 함께 마음까지 따뜻한 우리들의 저녁식사는 시작되었다. 계속 많이 먹으라는 할머니의 성화에 결국 우리는 두 그릇씩 비우게 되었고, 키위와 배, 그리고 떡까지 꺼내놓고 다과를 즐기며 여러 대화를 나누며 함께 사랑 또한 나누었다.

할머니께 우리가 준비한 내의까지 선물해드리니, 할머니 눈엔 눈물이 고이신 듯 촉촉해졌다.

"내 뭐라고... 아무도 관심도 없는데, 이래 손자들이 찾아와서 또 이런 선물까지 받게됐냐"라며 하나님께 너무 감사한다고 하시던 할머니. 우리는 하나님께서 맺어주신 가족이 너무 따뜻하고 행복하게 다가왔다.

너무 행복해하시던 할머니께 자주 찾아뵙겠다고 인사드리고 우리 은비가 할머니를 꼭 안아드렸는데, 할머니께서도 '사랑해.' 라고 하시면서 따뜻한 마음을 전해주신다.

난... 그때 속으로 울컥했다. '아, 사랑이란 이런 것이구나. 나를 위한 것이 아닌 너를 위한 사랑이 연인이라는 관계를 맺듯 우리를 위한 것이 아닌 다른 이를 위한 사랑이 하나님께서 가르쳐 주신 이웃사랑이구나. 참 사랑이

02) 몰래 가져온

구나'라는 것을 배우고 느낄 수 있었던... 그런 감정이었다.

아, 너무 행복하다. 그리고 너무 감사하다. 하나님께서 만나게 해주신 우리 은비와 그리고 할머니와 함께 아름다운 사랑을 나눌 수 있어서. 이 사랑의 씨앗이 또 행복을 열매 맺게 하니. 너무 벅차다. 우리의 오늘은 이러했다.

💜 크리스마스는 예수님 생일

2010년 11월 초. 은비가 '대뜸 크리스마스 때는요...'라며 말을 꺼냈다. 이야기는 대략 이랬다.

"크리스마스는 예수님 생일이잖아요. 그러면 예수님이 기뻐하시는 일을 하면 안 돼요? 우리 곗돈하고, 당일에 돈 더 내서... 좋은 일 하고 싶어요" 난, 너무 감사하고 행복했다. 그리고 뜨거웠다.

"은비야, 고아원이나 복지관 같은 곳은 많은 분이 찾아뵐 것 같은데, 부산역에 가자. 오빠 집에 가면서 보면, 노숙인분들에게 마음이 많이 가더라." 그렇게 우리의 오늘은 준비되었다.

오늘은 크리스마스이다. 크리스마스의 주인공은 누구인가? 산타 할아버지와 루돌프도, 사랑하는 연인 혹은 가족들의 특별한 날도, 화려한 트리와 캐럴이 흐르는 밤거리도 아니다. 주인공은, 베들레헴 어느 말구유, 지극히 낮은 곳으로 임하셨던 우리의 구세주 예수님

이시다.

그렇다면, 어떻게 해야 예수님을 기쁘게 해드릴 수 있을까? 고민하여 우리는 '지극히 작은 자에게 한 것이 나에게 한 것이니라'라는 말씀대로 그 어느 때 보다 추운 한파를 피할 따뜻한 방도 없이, 부산역 그 차가운 바닥에 박스와 신문지를 이불 삼아 생활하시는 노숙인분들을 찾아뵙기로 한 것이다.

일주인 전부터 기도도 하면서, 서른 분에게 드릴 선물을 준비하였다. 두꺼운 수면 양말 한 켤레와 김밥 두 줄. 그리고 복음 메시지와 진심을 담은 정성과 사랑. 부산역에 도착해서 한 카페에서 선물을 포장하고, 또 어르신들이 어디에 계신지 답사도 두 차례. 우리는 함께 손을 잡고 기도를 했다. '예수님, 당신의 사랑을 나눕니다. 함께 해주세요.'

처음에는 두려운 마음도 없지 않아 있었지만, **"크리스마스 선물이에요, 예수님 믿으세요."**라고 하며, 한 분 두 분 예수님께 받았던 우리의 사랑을 나누어 드렸다. 왠지 무섭고 거칠 것 같았던 어르신들은 그 누구보다 순수하시고, 또 우리와 같은 하나님의 형상이셨다.

쓰레기통을 뒤지시던 아버지에게도, 굶주린 배를 뒤로 한 체 주무시던 어르신에게도, 술에 취해 술 냄새와 함께 해맑은 미소를 날리시던 분에게도, 며칠 째 끼니를 거르셨다는 할머니에게도, 남이 버린 케이크를 꺼내 드시던 아버지에게도, 우리는 예수님께 배운 대로 사랑을, 그리고 복음을 나누고, 전하였다. 참 신기한 것은, 행여나 모자라면 어쩌지? 하며 노심초사했던 우려와 달리 우리가 품고 기도하며 준비했던 서른 분을 더도 말고 덜도 말고 정확히 만날 수 있었다는 것이다.

순식간에 행복하고 따뜻했던 꿈 같은 시간은 흐르고, 우리는 조용히 그 자리에서 발을 옮기었다. 벅찬 감동을 나누며 발길을 옮기다 나는 은비에게 조심스레 이야기를 꺼냈다.

"은비야 오늘은 맛있는 거 사 먹고 싶기도 하겠지만, 그렇다면, 오늘의 사랑 나눔은 모순이 될 것 같은데 우리도 김밥 먹으러 가면 안 되겠나?"라고.

"오빠, 저도 그 생각하고 있었어요."

김밥과 라면으로 연인들의 로망 크리스마스의 특별한 저녁을 마주하고, 또 길을 걷다 폐지를 모으시던 할머니를 도와드리면서… 하나님 안에서 만나게 된 한 크리스천 커플의 크리스마스는 그렇게 마무리되어갔다.

ρs. 12만원. 분위기 좋은 레스토랑에서 칼질하고, 값비싼 선물을 교환하면서 누구나 생각하는 현시대 연인들의 크리스마스를 즐길 수 있었다.

하지만 우리는 잘 알았다. 오늘은 우리가 주인공이 아니라, 우리를 만나게 해주신 예수님이 주인공이시라는 것. 오늘 예수님께서 찾아오셨다면 어디를 찾아가셨고, 또한 누구와 함께하셨을까? 하나님 감사합니다. 크리스마스를 맞아 예수님의 오심을 삶을 통해 깊이 묵상하고 누릴 수 있게 해주셔서. 그리고 참 귀한 자매, 현숙한 여인을 만나게 해주셔서.

1+1=3.

♥ 2011.3.2 :: 우리 할머니 그리고 고독사

오늘은 방학 마지막 날. 우리는 마지막 데이트를 우리 할머니와 함께하기로 했다. 밀렸던 큐티 나눔을 시작으로… 할머니와의 식사에서 빠질 수 없는 오리고기와 함께 한 달 만에 가파른 고바우를 올라갔다. 기다리고 계시던? 할머니 표 냄비 밥을 함께 나누고, 사진앨범을 통해 할머니의 추억을 되씹어보았지.

"할머니 금슬이 좋았네예? 어째 할아바이랑 찍은 사진은 다 손을 잡고 있고! 할아버지가 할머니 많이 좋아하신 것 같아요 흐흐."

따뜻한 추억 속의 할머니, 언젠가부터 우리는 섬기고, 찾아뵙는 할머니

가 아니라 우리 할머니로 모시게 되었다. 올해 아흔. 더 건강하셨으면 좋겠다. 할머니 밥 많이 묵고 싶은께. 그리고 역사 공부도 많이 하고 싶은께.(오늘은 난리-6.25 시절 이야기를 생생하이 듣게 되었다지.) 방학 마지막 날. 다른 데이트로 즐겁게 마무리하다.

ps. 오늘 가슴 아픔 소식도 듣게 되었다. 지난 설날 때 은비와 함께 설 선물세트를 문 앞에 몰래 놔두고 왔던 할머니께서 2주 전 돌아가셨단다. 더 가슴 아픈 것은 3주 전 토요일을 마지막으로 소식이 없어 그 다음 주 수요일 복지사 어머니께서 문을 따고 들어가 보니 언젠지 모르지만 돌아가신 채 발견되셨다는 것이다. 이 이야기를 할머니께 전해 듣는데... 얼마나 가슴이 아프던지 그리고 멍해지던지... 우리가 살아가고 있는 현시대의 모습이다. 주현아... 더 더 더 나서자! 그리고 도전하자, 하나님의 마음을.

💜 2011. 어느 봄 :: 가족사진(?) 걸다!

예배를 드리고 자매와 함께 영도 달동네 고바우를 올랐다. 아츰부터 밥도 올케[03] 못 묵고 간증하고, 예배드리고... 분주하게 댕겨서 올라가는 길이 다소 힘겨웠다.

오늘도 우리 할머니께서 좋아하시는 오리고기를 사 들고 또 하나의 선물을 준비해서 올라갔다. 할머니께서는 어제 온다고 연락을 받고 보고 싶어서... 그리고 맛있는 거 해주고 싶었다시며, 시금치며, 고등어조림이며 다 준비해놓으시고 기다리고 계셨다. 오리고기까지 볶아 맛있게 식사를 나누었다.

그리고 준비한 선물, **지난번에 할머니랑 함께 찍었던 사진을 액자로 만**

---

03) 제대로

들어 전해드렸다. 어찌나 좋아하
시는지... 정이 많이 들었다며 너
무 좋은 손자, 손녀 만났다며...
하나님께 감사하며 항상 보고 싶
으시단다. 손자 좋은 목사되게
해달라고 날마다 기도하신단다.
할머니의 눈에서 우리를 향한 진심을 보고 느끼게 된 나와 은비는 눈물을
숨길 수 없었다. 실컷 울다가 눈물도 닦고...

할머니를 만나게 되고, 꾸준히 찾아뵙게 된 시간이 벌써 1년. 할머니는
우리를 통해 여생에서 최고의 행복을 누리시는 것 같단다. 우리도 할머니를
뵐 때마다 무언가의 따뜻함에 젖어든다. 그렇다... 하나님의 심부름인가보
다. 아니다. 우리 모두의 심부름이다.

ρs. 우리. 이웃을 사랑하며 살아보아요. 특별히 소외된 이웃을...

♥ 크리스천 연애의 새로운 패러다임

은비와 연애를 한 지 508일이 되었다.(어데... 버스[04] 타고 고신대학교 올라가야 할 것
같네요.) 본격적인 연애를 시작하기 전. 은비에게 제안(?)을 했다.

"은비야! 우리 연애하는 거 다르게 해보자. 밥 묵고, 영화보고, 카페 가
고 빠빠이~ 이거 말고 뭔가 다른거 해보자. 우리의 연애로! 크리스천 연애
의 새로운 패러다임을 제시해보자."라고 미친놈같이 도전을 했다.

- -
04) 고신대학교 올라가는 버스 508번이 있음.

그렇게 우리를 위함이 아닌 소외된 이웃을 위한 곗돈을 모아왔고! 그 곗돈으로 소외된 이웃들과 함께하는 나눔의 연애를 해왔다. 그렇게 508일이 지났다. 하나님께서는 우리를 이뻐해주시고! 그 꿈을 이루어가게 하신다. 아니, 이루어주셨다. **많은 젊은이가 우리 커플을 부러워한다. 그리고 닮아가려고(?) 한다.** 독거노인 봉사 연애를 위해 연계해주기로 한 커플들이 줄을 섰다. 그리고 여기저기서 전화가 오고, 연락이 온다. 어째야 되는 기고? 물

으면서... 하나님은 꿈을 이루어가신다. 아니, 이루어주신다. 꾸준할 때.

내일, 모레 CTS 방송에서 우리 연애를 직접 보실 수 있을 것이다. 독거노인 봉사 장면도 촬영했다. 내일은 전국, 아니 전 세계에서 "청년 독수리" 프로그램을 시청하는 많은 젊은이 +@에게 크리스천 연애의 새로운 패러다임을 제시한다. 하나님은 꿈을 이루시는 분이시기에. 주님께 영광. 은비야 항상 고마워. 더 이쁘게 만나가자.

ps. 힐링캠프에서 인표 집사님께서 말씀하셨다. 우리 부부는 나눔, 봉사라는 것을 통해 한 곳을 바라보며 살아가고 있다고. 재밌다. 진짜. 싸워도... 이게 있으니 다시 한 방향으로 걸어간다. 우리는.

🤍 커플 호박, 나눔은 가까이에...

버스에서 내리려는데 흰머리가 지긋한 할머니께서 손수레를 끌고 내리시

려고 하셨다. 꽤 무게가 나가던 손수레를 내려드리고 가시는
곳 까지 모셔드리겠다며 은비는 할머니를 모시고... 나는 손
수레를 끌고 뒤따라갔다.

손수레에는 직접 키우신 듯한 대파, 콩나물, 시금치, 호박
등 채소가 조금씩 들어있었는데... 할머니는 이것을 길가에
내놓고 파시려고 가지고 나오셨단다. 이내 할머니께서는 하
단역 출구 앞에 자리를 잡으시고, 채소들을 주섬주섬 꺼내셨다. 우리는 자
리 잡는 것까지 도와드린 뒤, 솔직히 필요하지는 않지만, 호박을 하나씩 사
드리며, 할머니의 첫 손님까지 되어드렸다. 아따 훈훈(?)하네(자화자찬).

**커플티도 아닌 이 퍼런 커플호박을 하나씩 들고 지하철을 타고 남포동까
지 돌아댕기니...** 지나가는 사람들이 웃기도하고 수군거리기도 했지만, 우
리는 괜히 더 당당하게 그 시선을 즐겼던 것 같다 흐. 그냥 지나칠 수 있는
일이지만 조금만 관심을 가진다면, 훈훈~하고, 따뜻~한 이야기가 만들어
지는 것 같다. 우리! 함께 만들어 가입시다. 아름다운 세상.

ρs. 은비가 버스를 내리다가 기사 아저씨께서 하시는 말씀을 들었다며 전해준다.
'저 할머니 매일 이 시간(저녁5시)에 나가서 저 야채들 한 개도 못 팔고 그대로 가지고
막차 타신다.'라는...

♥ 함께 우는 데이트, 권사님께 성경책도 선물해드리고...

오늘은 오랜만에 데이트를 한 날이다. 오랜만에 데이트해도 좋은 곳은
못 갔지만, 더 좋은 곳을 다녀왔다. 솔직히 다른 친구들이랑 봉사 가는 것

보다, 여자친구랑 가는 것이 제일 편하고 제일 설렌다. 왜냐면... 알아서 잘
한다. 그래서 내가 편하기도(?) 하다. 이래 연애한 지 576일.

요즘 호산나교회서는 이 연애가 소문이 나가(뿐만아니라, 페북... 싸이 등) 여기저
기서 궁금타고 부럽다고, 난리라나?(아닌가봐~) 우리 연애사에 관심이 많아 짓
다믄 성공이다. 크리스천 연애의 새로운 패러다임을 제시해보자는 꿈이 이
루어지고 있으니. 성공이지.

아무튼 오늘은 권사님이셨는데 아들 그리고 며느리로부터 쫓겨나서 포
항에서 요 멀리 부산 영도 달동네까지 피난(?)을 오신, 80세 할머니를 찾았
다.(우리가 사는 세상입니다...)

우리 오믄 줄 끼라꼬. 옛날 과자를 사놓으셨다.
참... 눈물이 난다 . 흐. 지난번 약속처럼. 큰 글자
성경을 사드렸다. 집에서 쫓겨나시면서 상처를 너무
많이 받으셔서, 신앙생활도 놓치신지 1년. 성경책을
받으시더니 하루종일 만지작거리신다. 그리고 찬송
가도 펼치시더니 한 곡 부르신다. 눈물이 난다.

할머니. 손을 꼭 잡으셨다. "이제 다시 시작할
게... 너무 고맙다." 우리 할머니께 중고라도 TV 하나 마련해드려야겠다.
CTS나 CBS 기독교방송으로 예배도 드리고, 말씀도 들으시도록.

두 번째 할머니. 월 94,200원으로 생활하신다. 생활이 되지 않아 폐지를
주우신다. 겨울에는 동상도 걸리셨다. 남편되시는 할아버지는 몇 년 전 귀
신이 들어서 며칠간 이상한 행동을 하시다가 갑자기 새벽에 집을 나갔는데
이틀 만에 발견되셨단다. 자살하셨단다...

하나 있는 아들은 생활이 안 된단다. 그래서 손 벌릴 형편도 안된다고 하
셨다. 그렇게...혼자서. 어두침침하고 습기 가득한, 냄새나는 집에서 홀로
지내신다. 한 40분가량 그 '애환'을 가만히 들어드렸다. 눈물을 흘리셨다.

두 할머니께 반찬과 과일 등을 사다 드렸는데, 이 할머니께는 생활비도 전해드렸다.

마음이 아프다. 아파하는 할머니들에게 제가, 우리가 해드릴 수 있는 것은 함께 눈물 흘리며 아파해드리는 것뿐이다. 성경에도 나와 있다. 흐... "즐거워하는 자들과 함께 즐거워하고 우는 자들과 함께 울라"(롬12:15) 아파한다. 오늘도.

오랜만에 데이트했는데 맛있는 거 못 사주고 미안하지만 함께 우는 연애할 수 있어서 너무 고맙다. 은비야, 사랑해.

♥ 할매와 함께한 벚꽃놀이~♥

봄이다! 벚꽃 많이도 핏다. 벚꽃 구갱하러 함 가야는데... 했지! 은비랑 날 잡다가 모시고 있는 93세 되신 일명 고스톱 할머니와 함께하기로 했다! 할매랑 고스톱 친지도 벌쓰 3년 됐다. 모든기 식후경이지! 식사부터 단디 대접했다. 소고기~ 할매 과연 잘 드시네. 그라고 벚꽃 구갱도 바싹했다. 할머니 모처럼 바람 쐰다꼬 너~무 좋아하신다! 우리가 더 신났었지.

아츰에 일어났는데 헐~ 날이 마이 흐리네? 기도 함 했다.

"하나님~ 날 쫌 풀리게 해주소. 할매 모시고 벚꽃 구갱 갈 낀데... 쫌 도와주소"

하나님! 역시 살아계신다. 갑자기 날이 풀리는데 오늘 날쓰. 마, 살아있었다!!! 내 기도빨이 쫌 살아있지? 꽃놀이도 나눔, 봉사가 되뿟다. 그래도 우리 커플은 요기 행복하네! 실수로 연애하시는 분들~ 요래 함 해보이소. 재미 좋습니다. 오늘도 하나님께 영광. 은비에게 고맙!!!

ps. 할매 웃으시는거 보시옷. 얼매나 신이 나셨던지 ㅋㅋ♥

[특별했던 기념일 데이트 모음]

🤍 100일 기념일 데이트는?

2010년 10월 25일~ 2011년 2월 2일.

오늘은 우리가 정식적으로 교제한 지 100일째 되는 날. 연애하면 일반적으로 100일에는 아주 특별한 하루를 보내며 데이트를 하는 것으로 안다. 썰고 포크질 하는 레스토랑에서 근사한 저녁과 함께 마음을 담은 선물을 교환하며, 더 나아가 이벤트까지 해야 우리는 그들을 가리켜 '100일 종결자'라고 부를 것이다.

나와 은비도 100일 기념일을 맞아 특별한 데이트를 했다. 매주 모은 겟돈(60,000원)과 큐티를 안 했을 때 낸 벌금(4,000원), 그리고 100일 당일 데이트 비용(1인당 20,000원)을 단디 챙겨서, 우리는 재래시장을 찾았다. 설 대목이라 분주한 틈새에 신혼부부(?)와 같은 포스로 장을 보았다 흐. 오리고기 1kg, 귤 3,000원 치, 방울 토마토 3,000원 치, 그리고 알록달록한 떡 2,000원 치. 이렇게 다섯 묶음을 선물로 준비하였다. 그리고 정성스레 쓴 엽서와 함께 우리의 사랑도 담았다. 모처럼 화창한 날씨 속에 몸에서 육수를 뽑으며

스물다섯 *착한나눔*으로 세상을 바꾸다

끙끙 영도 달동네를 찾았다.

기도하고, 다섯 가정에 사랑의 선물을 전달하는 천사(?)로 변신 한 뒤 두 근 반, 세 근 반... 긴장되는 발걸음을 옮기며 한 가정, 한 가정 방문하여 우리의 선물을 전달하였다.

첫 번째 가정은 문이 반 틈 열린 집이었는데 신발을 보니 딱 할매라꼬 적혀있었다. 은비가 그 문 틈새로 조심스레 선물을 넣고.... 도망쳤다(?) 흐. 선물을 발견하셨을 때 얼마나 기뻐하실지 그려보며 다음 가정으로 발길을 옮기었다.

두 번째 가정은 전에 옛 연탄나르기로 찾아뵈었던 혼자 사시던 할머니 댁. 이번에는 집 앞에 선물가방을 놓고, 똑똑똑 노크를 한 뒤, 조용히 또 도망을... 긴장도 되고, 선물을 몰래 전해주는 천사가 된 마냥 우리는 떨리는 가슴을 숨길 수 없었다.

세 번째 가정은 역시 지난 연탄나르기 때 도배 봉사까지 해드렸던 혼자 사시던 할머니 댁. 이번에는 노크하고 집 안으로 들어갔다. 인사를 드리고, 이렇게 저렇게 말씀을 드리며 선물을 전해드리는데, 할머니께서는 고마워서 어쩔 줄 모르셨다.

그 촉촉한 할머니의 눈망울을 뒤로 한 체 여기 저기 골목을 다니다가 네 번째 가정을 무턱대고 들이대었다. 이번에는 할머니와 손자, 두 명이 살고 있던 집. 복지관에서 찾아왔다고 사기(?)를 치며 선물을 전해드렸더니 '뭐가 이래 많소.' 하시며 감사하다며 잘 먹겠다고 하시던 할머니와 뒤에서 쭈뼛대던 어린 나를 바라보다 집에서 나오게 되었다.

마지막 다섯 번째 가정은 참 신기하게 생긴 집이었다. 요즘도 이런 집이 있는가? 싶던 돌로 쌓은 집이었다. 이상하게 발길이 향해지길래 무턱대고 들이대었는데, 하나님께서는 혼자 사시는 할머니 댁으로 인도하셨다. 복지관에서 찾아왔다는 거짓말(?)과 함께 선물을 전해드렸더니, '내가 여기 몇십 년 살았지만 이런 선물은 처음'이라 하시며 아들의 뇌출혈, 며느리를 사고를 잃고, 두 손자를 키우셨다던 할머니는 명절이라 찾아 올 두 손자를 위해 준비해두었던 음료수를 꺼내어 우리에게 권하셨다.

이런 저런 얘기를 나누다... 복음도 전하고 교회도 한 번 나가보시라며 말씀드리고 은비와 나는 왠지 무거운 발걸음을 움직여 나오게 되었다. 우리가 내려가는 길을 끝까지 배웅하시며 감사하다고 하시던 할머니를 뒤로한 채 내려가면서 '아! 정말 행복하고, 뿌듯한 하루!'라는 마음을 나눌 수 있었다.

남포동에 내려와서 길거리에서 파는 찌짐과 떡볶이를 통해 요기하고, 은비와 처음 스티커 사진을 찍으며 특별한 100일을 마무리 지어갔다.

1+1=3.

너와 나 우리, 그리고 하나님, 그리고 소외된 이웃.

ps. 더 많이 베풀고 나누고 싶지만, 나와 은비의 손과 발은 작고도 짧아 아쉽기도 하다. 많은 도움의 손길과 발이 함께하면 좋겠다는 마음이 든다. 메리 설, 새해 복 많이 받으세요.

🤍 2011.3.29 :: 나으 다른 생일잔치

송주현의 24번째 생일을 무언가 다르게, 특별하게 보내었다. 나를 사랑해주는 사람들에게 깜짝 생일파티를 받고, 선물을 받고, 축하를 받는 날로 그치는 것이 아니라, **특별한 친구들과 생일의 기쁨과 감사함을 나누는** 의미에서 나도 잘 가지 못하는 비싼(?) 식당을 찾아 함께 식사를 나누고 은비와의 곗돈으로 정성스레 준비한 선물을 나누며, 서로 격려하고 축복하는 시간을 가져보았다.

오늘을 위해 은비와 꾸준히 곗돈을 모았고, 나는 간증, 레크 등의 사례비 등을 비자금으로 모아왔다. 그리고 안되는 영어로 전화를 땡겨 우리학교에 유학을 오신 아프리카 행님, 누나 Jacob, Stanly, Jane, Sipa, Roda 다섯 분의 손님을 초대하여 생일감사선물로 머그컵을 나누었고, 맛있는 식사를 대접하며 함께 특별한 잔치를 만들게 되었다.

남포동에서 내려 식당으로 가는데, 누나 두 명이 은비를 데리고 잠시 어디 쯤 다녀오겠다고 하더니 그래도 생일이라꼬 케이크를 사오시는 게 아닌

가... 흐. 몰래 숨긴다고 숨겼지만, 나한테 딱 걸려 당황한 누나들의 이벤트는 너무 귀엽고 순수했다. 작년에는 케이크를 많이 받았는데 회장을 시마이해 서 그런지, 오늘은 첫 케이크를 아프리카 행님, 누나 들과 함께 마주하여 함께 불을 껐는데... 평생의 가 장 특별한 케이크로 기억 될 것 같다.

내가 기도로 함께 축복하며 교제를 시작하고 왕 고인 Jane 언니의 영어 기도로 교제를 마무리하며. 짧은 시간, 짧은 영어, 한국어로 자신의 꿈과 비전을 나누며 함께 중보해주기로 약속했다.

오늘을 위해 2개월 이상 이리저리 준비했고 용돈 을 모아왔으며, 함께 특별한 추억을 준비했다고 말 하니 행님, 누님들의 눈망울에서 깊은 즐거움을 드 러내고 있어 나 또한 즐거움을 누릴 수 있었다. 흐. 그리고 끝으로 스티커 사진을 함께 찍어 추억을 남 겼는데, 아프리카 언니들은 처음이라 마냥 신기해하 며 순수한 아이처럼 즐거워했다. 나 역시 지금 노트

북에 그 사진을 붙이고 있으니.

하나님께서 나를 24년 전 이 땅에 보내시어 지금까지 아버지, 어머니의 사랑과 희생... 은혜로 자라게 하셨고. 여러분들의 관심과 후원으로 **이렇게 멋진 청년으로 성장케 하심에 감사하는 마음으로 나누고 베푸는 잔치.** 오늘을 어찌 잊을 수 있으랴.

하나님께 모두 감사드리며, 미래 아프리카의 목사님, 선교사님, 교수님이 되실 행님, 누님들의 내일 사역을 중보하며 기대하련다.

ps. 아프리카에서 건너온 행님, 누나들... 나보다 한국말을 더 잘해서 유쾌하다 못해 웃음으로 자지러지던 식탁이었다. 난 르완다, 우간다, 탄자니아, 가나에 가면 사자 머리를 스다듬을 수 있는, 치타와 달리기를 할 수 있는 집에서 무료로 잠도 자고 여행도 즐길 수 있게 되었다. **단, 은비와 함께 가야한다.**

🩶 은비의 다른 생일잔치

꾸준히 곗돈을 모아온 우리는. 오늘도 기념일을 맞아 사랑을 나누었다. 은비의 기획으로 이번에는 어렵게, 힘겹게 목회를 하시는 목사님께 힘을 실어드리는 나눔을 해보기로 했다. 곗돈과 지 생일이라고 은비가 용돈을 조금 더 보태어 108,000원을 봉투에 담고 사진처럼 편지를 통해 우리의 취지를 밝히며 개척교회를 찾아보았다.

자갈치시장 가까이 상가교회가 있었는데 우리는 이 교회를, 그리고 목사님이 어떤분인지 전혀 모르는 곳이었지만, 하나님께서 왠지 이곳에 마음을 주시는 것 같아 올라가기 전 하나님께 교회와 목사님 가정을 위해 기도를 하고. 얼굴 없는 천사가 되어 닫혀있던 교회 문 안으로 봉투를 슬쩍이 내려왔다.

목사님께서 우리의 바람대로 이 곗돈은 교회를 위해 쓰시기보다, 함께 고생하는 가족들과 따뜻한 식사를 나누며 행복한 시간을 보내시면 좋겠다. 꼭! 작은 정성이지만 진심이 담겨있기에 힘이 되시겠지? 왠지 마음이 따뜻하다. 그리고 행복하다. 우리에게 귀한 마음을 주신 하나님께 감사드리며, 또한 순종케 하신 성령님께 감사드린다.

은비야, 생일 축하하고 이렇게 아름다운 연애 함께 해주어 고맙당♥ 앞으로의 삶 또한 기대하며 축복한다. 사랑해!^^

♥ '1+1=3' 1주년 나눔
골목길 그리고 결산, 100만원의 행복

너 + 나 = 우리

우리 + 하나님 = 나눔

이렇게 되도 안 하는 공식을 세우고 연애한지 벌써 1년이 지났다. 우리의 연애에는 무언가 다른 이야기가 있다. 그것은 '일주일에 3,000~5,000원씩 곗돈으로 우리의 사랑을 모아 특별한 날(기념일) 소외된 이웃들을 찾아 사랑을 나누는 것'이다.

오늘은 일주년을 기념하여 하루 늦게, 우리의 사랑을 나누었다. 당초 계획은 어제 하단역 앞 붕어빵집 아버지께 사랑을 나누려 계획하고 찾아갔지만 계시지 않아, 오늘 교회 가는 길에 계시면 나누겠다는 마음을 가지고 있었다.

그런데 하나님의 섭리였을까? 자매님께서 갑자기 고딩 때 즐기던, 밥스틱(?)을 먹고 싶다며 버스를 환승해 대신동으로 가게 되었다. 버스를 내리는 순간… 우리는 한 할아버지를 보게 되었다. 그분은 한 손에는 목발을, 한 손에는 작은 리어카를, 그렇게 다리를 저시며 폐지를 줍고 계셨다.

우리는 그분임을 깨달았다. 우리에게 찾아오신 예수님임을. 너무 갑작스러워 봉투도 없고… 고민을 했지만 우리가 모아온 곗돈과 지갑에 있던 전부를 모은 10만원을 A4용지로 급히 만든 봉투(?)에 모았다. 어떻게 전해드리는 게 좋을까? 지혜를 구하며 "쫌 도와드릴까요?"라는 첫마디를 시작으로 골목길을 할아버지와 함께 천천히 걸었다.

할아버지께서는 할머니와 두 분이서 사시는데, 할머니께서 몸이 불편하셔서 집에 누워계신단다. 그래서 이렇게라도 나와서 폐지를 줍고 계셨다. 집에서 열어보시라며 A4로 만든 봉투를 전해드리고 우리는 서서히 빠른 걸음으로, 뒤도 돌아보지 않고 다시 골목길을 걸었다. 오늘은 이렇게 특별한 날에, 특별한 분에게, 특별한 마음을 나누어보았다. 오늘 수요예배 때 이 할아버지를 위해 얼마나 울었던지.

하나님께서는 우리에게 지난 1년 동안 기념일마다, 참 많은 이웃을 만나게 해주셨다. 지금까지 독거노인, 노숙인, 아프리카 행님, 누님들, 달동네 이웃들 학교 경비 아버지, 환경미화원 어머니, 개척교회 목사님 등 소외된 이웃을 찾으며 특별한 날, 특별하게 우리의 사랑을 나누어왔다. 우리는 서로 사랑하여 우리의 사랑을 흘려보내며 참 많은 분에게 나누었다. 금액으로 보면 180만원 이상이 되는 것 같다. 그렇다, 우리는 학생이라 돈이 없다. 용돈 받아서 생활하고 있으며, 나와 같은 경우는 간증, 특강 등으로 용돈 외 수입이 조금 있지만… 그래도 한 번에 90만원씩이었다면 함께 180만원을 나눌 수 있었을까? 나는 자신없다.

꾸준히 3,000~5,000원씩 곗돈을 모으고 당일 기념일 데이트 비용을 줄이고 모아(ex. 성탄절 식사는 빕스… 옆에 있는 김밥천국에서 흑.) 그 사랑을 나누면서 지낸 1년을 뒤돌아보니 이런 기적이 우리에게 또 다른 선물로 주어진다. 이 얼마나 놀랍고 벅찬지...

오직 우리의 연애 가운데 함께하시는 하나님께 영광이다. 오늘은 노골적으로 도전해보고 싶다.

"여러분도 이렇게 '다른 연애'해보지 않으시겠습니까? 그리고 '나눔의 행복'을 맛보며 살아가지 않으실래요? 기독교 정신이자 보편적으로 인정받는 가치, '나눔'을 통해. 우리의 삶으로 그리스도의 사랑을 전하는 건 어떠신지요."

ρs. 함께 기꺼이 마음을 합해 지난 1년 동안 나누어주신 나의 천사님, 진심으로 사랑하고 기대합니다 ♥

♥ 두 번째 크리스마스 역시!

오늘은 크리스마스. 예수님 생일이다. 곧 주인공은 예수님이다. 그런데 **언젠가부터 크리스마스에서! 예수님은 계실 곳이 없어졌다.** 음주운전의 시초, 루돌프 행님, 그 돌프 행님을 타고 댕기는 산타 할배, 십자가 없는 트리와 캐롤, 가족들 간의, 연인들의 데이트, 연인이 없는 자들의 저주? 등 예수님은 언젠가부터 크리스마스에서 사라지셨다.

어제, 오늘 남포동 거리는 발 디딜 틈이 없었다. 말 고대로 입추의 여지가 없었다. 썽그리 먹는 식당가는 미어터질뿐더러 긴 줄은 통행까지 방해되고 있었으며, 남포동 영화관은 모처럼 매진 행렬이었다.

그리고 모텔은 성수기(?)란다. 빈방을 찾아 볼 수가 없다는데... 오늘은 예수님 생일인데... 왜? 이렇게 되었을까. 지난해 크리스마스에 이어! 예수님께서 기뻐하실 일을 준비해보았다. 어떻게 보면 '지극히 작은 자 중에 가

장 작은 자' 실터인(노숙인), 마음의 터를 잃으신 분들을 찾아 예수님의 생일을
축하하며! 예수님의 이름으로 선물을 나누어드린 것이다.

노숙체험을 해보니! 가장 필요한 것은 타이츠, 목도리, 수면양말이었다.
온기 없는 대기실, 차디 찬 바닥은 이 젊고 건강한(?) 나도 버틸 수가 없었
다. 조금이나마 따뜻하게, 아니 몸이 으슬거리지 않으셨음 하며 방한용품을
준비해보았고, 김밥, 컵라면, 빵, 음료수 등 식사거리도 더불어 준비하였다.

총 30인분을 준비하여서 한 분, 한 분 예수님의 이름으로 전해드렸는데!
이틀은 굶으셨다는 아버지, 기력이 없어 넘어져 눈이 부어있는 할머니, 쓰
레기통을 뒤지고 계시던 아버지, 목발을 짚고 뛰어오시는 아버지, 노숙체험
을 할 때 뵈었던 안면이 있는 아버지, 어머니 등 준비한 것보다 더 많이 계
셔서 다 못 전해드린 것이 너무 죄송스러웠다.

변질된(?) 크리스마스 문화를 개혁(?)해보았다. 난 개
혁주의 신앙을 바탕으로 한 고신대학교 학생이다. 그리
고 '개혁주의 문화론'을 배웠다. 그러믄 실천해야지!!! 참
앎은 아는데 그치는 것이 아니라 실천으로 완성되는 것
이기에... '나눔'으로 예수님의 생일! 크리스마스 문화를
예수님께서 기뻐하실 생일잔치로 개혁해보았다. 하늘에
는 영광이요, 땅에는 평화로다. 하나님 감사합니다. 노숙
인 아버지 손 잡아드릴 줄 아는 여자 만나게 해주셔서...

"사람들은 누군가 개혁을 이야기하면서도 항상 자기는 예외로 삼는다."
– 이재철 목사님

너희는 이 세대를 본받지 말고 오직 마음을 새롭게 함
으로 변화를 받아 하나님의 선하심과 기뻐하시고 온전하

💜 은비와 2주년 기념일 데이트는?
중 1 여동생들의 삼촌... 언니되다!

오늘은 은비와 교제한 지 2년💜 기념일을 맞아, 나눔 데이트를 했다. 지난 달 기아대책에서 주최한 저소득층 아이들 모임에서 레크레이션을 했었는데, 혼자서 쭈뼛쭈뼛 하믄서 뻘쭘해하던 한 친구를 만났다. 흐. 할머니와 단둘이서 영주동 달동네에서 지내고 있다는 중학교 1학년, 유진이라는 친구다.

오늘 나눔데이트 때 같이 데이트하고 밥도 사주고 선물도 사줄라꼬 약속을 잡았었는데, 혼자만 오랬더니. 새이... 지 단짝 친구를 데리고 왔네.(1 + 1 이네.) 뭐 묵고 싶냐꼰 샐러드바를 가고 싶단다. 애슐리에 데리고 가서 배 터지게 먹으랬더니... 진짜 두 시간이나 드시고.

무면서 이런저런 대화를 나누는데 마음이 참... 아팠다. 두 친구 모두 기초생활수급을 받으며 지내는 가정에서 힘들게 지내고 있었으며, **남들 하는 외식도 제대로 못 해보고 정부에서 나오는 식사카드랑 바우처카드로 지내는 게 행복이란다. 흐.**

신발을 보니 마음이 아팠다. 남자운동화 같은데 오래 신어서 다 터지고, 닳고... 계속 운동화만 보였다. 밥 다 묵고 '가자!'해서 ABC마트 데리고 갔다. '나이스' 세일하는 거 사 줄라 했더니 감사하게도(?) '전부 별' 신발을 커플로 고르네? 얼마나 좋아하던지... 방방 뛴다. 진짜. 내일부터 당장 학교에서 자랑 할 꺼라면서. 마... 신나서 저거들끼리 사진도 찍어샷고. 흐.

은비 신발이나 내 신발도 보이 다 터지고 닳았던데. 우리가 쪼매 간지 덜

나게 살면 요 알라들 간지나게 살 수 있다는 법칙. 오늘도. 이 하나만으로 행복했다.(아. 새들 덕분에 샐러드 바도 오랜만에 가고. 크.)

기념일이라고 우리끼리 선물 주고받기보다. 우리의 사랑을 나누는 데이트를 할 수 있어서 너무 행복하다. 오늘 이래저래 20만원 가까이 썼다. 동참이 아닌, 이 연애를 주도해주시는 나으 여친님. 나은비 씨에게 감사드립니다. 은비야. 오늘도 참 행복했다!

♥ 앞으로도 더 소외된 이웃과 함께! 함께 울어주고, 함께 웃을 수 있는 연애 이어가자!!! 사랑한다. 항상. 매. 한그슥. 오늘도 하나님께 영광.

ps. 2년동안 연애하면서... 우리 둘의 가족들이 참 많아졌다. 다 모시고 돌볼려면 우리가 쫌 더 애끼고 모다야 한다는 것. 잘하자 은비, 주현아.

은비와 지금까지 3년여 동안 그 누구보다 행복하게 사랑을 하고, 또 사랑을 나누어 왔다. 평생! 서로 사랑하고, 소외된 이웃을 향해 우리의 사랑을 나눌 것이다. 지켜봐주이소. 아! 우리 결혼식은 나눔결혼식이라꼬. 간지나게 할 꺼랍니다. 기대해주이소~

은비야 항상 고맙고, 또 사랑해.

너가 없었다면, 지금의 나는 없다.

진짜 백수 사역자...

아무 것도 보이지 않고, 아무 것도 없을 때부터

함께 달동네 쫓아다니고, 함께 울고, 웃었던 그 시간이 있었기에...

그 한결같은 너의 사랑, 섬김이 있었기 때문에

지금처럼 책도 쓰는 사람이 되었네.

너무 고맙다. 은비야.

정말 사랑한다.

앞으로 정말 잘할게.

평생 예수님께 받은 사랑 나누며 살자.

다시 한 번 사랑해.

일주일에 밥 한끼 아끼어
3,000~5,000원씩 곗돈으로 모아 1개월에 한 번
소외된 이웃(독거노인, 노숙인 등)을 찾아
이 세상의 떡과 생명의 떡인 예수 그리스도를 나누는 계모임.

Part 03

제 3 장

나눔계모임

서로 선을 행하고 나누어 주기를 잊지 말라
하나님은 이 같은 제사를 기뻐하시느니라 [히13:16]

나눔계모임

　어느 날 문득, 은비와 둘이서 달동네 등을 찾아다니며 소외된 이웃을 만나기에는 우리의 손과 발이 너무 짧다는 생각이 들었다. 그리고 이 나눔의 행복을 우리만 누리기에는 너무 아쉬웠다. 그래서 언젠가부터 우리의 나눔 데이트를 동경(?)하고 함께하고 싶어하는 친구들을 모으기 시작했다. 이 행복의 발걸음에 초대하여 함께 걸어가기로 했다.

　계모임을 만들었다. 일주일에 3,000원씩 밥 한 끼 아낀다는 마음으로 곗돈을 모아, 일반적인 계모임처럼 '우리끼리 맛있는 거 먹으러 가자!'가 아닌, '독거노인, 노숙인 등 소외된 이웃들과 함께하는' 계모임이다. 2011년 당시 대학 4학년이었던 내가 계주가 되어, 15명에서 많을 때는 20명까지 함께 참여하여 아름답고 따뜻한 세상을 만들어나갔다. 누가 알아주든 안 알아주든.

　재밌었다. 자발적으로 모인 우리들은, 봉사활동 인증서, 시간 등이 나오지도 않지만 오히려 더 적극적으로 더 즐거운 마음으로 달동네, 부산역 등 소외된 곳을 향해 즐거운 발걸음을 옮겼다. 우리가 다녀간 곳은 웃음이 없던 곳에서 웃음꽃이 피어나는 따뜻한 세상이 되었다. 우리는 세상을 바꿔갔다. 조금씩 조금씩...(우리만의 착각이었을테지만...)

이 나눔계모임이 지금의 나눔커뮤니티가 되었고, 봉사활동으로 시작한 이 일이 지금은 내 인생을 이끌어가는 사역... 아니 삶 자체가 되어버렸다. 축제 때 연탄나르기를 하면서 인생이 꼬여버렸고, 여자친구와 나눔데이트를 하면서, 그리고 나눔계모임 활동을 하면서는 그 꼬여버린 인생이 매듭까지 지어져 버린 것 같다. 이 글을 써 내려가면서 그 시간을 추억해본다. 참 가슴 따뜻하다. 할머니들과 끓여 먹었던 라면냄새가 지금도 맡아진다. 아! 오늘 저녁은 라면이나 끓여 무야굿다. 그 시간을 추억하며...

아래는 나눔계모임 활동 중 재미난 일기만 모아봤다.

☆ 첫 나눔 봉사 day

일주일에 3,000원. 25명의 계모임. 이 계모임은 자신들의 즐김을 위함이 아닌 독거노인, 노숙인 등 소외된 이웃을 돌아보기 위한 모임이다. 2011년 3월 12일 첫 모임을 한 후 매주 밥 한 끼 아낀다 생각하며 곗돈을 모아왔다. 곗돈으로 341,000원. 친구들의 후원금으로 185,000원. 총 526,000원의 사랑이 모였다.

이 사랑으로 학생인 우리는 중간고사를 마무리하고 4월 29일 첫 나눔&봉사day를 보냈다. 영도 달동네 홀로 남은 여생을 외로이 쓸쓸히 보내고 계시는 우리의 할머니 다섯 분을 선정하여 쌀 20kg 포함, 과일 등 한 가정당 7만원씩 식료품을(빵집에서 알바하시는 계모임 구성원의 후원으로 빵세트도) 할머니께서 기뻐하실 모습을 생각하며 조마다 직접 장을 보아 할머니 댁을 방문했다.

꾸준히 기대하고 축복하며 모아온 우리의 사랑을 나누어 드릴 때 할머니들께서는

– 아이고... 내가 고마워서 어짜노.
– 학생들이 돈이 어딧다고.
– 바나나 같은거 내가 어째 사먹겠노 돈 아까워서.
– 돈도 없고 혼자 사는 내를 이래 생각해주는 사람이 어딧노.
– 몇 년만에 우리 집에 손님이 이렇게 왔는지...
– 뭘 이리 많이 사왔냐.
– 젊은 학생들 보니 참 좋네.
– 모처럼 친구가 생겼네.

더 많이 준비하지 못한 우리를 더 죄송스럽게 하셨다.

봉사라고 해서 집 안 청소, 수리 등의 수고도 중요하겠지만, 홀로 너무나도 외로이 여생을 보내고 계시는 할머니들께는 하루 중 몇 시간도 안 되는 짧은 시간이지만 말동무가 되어드리고 친구가 되어드리는 것으로... 할머니들께서 말씀하셨듯 **'사람 사는 것 같은'** 시간을 보내어 드리는 것에 초점을 두고 첫 모임을 하게 되었다.
모임을 마치고 돌아가는 길. 계모임 구성원들의 얼굴에서는 사랑이 넘쳤다. 보람이 넘치는 얼굴로, 내가 개인적으로 바라고 기대했던 대로

– 나보다 더 어렵게 사시는 분들이 참 많구나...
– 앞으로도 더 많이 도우며 살아야겠다.

– 개인적으로도 자주 찾아뵈야겠다.
– 지금까지 이런 일들을 하지 못했는데.
– 이렇게 보람되고 행복할 수가....
– 선배님, 좋은 경험 가지게 해주셔서 감사합니다.

나의 준비와 수고도 한방에 물러가는 피드백을 들을 수 있었다.

내 돈 들여 모임 때마다 사 먹이고, 사전에 복지관이랑 연락을 취해 집도 방문하고, 계획, 진행 등 혼자 도맡아 준비하는 것이 시간도 들어가고 귀찮기도, 수고스럽기도 했었지만. 나의 손과 발이 짧음에 더 많은 분을 돕고 섬기고 싶었지만 아쉬워하던 찰나 **많은 손과 발이 함께하니 더 많은 곳에, 더 많은 것으로 사랑을 나눌 수 있다**는 것만으로도 감사했다.

그리고 하나님께서 이 모임을 시작하기 전 나에게 마음을 주셨듯 '주현아 니 아니면 누가 하겠노?'라는 응답의 뜻을 느낄 수 있었던 나에게도 너무나도 귀하고 복된 경험의 시간이었다.

앞으로도 내가 복지사는 아니지만, **나눔이 필요한 곳에 나누고 싶어하는 사람을 연결시켜주는 다리** 역할을 충실히 감당해야겠다. 하나님께서 주실 복이 크리라 믿어 의심치 않는다.

모든 영광 하나님께. 할머니 만수무강하세요.

서로 선을 행하고 나누어주기를 잊지 말라 하나님은 이같은 제사를 기뻐하시느니라(히13:16)

⭐ 우리 같은 사람들 생각해주는 청년들이 있다니...

오늘은 나눔계모임. 두 번째 '나눔 & 봉사 day'. 시험기간이지만, 함께 모여 정성을 담아 직접 주먹밥을 만들고. 주문해놓은 한솥 도시락과 바나나, 물 등을 챙겨 부산역으로 향했다.

우리는 노숙인분들을 바라볼 때 의식적, 무의식적으로 색안경을 끼고 볼 때가 있다. 사지 멀쩡한데 일해서 돈 벌어서 살면되지, 더럽고 냄새난다, 보기 안 좋다, 왜 저래 사노 등.

하지만 예수님께서 가르쳐주신 사랑. 지극히 작은 자를 위해 오신 그 예수님의 사랑으로 뵌다면, 이 분들 또한 하나님의 형상임을 알 수 있을 것이다.

오늘은 한 아버지의 손을 잡고 대화를 나눴다. 얼굴부터, 온몸이 더럽고, 냄새가 났다. 그리고 이가 다 썩어 빠져있었다. 그래도 손을 잡아 드렸다. 그리고 그분의 이야기를 들어드렸다. 한 때 모 중공업에서 근무하셨는데 데모를 하시다, 회사에서 쫓겨나셨단다. 그리고 가족들도 다 도망가고 부인부터, 지금은 스무 살쯤 될 거라는 딸마저도... 그렇게 이 생활이 시작되셨다고 한다. 20년 째 서울역 등 전국을 다니셨단다. 이런저런 이야기를 들어드렸다. 아버지께서는 내 손을 꼭 잡고 눈물을 흘리셨다. '너무 고맙소, 이렇게 우리 같은 사람도 생각해주는 청년들이 있다니...' 그렇다. 이분 또한 하나님의 형상이었다. 그리고 하나님께서 사랑하시는 아들이었다.

40인분을 준비했던 도시락과 주먹밥은 넉넉히 나누어드렸다. 사흘 만에 첫 끼를 드시는 분도. 얼마 만에 밥인지 모르시는 분들도... 그 배고픔을 우리의 작은 사랑으

로 달래고 계셨다.

오늘을 준비하며, 시험기간이지만 나름 분주했다. 그리고 귀찮기도, 힘들기도 했었다. 하지만 나누는 이나 받는 이나 모두 하나님 안에서 사랑과 행복, 감동을 누리는 모습과 고백에서 선한 일을 도모하게 하시면 선하신 뜻으로 인도하시는 나의 하나님, 우리의 하나님께 감사와 영광을 돌려드릴 수밖에 없었다.

마지막에 잠시 나누었던 우리들의 고백.

– 공부하는 이유, 살아가야 하는 이유를 정립하게 된다.
– 나보다 타인을 생각할 때의 행복과 감사.
– 주위에 참 도울 분이 많음에도 나누지 못했음에 부끄러운.
– 더 많은 사람과 함께 나눔에 동참하길.
– 그리스도인이 마땅히 해야 할 일.
– 오늘 너무 좋은 시간 보냄에 감사 등

오늘에 깨달음이 우리의 삶의 아름다움으로 나타나길 소망하며. 칼빈의 말. "우리는 악을 피할 뿐만 아니라 선을 행할 책임도 있다" 처럼, 궁극적으로 가난한 자를 향한 우리들의 입장은 '자선의 문제'가 아니라 '권리의 문제'임을 인지하며. 가난한 자들의 생존에 필요한 권리에 관하여 우리는 책임을 다하는 하나님의 사람이 되었으면 좋겠다.

그것은 다른 거창한 이유가 있어서가 아니라. 그들이 하나님의 형상으로 지음 받은 존재들이기 때문에.

✦ 우리의 오병이어
추석맞이 외국인 유학생 잔치(2011년 추석)

우리학교에는 제 3세계 외국인 유학생 150여 명이 있다. 다들 어려운 상황과 환경 가운데 열심히 공부하고 있다. 다음 주는 추석. 안 그래도 타지생활이라 외로울 텐데... 학교도 휑하고, 식당도 문을 닫는 등 식사를 제대로 할 수 있을지 염려될 정도다.

며칠 전이었다. 한 친구가 연락이 왔다. 독거노인 할머니 봉사를 못 가게 되어서 선물세트라도 사서 보내주고 싶다고 했지. 참 고마웠다. 그런데 하나님께서 갑자기 아프리카 유학생 행님, 누나들에 대한 마음을 주셔서 그 친구에게 바로 하나님께서 주신 마음을 전했다. "야! 하나님이 마음을 주시는데, 니 돈으로 내랑 보태가 유학생 행님, 누나들이랑 통닭 잔치 하자." 그 친구는 어떻게 그런 생각을 다 했냐며... 너무 좋다며, 함께 일을 준비하게 되었다.

어제까지만 해도 할머니께 봉사도 다녀오고, 아프리카 유학생들만 초청하여 통닭을 나누려고 했다. 아프리카 유학생들만 25명 정도 되니, 얼추 예산을 잡아보니 15만원정도 들었기 때문에... 그렇게 준비를 해서 계획은 오늘 오후까지 변동 없이 준비되고 있었다.

오늘 오후 이상한 놈이 연락이 왔다. 익명의 요원(공익)이었다. 어떤 여자가 참 이쁘다며, 그저 남자들의 대화였지. 안부를 이래저래 전하다가 오늘 뭐 하는지 묻길래 '오늘 할머니 봉사가고, 유학생들이랑 통닭 잔치 한다.'라고 했더니 갑자기 계좌번호를 가르쳐달란다. 몸은 함께 못하지만, 오늘 요원 월급 받는데 조금 붙여주겠단다. 한 5만원 붙여줬겠지 했다.(요원 월급이니...) 통장을 확인해보니 10만원이나 들어와있는 것이 아닌가;

그때부터였다. **이상하게 내 가슴이 뜨거워지고, 두근거렸다.** 통닭을 주

문하려는데 하나님께서 이상하게 중국인 유학생, 필리핀 유학생 등 외국인 유학생 전체에 대한 마음을 주시는 것이다. 통닭집에 전화하기 앞서 대외협력처에 전화를 해 문의해보았다. 전체 외국인 유학생이 몇 명인지? 150명 되는데 기숙사에는 100여 명 산다는. 이상하게 미친 짓을 해야할 것만 같았다. 외국인 유학생들과 모두 함께하는 통닭잔치를 열어야겠다는.

돈은 20만원 정도 있었고... 돈은 모자랐지만 통닭 22세트(44마리)를 주문했다. 그냥... 흐. 금액은 할인받아서 40만원. 예산은 20만원이 있었지만. 왠지 일이 일어날 것만 같았다. 너무 설레고 흥분되어 얼굴에서 열이 날 정도였으니.

제일 처음 그 친구에게 연락을 해서 얼마 정도까지 낼 수 있냐고 물었다. 10만원 가능하냐고 물었다. 된단다. 준단다. 미쳤다. 같이 봉사 가기로 한 녀석이 올라오더니 지도 3만원을 내놓고, 또 함께 있었던 한 명의 형이 우리 이야기를 듣고 5만원을 그냥 줬단다. 미쳤다. 잠시 뒤, 학생복지위원회 회장, 부회장이 미쳤다. 10만원을 건네준다. 미쳤다. 이렇게 저렇게 총 60만원이 모였다.

오늘 하루, 아니 오후에 **단 2시간 만에 60만원이 모인 것이다.** 미쳤다. 하나님께서 선한 일을 도모하니, 아니 착한 일을 시작하신 이가 그리스도 예수의 날에 이루어주셨다(빌1:6). 어떻게 이런 일이...

프로그램을 기획하거나 준비하지 않았다. 그런데 하나님께서 일을 크게 키워주셨다. 그것도 너무나 갑자기. 그저 미리 준비해서 통닭을 자리에 깔았다. 그리곤 우리의 취지 '추석을 맞아 하나님께서 마음을 주셔서 잔치를 베풀어본다. 열심히 공부하여, 본국에서 하나님의 귀한 종이 되길 축복한다.'고 설명도 하고, 기도를 한 뒤 함께 통닭을 나누었다.

그리곤 외국인 유학생 한 명, 한 명씩 노래를 부르게끔 유도했다. 알고 지내는 중국인 유학생 형에게 즐거운 노래를 부탁하여 모두 박수 치고 즐김을 시작으로... 태국 유학생, 아프리카 유학생의 찬양으로 점점 이상한 분위기로 몰아지더니 한 아프리카 형에게 마지막을 부탁하였더니 함께 찬양을 불렀다. '좋으신 하나님, 오직 예수, 나는 주의 친구 등' 통기타와 그저 그런 마이크밖에 없었지만, 하나님은 임재하셨다.

함께 미친 듯이 뛰면서 국적, 인종을 초월하여 살아계신 하나님을 한목소리로 즐거이 찬양하는 찬양집회가 되었다. 이거였구나, 하나님이 이렇게 급하게 몰아가신 이유가... 마지막으로 우리 한국인 학생들이 한국말로 '당신은 사랑받기 위해, 축복합니다.' 축복송을 불러드렸다. 모두가 한국말로 축복하며 하나님의 계획하신 그 시간을 즐겼다.

이 늦은 밤... 설레는 감동과 그 은혜를 주체할 수 없다. 그 자리에 함께 있었던 우리는 기억한다. 하나님은 아무것도 아닌 우리를 사랑하시어 선한 일을 도모하게 하시며... **믿음으로 순종할 때** 여기저기서 그 놀라우신 섭리 가운데 모든 필요를 준비해놓으시고 그들에게도 순종하게 하시며 무언가의 일을 이루어가게 하신다는 것을.

어떻게 이 글을 마무리할 수 있을까... 오직 모든 영광 하나님께.

☀ 밥 3끼. 하루에? 아니 일주일에!

하루에 3끼를 당연하게 먹는 우리, 일주일에 3끼를 드시면 많이 드시는 분들을 찾았다. 아침부터 분주하게 준비했다. 이렇게 저렇게 사랑과 정성을 담아 유부초밥도 직접 만들고, 컵라면, 초코파이, 음료수 등과 함께 이제 추

워지는데... 조금이나마 따뜻하셨음 해서 내복(타이츠), 수면 양말도 준비했다.

봉다리 속, 우리의 마음이 담긴 편지와 함께 비 오는 금요일 저녁, 우리는 부산역을 찾았다. 비가 와서 많이 안 계실까봐 걱정했지만... 입구 밖에서 비를 피하고 계시는 분들, 화장실 앞에서 만난 분들, 대기실에서 티비를 보고 계시는 분들, 우리의 마음을 아프게 했던 술에 취해 도박(?) 하시던 분들 등...

준비한 80인분의 도시락과 60개의 선물세트는 금방 동났다. 열심히 도박하시던(?) 분들의 행동으로 맘이 상한 것을 감출 수 없었던 우리들이지만

– 수개월 동안 월세를 못 내 셋방에서 쫓겨나 1년째 이곳에서 생활하신다던 아버지.
– 비가와도, 추워도. 대기실 밖에서 박스 하나를 의지해 선잠을 잘 수밖에 없다던 아버지.
– 일주일 째 한 끼도 드시지 못하셨다던 아버지.
– 한참 어린 학생에게, 너무 고맙다며 연신 고개를 숙이시던 아버지.
– 주방보조일로 생활하시다... 그마저 끊겨 이곳으로 나오게 되었다던 어머니.
– 전해드린 선물 하나하나 꺼내보시며... 눈물을 머금은 채 고맙다고만 하시던 어머니.
– 추워지는데... 내복(타이츠)과 두꺼운 양말이 얼마나 고마운지 모르겠다던 아버지.
– 유부초밥 도시락을 열어, 드시기 전 먼저 나에게 건네시던 아버지.
– 우리 같은 사람 신경 써줘서 너무 고맙다고 손을 꼭 잡으시던 아버지.
– 함께 생활하는 분들을 데리고 오셔서, 이 친구도 챙겨달라던 아버지.

이런 분들에게 우리의 마음을 담은 드실 거리와 선물을 전해드리며 예수님 믿고 힘내시라고 손 한번 내밀어 잡아 드린 것. 이것을 기뻐하시는 하나님으로 인해 감사하련다.

오늘 우리 나눔계모임 식구들은 **더러운 바닥과 주린 배를 맞대고 사회의**

냉대와 차가운 시선을 받으며 자신의 처량한 모습 탓에 좌절하고 한탄하는, 우리가 살아가는 세상에서 가장 지극히 작은 자라 볼 수 있는 그분들에게 '지극히 작은 자에게 한 것이 나에게 한 것이니라'라고 말씀하신 그분의 가르침대로, 우리의 따뜻한 가슴과 따뜻한 손길을 내밀어 보았다. 잘한 것 맞지요?

하나님, 예수님, 성령님께서 기뻐하시고 흐뭇해하실 것 같다. 그래서 이 부족한 사람들의 마음을 모아주신 하나님께 감사와 찬양을 올려드릴 수밖에 없는 밤이다. 아름다운 밤입니다♥

우리는 앞으로도 더 나누고 베풀며 살아갈 것이다. 여러분도 함께하시지 않으실래요? 흐.

☀ 빼빼로 나눔 :: 소아 병동 알라들에게

이런 빼빼로데이는 어떠신지요?

오늘은 2011년 11월 11일.(므... 밀레니엄 빼빼로데이? 흐.) 일반적으로 '빼빼로 day'라 함은 연인, 친구들에게 빼빼로를(사든, 만들든) 전하며 사랑을 표현하는 날이다. 하나님께서 지난주 굿 아이디어를 주셨는데! 이 '빼빼로 day'를 통해 그리스도의 사랑을 나누고 전해보자는 것이었다.

빼빼로를 주고 받지 않기로 한 현실적인(?) 커플들과 빼빼로를 주고 받지 못하는(?) 현실의 솔로 몇 명과 함께. 몸은 함께 못하지만 하나님께서 감동을 주시어 마음을 합한다는 뜻에서 동전을 모아온 돼지 저금통을 깨트려 보내준 한 커플의 사랑, 4만원. 말년 휴가 때 실수로(?) 나의 페북 글을 보고 마음을 합해준 곧 제대하는 군인 아저씨의 3만원. 이 친구들과 함께 우

리는 빼빼로와 간식, 귤 등을 포장해 복음병원 소아병동을 찾았다.

먼저, 수고하시는 간호사 언니들에게 빼빼로 한뭉치와 귤 한 박스를 노나드리고[아]. 여느 때와 같이 테레비에서 뽀로로 행님이 나오는 평온한(?) 병실에 노크하고 들어가...

- 태어난 지 1개월 만에 입원해 있던 아기
- 팔을 다쳐 깁스를 하고 있던 유딩
- 얼굴에 화상을 입어 살이 다 벗겨진 두 살 남짓한 여자아이(마음이 너무 아팠다).
- 다리를 다쳐 깁스를 하고 휠체어에 앉아있던 꼬맹이
- 엄마와 함께 누워있던 아기, 아이들
- 빼빼로는 안중에도 없이 스마트폰 게임에 빠져있던 초딩?
- 엄마와 나란히 앉아 밥을 먹던 아이
- 나의 "알라, 익! 뗵!"에 웃어주던 여자아이

등 18명의 어린 친구들에게 **우리의 사랑과 마음을 빼빼로에 담아 나누어 보았다.**

어린 나이에 여기저기 다치고 아파서 병원 냄새와 주사바늘, 약에 시달리는 아이들과 아픈 아들, 딸들을 간호하며 심신이 지치고 아플 우리의 아버지, 어머니들께 우리의 작은 정성과 함께 우리가 믿는 하나님께 빨리 낫도록 기도하겠다며 힘내시라고 위로하고 응원하며 잠시 있다가 나왔을 뿐인데...

생각지도 못한 천사(?)들의 방문에 연신 고맙다고 인사해주시던 어머니들의 얼굴에는 웃음꽃이 활짝 피어있었다. 이 웃음꽃이 우리 어린 친구들과

아) 나눠드리고

간호사 언니들, 그리고 이 나눔의 보람과 행복에 젖은 우리에게까지 피어있었다. **모두가 다함께 소소한 행복을 맛본 것 같다.** 진짜 흐뭇하고. 진짜 너무 행복하고 따뜻했다.

행복은 가까운 곳에 있습니다. 그리고 우리가 만들어가는 것이지요. 빼빼로데이가 상술에 빠진 안타까운 문화라면... 이렇게 아름다운 문화로 개혁해나가는 것이 좋지 않을까요? 우리 함께 만들어가요. 아름다운 세상 ♪ ♬ 이런 따뜻한 마음을 주신 하나님께 모든 감사와 영광입니다. 우리는 그분의 은혜로 순종하고 실천할 수 있었던 나눔계모임 식구들이었습니다.

☀ 나눔은 연례행사가 아니라 크리스천의 당연한 삶

날이 과연 춥다. 우리는 따뜻한 방보다, 사람을 더 그리워하시는 분들을 찾아뵈었다. 쌀 한 포대, 돼지불고기, 귤, 내복, 그리고 이불을 선물로 준비하여! 영도 달동네 가파른 고바우와 좁은 골목길을 여기저기 댕겼다.

1. 복지사 어머니 소개로 오늘 처음으로 뵙게 된 할아버지는 연세가 드셔서 이제는 막노동 일자리도 주어지지 않아 한 달을 91,200원의 보조금으로 지내시는데, 춥고 차가운 집에서 전기장판 하나에 의지하여 겨울을 이겨내고 있으셨다. **누가 얻어 준 쌀도 곰팡이가 피어 개나 먹는 것을 먹는다며** 허허 웃으시는 할아버지. 참 마음이 아프고 울컥 눈물이 차올랐다.

2. 조선소에서 일하시다가 고막을 다쳐 보청기를 착용하시고 생활하시는 할머니. 보청기를 이용해도 잘 들리시지 않아 티비도 그림만 보는 수준이시란다. 글도 몰라서 동사무소에서 안내문만 날라와도 집 나가라는 건 아닌가? 노심초사하며 기다리고 계시는 할머니. 무슨 학생들이 돈이 있다고 올 때마다 이렇게 많이 사오냐며... "이 세상, 아직도 이런 학생들이 있으니 살만하다."고 하신다.

3. 세탁기를 옮기려 해도 누군가 올 때까지 기다릴 수밖에 없으셨던 할머니. 꽃무늬 내복 하나에 함박웃음을 지으셨다. 고기반찬은 돈이 겁이 나서 사 먹지도 못하는데 덕분에 며칠 동안 돼지불고기도 먹을 수 있고 고맙다 하시는데... 더 자주 찾아뵙지 못하고, 더 많이 못해드려 죄송한 마음뿐이었다.

4. 여자친구와 자주 찾아뵙기에 가장 정이 많이 든 할머니. 오늘도 우리가 온다는 소식에 일찍이 밥도 지어놓으시고, 대문도 열어놓고 계셨다. 사람 수에 맞게 계란을 깨 넣은 푸짐한 라면과 할머니 드시라고 사온 돼지고기도 바로 볶아주셔서 오늘도 따뜻한 밥상을 마주하여 안부도 묻고 담소도 나눌 수 있었다.

5. 내년이면 92세. 일흔이 되었을 때 **자식들로부터 '고려장'처럼 버려진 것 같다**고 하시지만... 그럼에도 자식들 편이신 할머니는 '어머니'셨다. 오늘 특별히 관심을 두고 찾아뵌 할머니 댁은 청소도 해드리고, 형광등도 갈아드려서 밝고 깨끗한 방으로! 때 묻은 이불도 새 이불로, 오래된 장판 매트도 새것으로 바꿔드림으로! '러브하우스'

로 변신하였다. 심심할 때마다 혼자서 치셨다는 고스톱도 함께하며 잠시나마 친구가 되어 놀아드리기도 했다. 자식들도 관심을 가져주지 않는데, 이래 매번 찾아주고 신경을 써주니 고맙고 미안해서 무슨 말을 해야 할지 모르겠다던 할머니. 오늘 찾아뵌 지 1년 만에 처음으로! 할머니께서 웃는 모습도 볼 수 있었다. 오늘도 '**진짜 행복한 사람은 남을 행복하게 해주는 사람이다.**'라는 말처럼... 차기 계장인 아케보노의 식사기도처럼 '하나님께 받은 사랑을 나누면서 감사하고 행복한 하루'를 보내었다.

저의 글을 보면서... 항상 관심과 응원을 해주신 많은 분들의 사랑을 담아 단디 나누고, 베풀어 보았습니다. 요즘 저에게 많은 분이 "참 좋은 일 많이 한다."고 하십니다. **저는 겸손인지, 교만인지 "당연히 해야 할 일을 할뿐인데요. 뭘...**"이라고 대답합니다.

크리스천이라면 당연히 해야 할 일, 이웃 사랑. 예수님께서 삶으로 가르쳐주신 더욱 관심과 사랑을 베풀어야 할 소외된 이웃에게! '**나눔은 연례행사가 아니라, 크리스천의 생활이 되어야 하기에!**' 앞으로도 꾸준히 나누고 베풀면서 살아가렵니다. 응원해주시고, 함께 하입시다!

★ 생명의 떡(예수님)을 나누는 계모임
1년 반 만에 교회 가시기로 약속

오늘 오후, 나눔계모임 식구들과 설날을 맞아 영도 달동네를 올랐다. 명절이면 더 외로우실 분들. 홀몸 어르신 할아버지, 할머니를 찾았다. 쌀 한 포대, 돼지불고기, 떡, 귤. 그리고 할아버지 댁에는 장판까지! 두손 무겁게, 비바람을 헤치고 달동네 고바우를 올랐다.

한 달 만에 뵈어도... 더 자주 뵙지 못해 죄송한 마음이 앞서지만, 항상 반갑게 맞아주시며 하고 싶으셨던 이야기를 쏟아내신다. 맞장구치며 들어 드리는 것만으로도 위로가 되는 우리 할아버지, 할머니. 오늘은 할아버지 한 분, 할머니 세 분, 소아마비로 인해 고생하시는 한 삼촌(50대)에게 사랑을 나누어드렸다.

오늘이 무엇보다 특별했던 이유는! 뵐 때마다 교회 나가시자고, 생명의 떡을 나누었는데, 찾아뵌 지 1년 반 만에! (교회는 절대 안 나가겠다던) **할머니께서 고마워서라도 교회를 나가시겠다고 손가락을 거셨다.** 이 얼마나... 벅찬지.

세상의 떡과 더불어(도구 삼아) **생명의 떡이신 예수 그리스도를 나누는 계모 임**인, 우리 나눔계모임의 첫 결실을 맺게 되었다는 것이다. 그것도 1년 반 이라는 시간만에...(여자는 꾸준히 들이대면 결국 넘어온다지♥) 또한, 찾아뵌 지 1개월 만에(찾아뵌 횟수로는 세 번 만에) 교회를 나가시겠다는 할아버지와도 손가락을 걸 었다. 주보 모으는 것으로 확인 하기로 했다. 크크.

하나님은 살아계신다. 그리고 우리 나눔계모임도 살아있다. 오늘 예상외 로 예산이 모자랐는데, 이틀 동안 함께 섬겼던 수련회에서 만난 동생이 어 제 생일 때 받은 보너스(?) 5만원을 오늘 잠시 만났을 때 건네준다. 예산도 딱 맞았다. 허허... 하나님은 살아계신다. 벅차다.

하나님께 영광을! 함께 한 계모임 식구들께 감사. 후원과 응원을 해주신 분들께 감사.

예수 믿는 것 같이 살고 싶다는 한 청년의
세상을 조금씩 조금씩 바꿔가는 하루 하루의 기록들.

Part 04

제 4 장

나눔일기

만일 형제나 자매가 헐벗고 일용할 양식이 없는데
너희 중에 누구든지 그에게 이르되 평안히 가라 더웁게 하라 배부르게 하라 하며
그 몸에 쓸 것을 주지 아니하면 무슨 유익이 있으리요
이와 같이 행함이 없는 믿음은 그 자체가 죽은 것이니라 [약2:15·17]

나눔일기

🍃 나눔, 작은 것부터

삼선 쓰레빠, 다 떨어진 축구화

나는 자칭, 타칭 나눔전도사라는 이름으로 살아가고 있다. 하지만 돈이 많아서 몇 백억을 벌어서, 몇 십억을 기부했다는 그런 이야기는 전혀 할 수 없는 그저 평범한 25살 청년이다. 나의 나눔 역시, 지극히 작은 것부터 시작하게 되었다. 강의를 할 때면 제일 먼저 하는 나눔의 이야기이다.

고등학교 4학년에 복학해서 학교에 들어갔다. 학교에서는 실내화를 신는다. 나도 전국 중고등학생 공용 실내화 일명 '삼디다스 쓰레빠'를 사서 신고 다녔지. 근데 웬걸 한 친구가 삼디다스 쓰레빠를 안신고 다니는 것이다. 화장실에 물이 흥건히 젖어있는데도 지가 예수님도 아니면서 물 위를 걷는다. 맨발로... '참 이상한 놈이네. 3천원하는 삼디다스 하나 살 돈도 없나?' 생각을 했다. 얼마 후 그 친구의 사연을 듣게 되었는데, 전 년도에 어머니께서 교통사고로 돌아가셔서 정신적으로, 물질적으로 많이 힘들어하는 친구라는 것이다. 그래서 그냥 그렇게 맨발로 예수님을 자처한 것이다...

어딜가든 학교에는 꼭 삼디다스를 훔쳐가는 나쁜×들이 있다. 누가 내 쓰레빠를 훔쳐갔다. 감히! 285를 훔쳐가다니... 아무리 희귀템이라도 그렇지! 범인을 잡아가 때려 패기보다는 난 착하니깐(?) 문방구에 가서 새로 하나 샀다. 근데 그 친구가 생각이 나네? 그래서 그 친구 쓰레빠까지 같이 사서 전해줬다. "야 임마~ 이거 신고댕기라." 표현이 많이 서툰 친구였지만 그날 따라 고맙다고 연신 고개를 숙인다.

고등학교 졸업식 날 그 친구가 날 찾아오더니 한 마디 한다. "형 전화번호 쫌 가르쳐 주세요." 아나, 기분 쫌 찝찝했다. 남자한테 번호 줄라니깐. 이 후, 대학 입학 했다고, 학교 잘 다니고 있다며, 군대 간다고, 군대 제대 했다며, 취업했다며... 계속적으로 연락이 왔다. **왜 연락이 올까? 고마워서 겠지.** 그 3천원짜리 삼디다스 쓰레빠 하나가 고마웠을까? 아니, 내 생각에는 그 친구에게는 필요했던 것은 **그 무엇보다 따뜻한 관심**이었을 것 같다. 그때의 그 작은 나눔이 그 친구에겐 큰 힘이 되었나보다. 그리고 잊지 못할 감동이 되었나보다.

강의를 하면서 초딩들에게 물어본다. '이 친구가 왜 이렇게 연락이 올까요?' 라고... 초딩들의 대답은 역시 살아있다. "쓰레빠 다 떨어져서요!" 대한민국 초딩 만세! 대단한 초느님들 한마디 덧붙인다. "이번에는 나이× 사달라고요~"

축구선수들은 시합용 축구화가 따로 있다. 되게 10만원에서 30만원까지 한다. 난 20만원짜리 구해서 잘 신고 있었다. 그런데 후배 한 명이 전문용어로 축구화 '앞주디' 부분이 다 터져서 축구화로 공을 차는지 양말로 공을 차는지 모르는 친구가 있었다. 마음이 아프다. 세뱃돈 등 용돈을 모았다. 그리곤 "행님이 축구화를 사고 싶은데 어떤게 이쁜지 봐도"라며 스포츠용품

점에 데리고 갔다.

흰색 축구화가 이쁘단다. **"사장님, 265 하나 주세요!"** 내 발은 285다. "왜요? 왜요? 왜 저한테 주시는거에요?" "하나님이 마음 주셔서 순종할 뿐이다. 이거 신고 열심히 운동해라. 새꺄!" 이 친구 역시 고등학교를 졸업하고도 계속적으로 연락이 온다. 오히려 내가 더 고맙다.

근데 "형 저 취업하면 진짜 맛있는 밥 사드릴게요!" 했던 녀석. 내가 알기론 벌써 취업을 했다. 아직 밥을 안사준다. 새이...

이렇게 나는 **작은 것부터, 가까이에서부터** 나눔을 실천해왔다. 이런 이야기. 뭔가 따뜻하지 않은가? 나눔 참 좋다. 그래서 언젠가부터 내 직업(?)을 나눔전도사로 정해버리고 지금 같이 살아가고 있다. 아름답고 따뜻한 세상을 만들어가기 위해서. **우리! 작은 것부터, 할 수 있는 것부터 시작해보아요.**

🍃 호주에 오렌지 따러 갈려고 했는데...

대학 3학년 총학생회장을 하면서 나눔에 빠지게 되었고, 대학교 4학년 나눔계모임을 하면서 나눔에 취하게 되었다. 대학 졸업 후, 나의 나눔 이야기는 잠시 정지될 뻔 했었다. 2월 졸업 후 바로 호주에 워킹홀리데이를 나가려고 계획, 준비를 하고 있었다. 오렌지 따서 학자금도 좀 갚아내고, 또 어학연수도 겸해서 가려고 했었던 것이다. 비행기 삯도 이모부께서 해주셔서 있었고, 초기 생활비까지 다 준비해놓은 상태였다.

진짜 갈라꼬 할머니들께 인사드리러 댕겼다. 그때는 섬기던 할머니들이 열 분정도 되실 때 였는데... "할머니, 호주 댕기올게요~ 건강하시고요. 1년 뒤에 다시 찾아뵐게요." 흐. 우리 할매들 단체로 짰나보다. 전부 아무 말씀은 안하셨지만, 손을 꼭 잡으신다. 그리고 눈물도 글썽이신다. 난 보았다. 할매들의 그 눈. 그 무언의 외침을...

'가지마라. 가지마라~ 가믄 안된다. 안된다~ 김치는 누가 주니?'

그렇게 다시 한 번 내 인생은 꼬이게 된다. 호주, 그냥 포기했다. 한국서 할매들 친구 되주기로 했다. 흐. 봉사활동을 넘어서 이 일에 올인하게 된 것이다. 아무도 시키지도 않았는데 그리고 누가 파송해준 것도 아닌데 그렇게... 자칭 나눔전도사 인생이 시작된 것이다.

🐌 2012.2.29 :: "호주는 포기했습니다. '나눔'에 올인 했습니다."

원래 다음주면 호주로 출국해야 합니다. 저의 계획대로라면요. 1년 간 워킹홀리데이로 돈도 벌고, 학원도 댕기고, 여행도 댕기면서 여러 경험도 하고 쫌 배아볼라 했습니다. 1월 말이었습니다. 할머니를 찾아 뵙는데 갑자기 이런 생각이 들더군요. '나눔계모임은 뭐 댕기와서 다시하믄 되겠다만, 이 할머니들은 누가 책임지노. 허허'

제가 찾아 뵙고 있는 할아버지, 할머니들이 어느덧 10명입니다. 1월부터는 '곧 호주갈긴데 1년간 못 뵙겠다고 건강하시라.'며 댕기와서도 뵙겠다고 인사를 다니고 있었습니다 아... 근데 마음이 그렇더군요. 혼자만의 걱정(?), 고민을 하고 있던 2월 초였습니다.

이상하게 많은 분들이 동일한 권유(?)를 하십니다. '니 하는 나눔활동을 공식단체로 만들었으면 좋겠다.'는... 모두가 짰나요? 와 그래 사람 계획에 혼선을 주는건지요. 공식적으로 활동하믄 물심양면으로 도움도 주겠다고 합니다.(지금도 믿고 있습니다 흐.)

아... 2월 중순. 고민이 참 많았습니다. 오랜만에 기도도 쫌 해봤습니다. 아따... 하나님께서도 이쪽으로 마 몰아가시네요 허허. 순종하고, 결단하기 참 힘들었습니다. 솔직히 뭐 가진게 있는 것도 아니고, 젊은 아가 맨땅에 헤딩하는 격이니. 참 두렵고 어려웠습니다. 그래도 이 미친놈, 하나님께서 주시는 마음에 순종하고, 결단을 내렸습니다. "함 해보입시다! 대신 책임지주소."라고 기도를 하면서 흐.(손과 발, 머리... 돈도 붙이주소!)

아직 정확한 계획은 없습니다. 어떻게 해야 잘했다고 소문이 날지 고민중 입니다. 지금 마음으로는 한국에 남아 이래 살아보고 싶습니다. 먼저는 자비량으로 나눔활동(독거노인, 노숙인 봉사)을 더 열심히 해나가면서 그 살아낸 삶으로 "나눔"에 대해 도전하고 싶습니다.

더 나아가 "나눔계모임 운동"을 펼쳐나가고 싶습니다. 저를 간증으로 불러주시는 교회나 기관에서 나눔계모임을 소개하며 그 곳에 나눔계모임을 조직, 정착시키는 일입니다.(제가 초기에는 가이드도 해주고 도움을 주면서!)

공식단체는 나눔계모임 본부(?)가 되는건가요? 만들어가 후원도 받고 나누고, 또 관리(?), 연계(?)시켜주는 역할을 한다면 좋을 것 같고요. 이래 마음 먹은지는 2주쯤 되었습니다.

하나님께서 많이 급하신가요. 마 땡기주시네요 흐. 먼저는 간증도 많이 댕기게 해주시고 있고.(조금씩 불러주시는 곳도 생기고 있네요.) 그리고 그 돈으로 틀니도 해드리고, 나눔활동을 더 미친놈같이 하게 하십니다.(2주간 200만원 가까이 썼습니다.)

또 후원도 이빠이 땡기주시네요 흐. 특별헌금으로, 특별후원으로. 정기후원자들도 조금씩 생겨나고 있고. 공식단체(?)를 만들기 위해 디자인 재능 기부를 해주겠다는 친구부터, 혈압 체크를 해주겠다는 간호학과 친구 등 손과 발도 모이게 해주시네요.

아! 제가 댕기왔던 대청교회, 마산중리교회에서는 벌써 나눔계모임을 조직하기로 하고 준비중이랍니다. 참 감사한 것은 하나님께서 CTS 방송도 녹화하게 해주시네요. 하나님은 살아계십니다. 요즘 과연 신납니다.

2월 중순. 결단을 못 내리고 고민할 때 한 목사님께서 이렇게 도전 하셨습니다. "물 위를 걸으려면, 물 위에 뛰어내려야 한다죠."라고. 2주 전, 두려운 마음보다 믿음으로 물 위에 뛰어내려봤습니다. 지금 저는 물 위를 걷고 있는 것 같습니다.(오직 주의 은혜로!)

2주. 저에게는 참 기적적입니다. 앞으로도 바다를 보기보다 주님만을 바라보며 믿음으로 물 위를 걷고 싶습니다. 주님의 그 은혜로...

ps. 여러분 많이 도와주세요 흐. 나눔에 대해 이야기 할 수 있도록, 나눔계모임 운동이 여러 곳에 조직, 확산될 수 있도록 불러주시고, 땡겨주세요. 그리고. 나눔사역(?)에 대해 기도, 응원해주세요!

돈도 없이, 계획과 달리 백수가 되어 시작하게 된 일. 이렇게 맨땅에 헤딩할 수 있었던 용기와 믿음은... 하나님으로부터 나왔기 때문이다. 하나님께서 마음을 주셨다. **다른 건 없었다.** 하나님의 뜻이니. 순종해야지... 그렇게 1년 넘게 이래 올인(?)해서 살다보니 모시는 할매들이 참 많아졌다. 나의 나눔스토리, 나눔일기는 많아졌다. 거의 매일을 나눔일기를 쓰게 되었고, 25살 그저 평범한 한 청년이 '미친나눔'으로 세상을 바꿔가게 되었다.

페이스북에 나눔일기를 꾸준히 올렸었다. 누가 보든 말든, 한 명이라도 내 글을 읽고 나눔의 행복을 맛보며 뛰어들기를 소망하면서 살아내고, 올렸다. 욕 많이 먹었다. 괜찮다. 내 중심은 '저 착한 일 많이하죠? 칭찬 쫌 해주세요!'가 아니라, **'우리 다 함께 손 잡고 삽시다. 소외된 이웃에 관심을 가져요. 나누면 행복해요. 함께해요.'**였으니깐. 그렇게 묵묵하게 글을 올렸다. 살아낸 다음에…

내 글에, 내 삶에 언젠가부터 팬들이 생겼다. 응원도 해주시고 격려도 해주시며, 가까이에서부터 작게나마 나눔을 실천하는 친구들이 생겨졌고, 페이스북을 통해 세상을 바꿔가게 되었다. 나만의 착각이겠지만.

아래는 나눔일기들을 모아봤다. 그리고 오늘도 난 나눔일기를 써내려가고 있다. 나눔으로 세상을 바꾸고 싶기 때문이다. 꿈은 이뤄지겠지? 하나님 함께 하시니깐.

지금부터는 나의 3년 여의 나눔일기 중 특별히 소개하고 싶은 하루 하루를 소개하련다. 관전(?) 포인트는 김밥 한 줄로 시작된 나눔이 점점 커지고 있는 모습을 발견하는 것! 그리고… 청년 송주현의 삶 또한 조금씩 성장하고 풍성해지고 있다는 것을 발견하는 것!

🍃 2011.11.13 :: 금식, 노숙인 냄새가 날 이끈다.

교회에 일찍 도착해가 밥이나 묵고 가야긋다 싶어스 하단역 근처서 요리조리 댕겼다. 근데 아무리 생각해도 밥 물 때가 없는 곳으로 나도 모리게

[01] 걷게 되었는데. 한 편의점 앞에서 노숙인 할아버지 한 분이 앉아서 편의점 도시락을 드시고 계시네? 한 번, 두 번 주위를 맴돌았다. 밥 물 사람도 없는데... 할아버지와 같이 국밥을 나누고 싶은 마음이 들었지만, 결단을 못 내리고 있었다.

용기를 내어 다가가, 쭈구리[02] 앉아가 말을 걸었다. "아버지, 같이 식사하러 가실래요? 제가 월급을 받았는데(월급은 무슨. 흐). 국밥 한 그릇 대접해드리고 싶어서요. 저도 밥 물 사람이 없어서 쫌 그랬는데, 같이 가요." 할아버지께서는 괜찮다고, 이 것(누가 사줬다는 도시락)만 있어도 괜찮다고, 말이라도 너무 고맙다고 하시며 손사래 치셨다.

몇 번 더 권해보았지만 연신 거절 하시길래 발길을 돌릴 수밖에 없었다. 근데 내가 그분을 뵈었는데 혼자 따뜻한 국을 무면 나쁜놈(?)인 것 같고, **그냥... 이끌리는대로** 건너편 마트에 갔다. 마트에서 빵이랑 우유, 음료수, 그리고 내복 타이츠도 하나해가 넉넉하게 주워 담았다. 그리고 은행에서 봉투를 하나 챙겨서 지갑에 있는 전부를 쎄리 넣어가 요래[03] 할아버지께 전해드리고 왔다.

할아버지께서는 너무 고맙다며, 눈물이 맺히시던데 더 있으면 울 것 같아가 돌아왔다.

오늘 돈도 없고 마 금식한다. 흐.(저녁에 은비한테 뜯어 무야굿다.) 배고프다. 진짜. 흐. 근데 너무 행복하다♥(하나님 주시는 마음에 미친놈같이 순종하니.)

ps. 할아버지... 천국에서 만나요.

---

01) 모르게
02) 쪼그려
03) 이렇게

스물다섯 *미친나눔*으로 세상을 바꾸다

만일 형제나 자매가 헐벗고 일용할 양식이 없는데 너희 중에 누구든지 그에게 이르되 평안히 가라, 더웁게 하라, 배부르게 하라 하며 그 몸에 쓸 것을 주지 아니하면 무슨 이익이 있으리요 이와 같이 행함이 없는 믿음은 그 자체가 죽은 것이라(약2:15~17)

📝 2011.12.19 :: 나는 '과소비'를 즐긴다(?).

나는 '거저 받았으니 거저 주어라'는 예수님의 말씀이 너무 좋다. 그래서 그 말씀대로 살아가려고 노력하고 있다.(아닌가벼?) 나는 돈이 많은 것도... 알바를 하는 것도 아닌데도... '과소비'를 자주 한다. 이전 글에서 밝혔듯, **나를 위한 소비가 아닌... 소외된 이웃에게 나누고 베푸는 '과소비'** (이로 인해 종종 굶식도 하게된다...)

2011년 한 해도 '과소비'를 정말 많이 한 것 같다. 집에서(우리집은 항상 짜친다.) 생활비를 타쓰는 돈도 없는 일개 학생이 어떻게 이래 잔치를 했을꼬? 이것이 문제로다.

다가오는 주일은 크리스마스이다. 즉, 예수님 생신을 맞아 선물(나눔)을 준비해야 할 때라는 거다. 지난해 크리스마스에는 은비와 함께 부산역에 계시는 예수님(실터인)께 생신 선물(수면양말, 김밥)을 전해(나누어) 드렸었다. 올해도 '지극히 작은 자에게 한 것이 나에게 한 것이니라'고 말씀하신 예수님의 생신을 맞아 부산역의 실터인(마음의 터를 잃으신 분들 -노숙자)아버지, 어머니를 찾을 계획을 가지고 있다.

그런데 요 며칠간 '과소비'가 심했다. 많이 짜치는 상황, 그런데도 나는 또 다른 '과소비'를 준비하고 있다. 아니, 할 수 있게 되었다. 어제 레크레이

선(MC놈)을 해가 하나님께서 또 공급해주셨거든.

지난 한 해동안 나의 '과소비'(분에 넘치는 나눔)를 할 수 있었던 것은 때에 따라 하나님께서 공급해주셨기에 가능했다. 간증, 레크레이션 등의 사례로, 그리고 후원금(?)(어른들의 용돈?)으로! 이런 하나님의 공급하심으로 나는 '거저 받았으니 거저 나눌 수'있었는데, 이번 크리스마스도 나눌 것이다.

2011년, 참 많은 '과소비'(분에 넘치는 나눔)가 있었다. 우리집 형편으로는, 나의 현 직업(당시 학생)으로는 도저히 할 수 없는 결과이다. 이 모든 것에 답이 있다면... **'거저 주시는**(공급해주시는) **하나님의 은혜'를 소외된 이웃들에게 '거저 주었을 때'의 기적일 것이다.** 나의 '과소비'(분에 넘치는 나눔)의 비결은 하나님께서 공급하시는 힘(은혜)이 있었기 때문이다.

앞으로도 난 '과소비'를 즐길 것이다. 모든 것은 내꺼 아니라, 하나님께 거저 받은 것이기에... 난 청지기로써 당연히 나누어야함. 하나님께 영광을! ♥

만일 누가 말하려면 하나님의 말씀을 하는 것 같이 하고 누가 봉사하려면 하나님이 공급하시는 힘으로 하는 것 같이 하라 이는 범사에 예수 그리스도로 말미암아 하나님이 영광을 받으시게 하려 함이라 그에게 영광과 권능이 세세에 무궁하도록 있느니라 아멘(벧전4:11)

🌿 2011.12.19 :: 24살 노숙인? 자진노숙! 노숙 체험기

언젠가부터 마음의 부담감이 있었다. 노숙인분들을 섬긴다며, 그들을 '하나님의 형상'이라고 대변하면서 그들의 삶을 경험하지 못했기에... 가슴으로 이야기할 수가 없었고 또한 모순이었다.

그래서 지난밤 나의 마음 속에서 언젠가부터 울리던 그 메아리에 미친놈처럼 반응. 노숙자 체험을 자청하여 사서 고생을 하기로 했다. 하루밤이라도 같이 지내면서 **그분들의 삶을 함께 경험하고 이해하기 위해서였다.**

미친놈 부산역에 11시에 도착하여 하루밤을 보내고 첫차를 타고 지금 돌아간다. 손은 얼었고 온몸은 으슬거린다. 마음은 황량하고 가슴은 먹먹하다. 난 오늘 하루지만 이분들은 매일의 일상이시기에 더 마음이 아프다.

아래는 시간대별 있었던 일 그리고 나의 심정이다.

11시 : 광장에는 바람이 매우 세차게 분다. 진짜 춥다. 얼굴이 얼어재긴다. 꽁꽁 언다. 한 할머니는 맨발로 다니신다. 역 대기실은 샷타를 내리고 완전히 차단을 한다. 안쪽에는 아버지, 어머니, 할어버지, 할머니들께서 추위를 피하고 계신다. 한 할아버지는 쓰레기통을 뒤지신다.

12시 : 1시 반이 되어야 앉을 수도 있고, 박스를 깔고 주무실 수 있단다.(역에서 그렇게 계도가 이루어지고 있다.) 맨바닥은 너무 차니 박스라도 깔아야한다. **광고판 형광등이 유일한 온열기(?)**이다. 그래서 등을 기대고 계신다. 한 할아버지는 식사를 못하시어 기력이 없으시다. 휘청 넘어질 뻔 하는 것을 잡아드렸다.

1시 : 영국인 크리스천을 만나다. 길거리 공연으로 돈을 벌어서 할아버지, 할머니께 매일마다 컵라면 등을 사다 드리신단다. 오직 예수님 때문에.(미친듯 뛰어가 되도 안 하는 영어로 이래저래 대화를 나누다 축복하며 헤어졌다.) 대박이다.

1시 반 : 한 형님은 여인숙에 살다가 나오셨단다. 일자리만 있으면 좋겠다며 애써 웃으신다. 오늘은 공쳐서 12,000원의 여인숙 삯이 없어 밖에 나오셨단다.
할아버지, 할머니들께 율무차 한 잔씩 뽑아드렸다. **율무차 한 잔에 미소가 번진다.** 한 할머니께 율무차 한 잔 사드렸더니 할머니에겐 전 재산일 수도 있는 1000원으로 따뜻한 캔 음료를 뽑아주신다. 손자 같으신지 검게 떼가 낀 손으로 캔을 따주신다. 나눠 먹자며... 컵에 한 모금 빼고 다 부워드렸다. 그 더러운 손으로 나를 꼭 잡아주신다. 정이다.

2시 : 정신도, 몸도 불편하신 할아버지께서 쓰레기통을 뒤지시길래 편의점에 뛰어가 빵과 우유를 사왔다. 할아버지께서는 눈치를 살피시다 화장실로 들어가시더니 문을 걸어 잠그신다.(눈물이 난다.)

갑자기 시끄럽다. 노숙자 아버지 한 분이 다른 한 분을 마구 때리신다. 퍽퍽... 달려가 말렸다. 때마침 기차에서 내리신 아버지 한 분이 도와주시고, 경찰 아저씨도 오셨다. 맞으신 분에게서 피가 난다. 몰골이 말이 아니다. 그렇게 소란은 마무리되었다.

3시 : 중년의 아버지 한 분이 아이같이 통곡을 하시며 전화를 하신다. 어머니께 전화를 하신다. 보고 싶다며 우신다. 이제... 슬 춥다. 바닥이 많이 차다. 과연 힘드네. 춥다. 몸이 시리네. 흐. 도저히 잘 수가 없다. 춥고, 배고프고, 허리도 아프고 체온도 떨어져 으슬거린다. 그저 대기실을 걸을 뿐이다. 가만히 있으면 너무 추워서...

4시 : 샷타가 올라가고 대기실 모두 개방된다. 역무원 아버지들께서 찬 공기가 가득한 대기실을 여기저기 다니시며 모든 노숙자분들을 깨우신다. **이른 새벽을 깨우며 꼬부랑 할아버지께서는 여기저기 쓰레기통을 뒤지신다.**
한 분은 일자리를 얻을까 싶어 화장실에서 씻으시고 옷도 갈아입으시고 인력소로 나가신다. 서울발 막차의 도착과 부산발 첫차를 기다리는 승객들로 긴 밤이 지나 다시금 대기실은 분주해진다.

4시 반 : 부산역 광장 새벽 공기는 유난히 차다. 밖에 있었으면 동사했겠다.

5시 : 내가 함께 지내봤을 때, 이 몸 상태(배고프고, 허리아프고, 잠오고 그리고 멍한, 휘청거리는), 이 상태로는 막노동이라도 한다는 것은 불가능하다. 살아서 아침을 맞는 것이 기적이다.

　　노숙인을 **실터인**이라고도 부른다. **마음의 터를 잃은 사람.** 각자의 사정, 사연이 다 있었다. 그리고 그들도 하나님의 형상이자 사람이었다. 또한 한 가정의 아비, 어미요. 아들이요, 딸이었다. 이제... 가슴으로 말할 수 있다. 이 분들을 우리가 도와야한다고. 미친척 나의 마음 속 이야기에 잘 반응했다. 살아있어 다행이다. 주현아.

ps. 이 후 심심하믄 노숙하러 나가서 아버지들께 술도 따라드리고... 박스깔고 누워자기도 하면서 그분들의 삶의 고충과 삶을 이해해보고자 노력하게 되었다.

2011.12.27 :: 그곳에도(노숙인 분들에게도) 사랑과 정이 있다.

1. 노숙인 최수종.

나는 상태가 괜찮았을 때는 탤런트 최수종을 닮았다(?)는, 한 대 맞을 소리를 많이 들었었다. 최수종 집사님도 참 파란만장한 삶을 사셨는데... 갑작스레 가정형편이 기울어 20대 때는 노숙생활까지 했었다고 한다. 끝모를 절망과 분노의 시간에서 그를 일으킨 사람은 다름 아닌 노숙인이었다.

여느 때와 같이 길거리 벤치에서 자려하는데 한 노숙인 아버지께서 신문지 한 장을 건네셨다고 한다. 이거라도 덮어야 새벽에 조금이라도 따뜻할 것이라며... 자신보다 더 남루한 복장과 행색이었던 그분의 관심과 배려는 그를 다시금 일으켜 세웠고(자기도 도움을 받아야할 사람이 남을 도우려는 모습이 큰 감동이 되었단다.) 힘을 내어 '자신보다 더 어려운 분들을 도우며 살겠다.'는 다짐의 기도를 하나님께 올려드렸단다.

그날 이후 힘을 내어 막노동 등 여러 일들을 하며 지내다, 고3 과외를 소개받아 하게 되었는데 그 학생의 아버지가 당시 KBS 예능국장이셨단다. 그렇게 잘생긴(?) 외모 덕분에(나도 잘생긴거? 흐.) 탤런트를 시작하게 되어 지금에 이르렀다는 이야기. 지금 최집사님은 하나님과의 약속을 지키며 굿네이버스 홍보대사 뿐만 아니라, 여러 나눔과 봉사활동을 사명이라 생각하며 힘쓰고 있으시다.

2. 1,000원짜리 캔 음료.

내가 노숙 체험을 할 때, 새벽 2시. 아직 잠을 청하지 못하고 계시던 분들께 300원 짜리 율무차 한 잔 씩 뽑아드렸었다. 한 할머니께도 추운데 몸 좀 녹이시라며 한 잔 건네드리곤 잠시 밖을 다녀왔는데, 할머니께서 나에게 잠시 와보라며 손짓을 하셨다. '내가 뭘 잘못했나?'하면서 가보니 따뜻한 캔

음료를 권하신다. 어디서 나왔냐며(최수종 닮은 내가 노숙하게 생겼는지.) 그 더러운 손(진짜 더러웠다.)으로 슥슥 캔을 닦으시더니, 손수 따시기까지 하여 전해주신다.

할머니 드시라, 드시라해도 자신은 괜찮다며 손사래 치시길래, 그 마음을 받아드리는 것이 예의라 생각되어 함께 나누어 마셨다. 1,000원 짜리 캔음료가 어쩜 그래 따뜻했을까... 그 따뜻함은 지금까지의 차, 음료와는 비교할 수 없었다. **어떻게 보면 할머니에게는 전 재산일 수도 있는 1,000원. 그 사랑과 정이 얼마나 따뜻하게 전해지던지...** 참 많은 것을 느낄 수 있었다.

(그리고 이 음료수가 마약이 되어 이 후. 심심하믄 부산역에 노숙하러 나가게 되었다.)

3. 위 두 이야기를 통해 내가 나누고 싶은 마음은...

첫째, 노숙자 분들도, 사랑과 정이 있는 '하나님의 형상, 사람'이다.

둘째, 노숙자 분들도 일으켜 세울 수 있다. 그것은 우리의 사랑과 정(관심)으로...

이 세상에서 가장 낮고... 천한 '그 곳'에도 따뜻함이 있답니다. 샬롬.

🍃 2012.1.3 :: 나는 하나님의 천사가 되고 싶다.

오늘 과분한 대접을 받았다. 너무 감사해서 형님의 과분한 대접(사랑)을 그대로 흘려보내겠다고 약속을 했다. 그리고 레크레이션-간증으로 사례금도 받았다. 좋은 곳에 쓰겠다고 말씀 드렸었다.

부산역에 도착하여 대기실과 광장을 두바퀴 정도 돌았다. 이 사랑(약속)을 나누고 싶은 분을 찾아보았다. 감사하게도(?) 1년 전부터 나눔과 봉사 때마다 항상 나를 울리셨던 할아버지를 뵙게 되었다. 이 할아버지는 연세는

65~70세 정도 되시며, 키는 160cm정도에, 몸은 상당히 마르셨다. 또 뇌성마비 환자처럼 몸을 제대로 가누시지 못하며 음료수를 드려도 반은 덜덜덜 떠시며 버리시는 분이다. 뵐 때마다 마음이 너무 아팠다. 혼자 울컥울컥해서 눈물도 많이 흘렸었다.

오늘 할아버지께 개인적으로 '과분하게' 나누어드렸다. 김밥, 빵, 우유, 베지밀 등 드실거리 쫌 담고... 오늘 받은 사례금도 전해드렸다.(이 할아버지는 술, 담배를 안하시기에... 식사라도 챙겨드시라고 전해드렸다.)

할아버지와 장애인 화장실에 들어가 대화를 나누었다.(몸이 약하시기에... 다른 노숙인들에게 눈에 띄면, 뺏어갈까봐...) 말씀도 제대로 못하신다. 뇌성마비 환자처럼 힘겹게 내뱉으신다. 교통사고를 당하셨단다. 딸도 있는데 결혼을 보내시곤... 흑. 어떻게 하다 보니 나와 계신단다. 대기실 티비에서 영화도 뵈이주고, 그냥 살만하다시며... 허허. 웃으신다.

아... 눈물이 난다. 더 많이 못 챙겨드리고 더 많이 못 도와드려서, 너무 죄송하다. 아... 쉼터 같은 곳을 만들고 싶다. 목욕도 시켜드리고 싶고 수염도 깎아드리고 싶다04). 따뜻한 방에서 쉬게 해드리고 싶다. 예수님 믿으시라고, 힘내시라고, 손 한번 잡아드릴 수밖에 없기에 가슴이 너무 아프다. 내가 나온 뒤, 할아버지께서는 화장실 문을 걸어 잠그신다. 빵이라도 드시려고 하신단다.

ρs. 더 약속을 지키고 싶다. 하나님께서 나를 사랑해주신 것 같이 이웃 사랑하고 싶다... 더.

----

04) 이 바람이... 후반부에서는 일기(현실)로 기록되어져있다죠.

🍃 2012.1.7 :: 라디오는 사랑을 싣고... 진행자가 청취자를 찾아갑니다.

2011년 9월부터 약 1년간 부산극동방송에서 라디오 진행을 했었다.

내가 하는 방송은 생방송이라, 문자참여가 가능하며, 유도하는 퀴즈프로그램이다. 어제도 많은 문자가 왔었는데 한 청취자님의 문자는 특별했다. "몸이 불편한 남편과 93세이신 친정어머니를 모시고 사는 제게는 '쉼'이 그립습니다."

흐... 얼마나 힘드실까... 어머니께 힘내시라며, 위로해드리면서 정답자로 선정해 선물을 보내드리기로 했다. 그리곤 **나도 모르게 보내주신 주소와 전화번호를 적고 있었다.** 왠지 하나님께서 '그분을 위로해드려라.'는 마음을 주시는 것 같았다. 그런데 요 며칠간 여정때문에 피곤하여 바로 김해로 넘어갔었다. 문자라도 해드린다는 것을 깜빡하고, 집에서 머리도 썽그리고 모처럼 잘 쉬고 있는데... 오늘 오후, 하나님께서 다시금 마음을 부추기셨다.

순종하는 마음으로! 쌀 한 포대와 귤 한 박스를 준비하여 무작정 받아 적은 집주소로 찾아갔다. 집의 위치는 부산대교 바로 밑이었는데, 근처에서 도저히 찾을 수가 없었다. 어머니께 전화를 하여 극동방송에서 나왔는데, 길을 못 찾겠다고 말씀드렸더니 나오셔서 집으로 안내를 해주셨다.

진짜... 집이 그런 집이었다. 어두침침하고, 내가 살던 자취방 수준이었다. 집 안에는 6년 전 뇌경색으로 쓰러지시고, 후유증으로 중풍이 와서 방에 누워계시는 60대 중반의 남편분과, 옆방에는 93세이신 친정어머니께서 누워계셨는데 최근 피부암이 걸리셔서 고생중이시란다. 아... 참 마음이 아팠다. 하나님께서 왜 보내셨는지, 그리고 순종하길 참 잘했다고 생각이 들었다.

어머니께서는 이렇게 찾아와주시고 너무 감사하다며, 계속 '감사하다. 죄송하다.'는 말씀만 되풀이하셨다. 원래 이렇게 안 살았는데 어쩌다 보이 이렇게 살게 되었다며... 간병할 사람도 없고해서 혼자 오전에만 일을 하시 곤 오후에 들어오셔서 극동방송 들으면서, 또 문자를 보내면서 위로를 받는 다고 하시며 어제는 선물도 당첨되고 기분이 참 좋았는데... 이렇게 찾아오 실 줄은 생각도 못했다며 너무 감사하다고 하셨다.

어머니께! 어제 문자를 보는데 계속 하나님이 마음을 주시길래, 순종하 는 마음으로 찾아왔다며 얼마 안 되지만 할머니, 아버지와 함께 맛있는 식 사라도 하시라고 준비한 10만원을 전해드렸는데... 할머니, 어머니께서는 눈물을 훔치시고 계셨다. 참... 더 많이 못 나눠드려서 죄송한 마음에, 그리 고 하나님께서 나를 통해 이 분들을 위로하시는 것에 쓰임 받는다는 것에 나도 눈물을 훔칠 수밖에 없었다.

어떻게... 위로가 되셨는지. '하나님께서 이렇게 천사를 보내주셔서 저를 위로해주시니 너무 감사하다.'라며 문자를 보내주셨던 어머니... 배웅을 해주 실 때 하시던 말씀은 나를 두 번 울렸다. **"아이고~ 쌀 떨어진건 어떻게 아시 고... 이렇게..."** 하나님은 살아계신다. 그리고 이 미친놈을 통해 누군가를 위 로하신다. 그리고 필요를 채우신다. 예수님의 사랑을 나누게 하신다.

내가 꿈꾸는 목회, **'내 돈을 쪼개어서라도 나누어, 성도들의 아픔과 눈물을 닦으며 위로하고 싶다던 꿈'**이 오늘로 인해 더 확고해지며! 다시금 다짐하게 된다. 라디오 진행자가 라디오 청취자를 찾아갑니다. 부산극동방송입니다.

하나님, 감사합니다. 아무것도 아닌 저를 당신의 천사로 삼아주심에... 앞으로도 키다리 아저씨, 천사가 되렵니다. 매번 배우지만, 하나님의 역사 는 순종으로 이루어집니다. 한 친구의 말처럼 요즘 저 진짜 미쳤나봅니다. 나눔에... 그리고 소외된 이웃에...

🍃 2012.1.17 :: "2 - 1 = 3" 노숙인 어머니와 함께 나누는 아침 식사

서울로 올라가는 아침. 배고파서 김밥을 사먹는다. 흐. 평상 시 먹던 햄버거 세트 5,000원. 양도 얼마 안되는기... 돈 아깝다. 그래서! 그 돈으로. '김밥, 삼각김밥, 우유' 2세트를 사서 하나는 내 묵고, 하나는 노숙인 어머니 한 분께 아침식사를 나누었다.

나누는 것. 어렵지 않다. 반만 쪼개면 된다. 그러면 행복은 더 커진다. 아... 행복한 아침이다. 흐♥

ps. 누군가 말하겠죠? "그래봐야 한 사람밖에 못 돕잖아요?"
저는 이래 대답하렵니다. "당신도 나누어보세요, 그럼 벌써... 두명이잖아요."

사회구조를 한 사람의 힘으로 개조할 수 없다. 그러나 세계를 품은 그리스도인은 자기 자신부터 시작하여 자기가 할 수 있는 일을 하려고 힘쓴다. 그는 자신의 생활방식을 최대한으로 검소하게 하여 가난한 자들, 특히 제3세계의 가난한 사람들에게 좀 더 많은 몫이 돌아가게 하려고 힘쓴다.- 허버트 케인

🍃 2012. 설날즈음 :: 세뱃돈 나눔 캠페인(?) 1

먼저 2012년 설날 사흘 전? 아래와 같은 글을 올렸었다.

새해 복 많이 받으세요! 새해 하나님 은혜 많이 받으세요♥ 돈 많이 버세요. 세뱃돈도 많이 받으세요. 그래가 나누어 봅시다. 실수로 세뱃돈 주신다면 냉큼 받으시고. 거저 받는 것이니... 거저 나누어 봅시당!(소외된 이웃에게)

이것은 나눔실천운동본부 이사장(?) 송주현이 지 혼자 추진하는 나눔캠페인(?)입니다! 제가 먼저 실천할게요. 공약 : 찾아뵙고 있는 할아버지께(월 91,200원으로 생활하시는) 전액 생활비로 전해드리겠습니다.

🍃 세뱃돈 나눔 캠페인 2

교회 다니는 사람들은 착하다?

세뱃돈 나눔 캠페인이라꼬~페이스북에서 지 혼자 설치봤드만 총 4명(나, 은비, 새내기, 곧 군바리)이 동참하여 영도 달동네를 다녀왔다. 지 혼자 설치는 일에 기꺼이 세뱃돈을 나누어주신 두 친구의 나눔으로 생각보다 더 풍성한 하루가 되었다.

설날, 명절 음식을 먹는데 할아버지, 할머니들 생각이 났다. 이 즐겁고 배부른 명절... 얼마나 외로우실까? 그리고 명절 음식들은 드셨을까? 하는 마음이 쓰였다. 그래서 세뱃돈을 '거저 받았으니, 거저 나누어보자'는 마음으로 명절 음식, 한과, 잡곡, 호박죽, 밑반찬(콩잎, 무말랭이, 갈치조림, 추어탕)을 시장에서 사서 영도 고바우를 올랐다. 할아버지, 할머니 총 다섯 분의 홀몸 어르신들께 설날잔치를 나누어보았다. 얼마나 외로우신지... "나는 티비가 최고 친군데... 티비 없으면 난 죽었을꺼다. 하루에 전화라도 한 통 오면 얼마나 반가운지..."라고 하시던 할머니. 어찌나 고마워하시던지... 함께 이런저런 이야기도 나누고, 식사도 하며 감사한 시간을 보내었다.

– 하나님 믿는 사람들이라서 마음이 이래 좋네~

- 개미고, 파리도 한마리 안오는데... 이래 맨날 찾아와주고 고맙소~
- 아이고... 교회서 이래 좋은 일 많이 해주고... 참 대한민국 살기 좋은 나라.
- 아무도 찾도 안 하는 사람 맨날 찾아와주고... 요즘 이런 청년들이 어디 있노.

라고 하시는 우리 할아버지, 할머니... 더 자주 찾아뵙지 못해 죄송할 따름이네.

오늘도 방바닥은 차가웠지만 우리의 가슴은 따뜻했다. 우리 할아버지, 할머니... 고마워서라도, 미안해서라도 교회 나간다고 하시는데... 작전(?)은 성공이지. 앞으로도 생명의 떡이신 예수님을 단디 나누련다♥

ps. 교회 다니는 사람은 착하단다. 그 소리가 너무 듣기 좋더군. 나는 착한놈 아닌데... 진짜 아닌데... 흐. 그래서 더 듣기 좋았나보다.

🍃 2012.2.3 :: 사하구의원 예비후보(?) 등록
홀몸어르신 봉사, 하단으로 확장

교회 순원들에게 홀몸어르신 봉사에 발을 디딜 수 있게끔... 오늘, 하단(교회) 근처에 계시는 홀몸어르신 네 분을 소개 받았다. 사서 고생을 했다. 며칠 전 부터... 여기저기 연락을 해서 까칠한 동사무소 공무원 아줌마와 쇼부(?)를 봐가, 관할 노인돌보미 어머니 연락처를 얻었고. 오늘 만나서 할아버지 한 분(71세), 할머니 세 분(71세, 91세, 94세)을 소개 받게 되었다.

1. 할아버지는 전혀 할아버지 같지 않으셨다. 71세라는 것이 믿기지 않을 정도로 건강하시고, 젊으셨는데... 암으로 부인되시는 어머니께서 먼저 돌

아가시고, 하나 있는 아들과 관계가 좋지 못해 인연(?)을 끊은지 오래라고 하신다. 나름 잘 나가던(?) 분이셔서 (파란만장 하신 인생) 형편은 걱정이 없으신데, 우울증도 앓으셨던 적이 있을 정도로 마음이 가난하신 분이셨다.

　얼마나 외로우셨던지, 우리가 방문하자 마자 라면이나 같이 삶아 먹자시며, 상을 차리셨고... 폭풍대화로 파란만장하셨던 삶을 읊어주셨다. 다행히 삶의 회의감을 느끼시고 (스님들이 가발을 쓰고, 양복을 입고... 술 마시러 나가던 모습을 보시기도 하면서), 스스로 교회를 찾으시고, 세례까지 받으셨단다. 평생을 이발사로 지내셨던 아버지께서는 내 머리를 보시더니 주일에 방문할 때, 나에게 이발봉사(?)를 해주신단다. (이제 공짜로 머리 썽그리겠네[05]. 흐.)

　2. 91세이신 할머니 한 분은 월 91,200원으로 생활을 하신단다. 집은 얼마나 추운지... 입김이 나는 차디 찬 방에서 전기장판 하나로 지내시고 계셨다. 치아도 성치 않으셔서 식사도 제대로 못하시고 지난해 허리도 다치셔서 거의 종일 누워서 지내신단다. 그럼에도 우리를 집 앞까지 나와 배웅해주시던 할머니...

　3. 71세 되시는 할머니 한 분은 기초생활수급비 월 40만원 정도로 생활하시는데 심장이 안좋으셔서 병원도 다니시고, 짜치게[06] 사시는 분이셨다. 이 방도 너무 추웠다. 입김이 담배 연기 같이 나오게 되더라... 흑.(순원들과 뵙게 될 주일이 생신이시라... 혼자 끓여드시려고 했던 미역국을 함께 나누기로 하였다.) 남의 아들을 평생 키우셨는데 그 아들분과 관계가 단절된 뒤, 상처를 많이 받으셔서 마음을 그리 잘 열지 않으셨다.

---

05) 자르겠네.
06) 힘들게, 어렵게

4. 94세이신 할머니. 눈을 다치셨는데, 치료비가 없어 눈 한 쪽을 잃으셨다. 몸도 불편하시고. 외로움에 마냥 창밖 거리만 구경하신단다. 월 10만원 정도로 생활하시며 그 돈으로 물리치료나 받으러 다니신단다. 그럼에도 어찌나 웃음과 감사가 넘치시는 분이던지. 참 많은 것을 배울 수 있었다. 인사차 사들고 간 귤을 까서 입에 넣어드리니, 이래 찾아와주고 너무 고맙다며 눈물을 훔치신다. 아…

오늘부로 '하나님 사랑 나눔당' 대표(?) 송주현 나눔전도사가 하단구의원 예비후보로도 등록하였다. 나눔활동…? 이제 사역이라고 하련다. 나의 나눔사역의 장이 넓어지고 있다. 참 고민이 많다. 호주 가려고 했는데 내가 책임을 져야할 것만 같다. 그리고 아싸리[07] 단체를 만들어버려야겠다는 생각도 든다.

간이 물리치료기기라도 사서 들고 다니면서, 방문할 때 마다 치료(?)를 해드리면서… 말동무가 되어드리기만 해도 고마워하시는 우리 어르신들께 친구가 되어드리고 싶고. 혼자 외로이 드시는 식사도(생일상까지) 가끔이라도 함께 나누고 싶고. 날 풀리면 차 한 대 몰고 댕기면서, 도시락 싸가 함께 소풍도 다니고 싶고… 아… 므시 참 해야할 일, 해드리고 싶은 일들은 너무 많다. 하나님 도와주세요.

🔲 2012.2.7 :: 홀몸어르신은 마음이 가난한 분. 사랑? 아니, 사람이 고픈 분.

오늘은 우리교회 대학부 순원들과 함께 교회 근처, 하단에서 홀로 지내시는 할아버지, 할머니들을 찾아뵈었다. 쌀 한 포대, 소고기 국거리, 간고등

---

07) 차라리

어, 명란 젓 등 식사거리와 양말 선물도 준비하여 들이대었다.

1. 먼저 할아버지(71세). 평생을 이발을 하셨던 할아버지께서는 미리 인사를 드리러 방문했던 날, 나의 머리를 보시곤 깔끔하이 다듬어주시기로 하셨었다. 집에 들어가자 마자 바로 보자기를 씌우시고, 가위로 슥슥 이발을 해주시는데 봉사하러 간 내가 되려 이발봉사(?)를 당하였다. 깔끔하이 이쁘다. 크. 만날 때 함보소.

그리고는 우리 오믄 같이 드실끼라꼬 미리 삼겹살도 사다놓으시고, 된장찌게도 끓여놓으시는 등 정성 가득한, 참 따뜻한 상을 차려주셨다. 얼마나 맛있던지. 흐. 진짜 감사하고, 죄송해서 몸둘바를 모르겠더라...

식사 후, 비좁은 방이지만 둘러앉아 할아버지의 이야기를 들어드리며... 비로소 본연(?)의 모습을 찾을 수 있었다.(얼마나 이야기하고 싶으셨던지...) 덕분에 집도 북적거리고, 집에서 이래 고기도 구워 먹을 수 있어서 좋았다고... 또 오라시던 할아버지, 참 흐뭇한 표정이셨다.

2. 91세 되시는 할머니... 당초 방문 약속시간보다 할아버지 댁에서 과분한 대접과 봉사를 당하여(?) 한 시간여 늦게 방문하게 되었다. 집도 말끔히 청소해놓으시고, 얼마나 기다리셨는지... 집 앞에서 몇 번째 집인지 헷갈려 하는 중에 먼저 문을 여시고 들어오라고 하시네.(죄송하고 또 죄송했다.)

어깨, 손, 발, 하나씩 잡고, 안마도 헤드리고, 말벗도 해드리고... 시간이 금방 지나깄다. 할머니께 우리가 용돈을 모아가 쌀을 팔아왔다고 하니 "와? 이거 묵고 죽지말라꼬?"라고 하시며 호탕하게 웃으셨다. 뒤이어 연신 미안하다, 고맙다고 하시는데... 할머니께서는 오늘도 집 앞까지 나오셔서 우리가 보이지 않을 때까지 손을 흔드셨다.

3. 94세이신 할머니… 대로변 2층에 사시는 분인데 날이 따시면 대로변 창문 밑에 앉으시어 하루종일 지나가는 사람 구경(?)을 하신단다. 얼마나 마음이 아프던지… 오늘도 찾아와준 것이 얼마나 고맙냐며 30분이 넘도록 속사포같이 이야기 보따리를 풀어놓으셨다.

두번째로 뵌 할머니댁 같이 미닫이 방문에 문풍지를 발라드렸다. 효과가 있을란가 몰라도 우리들의 마음 씀씀이에 고마워하신다. 다음에 또 뵙겠다니 안 와도 말이라도 고맙다고 하시던 할머니… 2층 대로변 창문가에서 우리가 보이지 않을 때 까지 고개를 내놓으시고, 손을 흔드신다.

할아버지, 할머니는 **무엇보다 사람이 고프신 분들이시다.** 같이 한 상에 둘러앉아 식사도 하고 싶고, 이야기하고 싶고, **손이라도 한 번 잡아보고 싶어하시는데…** 더 자주 찾아뵈야하지 않을까? 그리고 더 많은 분들을 찾아뵈야하지 않을까? 참 생각이 많아지는 요즘이다.

함께했던 순원들도 좋아라한다. 배우고, 느낀 점들이 많더란다. 앞으로도 꾸준히 찾아뵙기로 했다.(작전 성공이다!) 커플들에게, 공동체에게 꾸준히 찾아뵙겠다는 약속이 있다면, 연계, 소개시켜드리고 싶다. 사람이 고픈 우리 할아버지, 할머니들께.

🍃 2012.2.13 :: 나는 쇼핑을 좋아한다. 그래서…

내 고딩시절 별명은 송옥션이었다. 축구부 숙소에 내 택배만 주구장창

왔었다. 없는거 티내기 싫어가 매 계절마다 돈모다가 옷이나 신발 등 사재끼면서[08]. 내 포장한다꼬 욕 봤었다.

그런데, 최근에 은비가 이런 말을 하더라. "오빠야! 오빠야는 1년 동안 새 옷 하나 안 사대요~" 진짜 그랬다. 은비랑 커플 후드티 하나 사고, 내 옷은 하나도 안산 것 같다. (교생나갈 때 45,000원 짜리 양복 하나 샀구나.) 하도 그라니 불쌍한가 은비 어머니께서 커플티 하나 사주시고, 은비도 커플티로 하나 사주더라. 흐.

나는 지금도 쇼핑을 좋아한다. 이제는 나를 위한 쇼핑이 아닌, 우리 할아버지, 할머니 그리고 노숙인 아버지, 어머니의 필요를 채우는 쇼핑. 쌀, 반찬 등 식료품이랑, 장판, 형광등 같은 생필품, 내복, 수면양말, 목도리 같은 거. 마 돈이 생기면, 아님 모다서라도 사고싶다. 내 꺼 말고 넘 꺼.

오늘의 쇼핑은 '물리치료기'이다.

할아버지, 할머니들 찾아뵈면서 어데 안 좋으신 곳은 많은데 병원 나가기 불편코, 병원비 아까워가 못댕기신단는 이야기를 듣는데... 하나님께서 마음을 주시더라. 그래서 내가 '물리치료 셔틀' 해드릴라꼬 하나 주문해가 오늘 아츰에 고대로 돈 붙였다. 아 진짜 이래 사는거 재미나네. 내한테 쓰는거는 아까워지고 넘한테 쓰는거는 즐거워지는.

진짜 하나님 은혜다. (내가 이래 산다는 기 은혜다.) 설렌다. 택배! 나는 쇼핑을 좋아한다. 나 아닌, 남을 위한 쇼핑. 하나님 감사합니다♥

📄 2012.2.18 :: 나는 셔틀이다. 빵셔틀 말고 물리치료 셔틀, 송주현

93세 되시는 할머니. 아들, 딸도 70세가 넘는다. 그래서 월 91,200원의

08) 많이 사면서

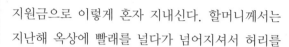

지원금으로 이렇게 혼자 지내신다. 할머니께서는 지난해 옥상에 빨래를 널다가 넘어지셔서 허리를 다치셨다. 그래서 병원에 입원치료도 하셨는데 지금도 완전히 회복되지는 않으셨다. 하루종일 누워 계신다.

물리치료라도 받으러 다니셔야 하는데 1,500원 병원비가 아까워서... 그리고 병원도 멀어서 한 달에 한 번 가면 많이 가신단다. 지난번 방문 때 하나님께서 마음을 주셨다. 셔틀하라고... 그 이름하여 물리치료 셔틀. 크.

지난주 간증하고 물리치료기를 장만했다. 그리고 이렇게 첫 개시를 한다. 축구부 시절, 얼마나 많이 다치고 물리치료를 많이 받았는지... 야매지만 쫌 할 줄 안다. 할머니께 전기 찜질팩으로 찜질을 해드리고 저주파 물리치료기로 치료(?)를 해드렸다. 얼마나 좋아하시는지... 시원하다며 고맙다며 손을 꼭 잡아주신다.

할머니께 소고기 국거리 등도 사다드리고, 생활비(10만원)도 지원해드렸다. 할머니께서 눈물을 흘리신다. 그리고 조용히 나의 눈을 바라보신다. 아무 말씀도 하시지 않았지만 난 느낄 수 있었다. **난 셔틀이다. 나눔의 셔틀, 물리치료 셔틀.**

ps. 할머니께서 이래 착한 청년이 어딧냐며... 뭘 해도 잘 될끼라고 하신다. 흐. 난 예수님이 시키셔서 하는 것뿐이라 말씀드렸다. 더 열심히 살아내자.

📝 2012.2.28~3.1 :: 할아버지께 틀니를 맞춰드렸다. 미쳤다.

"돈 벌어서 남 주는 삶" 할아버지께 틀니 약속 지켰다.

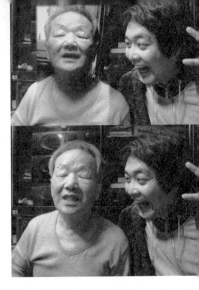

지난 주일이었다. 할아버지 댁(월 91,200원으로 생활하시는)에 성경책과 반찬을 선물하러 찾아뵈었다. 이가 두 개 밖에 없으셔서 반찬 등을 거의 믹서기로 갈아서 식사를 하시는 할아버지의 사정이 그날따라 유난히 가슴으로 다가왔다!

아... 모르겠다. 실수로 할아버지께 조만간 틀니 하나 해드리겠다고 약속(선포)을 했다. 돈도 없는 기... 그리고 월요일, 간증으로 알게 된 치과에서 일하시는 집사님께 고마 연락을 해보았다. 집사님께서 토요일로 날을 잡자고 하셨다.

가격은 원래 260만원인데, 집사님께서 반을 헌신하시겠다고 하셨다. 아... 나는 260만원 짜리 틀니를 선물해드리는데 반 만 부담하면 되었다. 흑.(그래도... 저한테는 큰돈이죠...) **이번주, 하나님께서 틀니 해드리겠다던 이 마음을 이쁘게 보셨는지** 유난히 많이 벌게(?) 해주셨다. 없던 간증, 레크도 생기게 하셔서 하루에 2~3탕씩 했다. 원래 벌 수 있었던 강사비는 40만원 이었는데, 100만원 넘게 벌게 하셨다. 근데 오늘까지 다쓰고 없네. 흐.

아... 행복하다♥ 나눔을 받으시는 수혜자들의 얼굴에서 동일한 모습을 볼 수 있었으니까... **예수님께서 미소 지으시는 모습.** 흐. ^_____^ (이거)

돈도 없는기 하나님 주시는 마음에 순종하며, 틀니해드려야겠다 마음만 무뿌니 내 하나님께서는 하도 급하시가 마 알아서 일을 진행하시네. 조만간 이 이래 조만간이 될 줄 몰랐다.

이가 빠진지 3년만에 새 이를 선물 받게 된, 할아버지께서는 너무 고맙고 좋아가 할 말이 없다고 하신다. 이게 꿈인지 생신지 모르시겠다며, 거울을 보시며 연신 김치를 하신다.(참... 해맑게 웃으시지요. 흐.) **인자 틀니까지 공짜로 해줬는데, '틀림없이' 교회를 나가시겠단다.**

너무 행복하다. 마... 미치겠다! 우리 하나님때문에... 이제 시작이다. 돈 벌어가 할아버지, 할머니 틀니 해드리고, 고기 사드리는 재미로 살란다. 함께 안 해보실래요? 크크 너무 좋은데.

내일도 돈 벌어가 남주야하는 한 건(?)이 생겼다. 이래 미친놈 같이 사는 기 참 신나고 행복하다. 진심이다. 이 세상 사람이 아니라, 저 세상 사람이 되고 싶다. 그곳은 이상한 경제학, 재정관을 가르치는 '하늘나라'.

ps. 나는 참 이가 못났다. 교정을 해야하는데... 돈이 없어가, 마 포기 한 놈이다.(콤플렉스지요...) 근데 남 이(틀니) 해주고, 좋다고 못생긴 강냉이를 드러내놓고 있다. 하나님 때문이다 ♥ 너무 감사하고 행복한 밤이다. 아름다운 밤이에요~

🏷 2012.3.29 :: 만 스물 넷, 내 생일은 노숙

부산역 광장에는 열 분(?)정도 되는 아버지들께서 한곳에 둘러앉아 술판을 벌리고 계신다. 많은 사람들의 눈에는 '저란께 사회적 악이지...'라고 비춰지겠지만, 나에게는 '얼마나 희망이 없으면... 술이 유일한 소망일까?'라며 안타까움과 이어서 참 '희망되시는 예수님'을 통해 일어나셨으면 좋겠다는 소망을 품게 된다.

11시 50분 기차 막차도 살 떠나고 대기실도 입출구만 개방하는 시점이다. 내가 활동할 시간이라는게지. 크크. 어떤 아버지부터 찾아 뵐까? 고민하며 대기실을 돌아다녀보다가 처음 뵈는 아버지께서 한쪽 구석에 박스를 깔고 쭈구려 앉아계셔서, 손 내밀어보았다.

"아버지 식사하셨어요?"라며 여쭙는 것으로 대화를 이어가다 식사대접해드리겠다며 김밥천국에 모시고 갔다. 따뜻한 갈비탕 한 그릇 대접해드리며 아버지의 삶을 들어드리기 시작했다. 아버지... 올해 60세. 참 고생이, 고생이 말이 아니셨다. 원양어선을 타셨단다. 2년에 15일이 유일한 휴가... 가족들과 함께 할 수 있는 시간이었다. 그렇게 긴 기다림과 외로움에 아내 분이 힘들어하셔서 가족과 헤어지신다(이혼).

아... 참 가슴 아프다. 근데 더 가슴 아픈 일은 원양어선에서의 고생으로 얻은 허리디스크 수술 다섯 번, 위암 수술 2회. 참... 미치겠네. 6일 전까지 입원해 계셨단다. 근데 병원비가 밀려 병원에서 쫓겨나시고... 흑.

어쩔 수 없이 충북 제천에 있는 달셋방으로 올라가시려고 부산역으로 오셨다. 기차를 기다리시다 허리가 불편하시니 가방을 두고 화장실에 다녀오셨단다. 헉... 누가 째비갔는데, 돈이고 폰이고, 옷이고 다 한순간에 잃게 되시니, 하늘이 노랗다는 것이 무엇인지 실감하셨단다.

그렇게 졸지에(?) 난생 처음 노숙생활이 6일 차시란다. 아버지와 (김밥)천국에서 대화를 나누다, 기차표를 끊어드리기로 했다. 그리고 오늘 주무실 방도 잡아드리기로 했다. 아니... 내일 아침 드시고, 기차표도 하시고! 제천 집까지 가시라며 지갑의 전부 4만원을 챙겨드렸다. 담배도 두갑 사드렸다 흐... 그리고 모텔도 하나 잡아드렸다. 송주현이 모텔 값은 처음 지불해보는데, 재미(?)가 있네.

아버지께서 너무 고마워하시며 연락처를 좀 적어달라신다. 크(명함 하나 파야긋다. 나눔전도사 송주현이라고. 크크.) 너무 고맙다시며... 어쩌다 노숙(?)을 하면서 수급비가 나오는 날까지 내 기다릴 뻔 했는데 이렇게 도와주니 너무 고맙다시며, 우리 아빠 연배이신 아버지께서는 손을 꼭 잡으시고 연신 고개를 숙이신다.

그리고 '예수님 미소'도 보여주신다(카~). 이 어찌나 행복한 일인가. 오늘 예수님 만났다. 그리고 아버지께는 천사가 되어드렸다. 너무 벅차구나. 흐. 이게 진짜 사람 살린게지! 아버지께서 번호를 물어가신다. 꼭 연락주시겠단다. 그리고 전도사라니 부산에 병원때문에 또 내리올낀데 내 교회(?)에 함 오시겠단다. (헉, 개척해야하나? 크.)

마지막으로 방에 모셔다드리고 나올 때 **손 한번 꼭 잡아드렸다. 예수님께서 나의 손을 잡아주셨듯이... 행복하다.**

이래 미친 척하고 부산역에 왔다. 하나님께서 마음 주시니 그랬드만... 하나님께서 이래 살아있는 만남을 허락하시고! 이래 소망 없는 내를 통해(오늘은 진짜 내가 노숙하게 생깃다.) 한 영혼을 살려주시네. 신난다. 살아계신 하나님 맛보며 사는거.

돈도 없고 몸이 안 좋아 오늘은 심야버스 타고 이만 집에 들어가야겠다. 새벽 4시. 짧고도 긴 나의 노숙체험(?)이 아닌... 노숙심방도 하나님께 영광이다. 그리고 부산역은 따뜻하다.(만고 내 생각...) 주기적으로 이 야밤 데이트를 즐겨야겠다.

만 24살 생일을 노숙하며 맞은 송주현 파이팅♥

🍃 틀니 할아버지 그 이후

아이고~ 믹서기 안써서 좋다.

모처럼 할아버지 심방(?)을 댕기 왔다. 이리저리 바쁘고, 할아버지와 시간도 안 맞고해서 한달 만이다. 2월 말에 틀니를 해드리고. 두 세번 더 찾아뵈었었는데... 그때는 틀니를 적응하시느라. 쫌 불편해하시고 아프다고 하셨는데. 인자는 완전 적응하셔서 틀니를 계속 끼고 다니시는데. 진짜... 너무 젊어지시고, 밝아지셨다? 놀러와 계신 할아버지 친구 분도. "총각 덕분에 10년이나 젊어졌다~"며대신 고맙다고 하신다.

스물다섯 *희망나눔*으로 세상을 바꾸다

더 자신감있게 밝게 미소 지으시는 할아버지.(진짜... 너무 잘 웃으신다. 밝게.) 무엇보다.내가 더 기쁜 것은. **"인자 믹서기 안써~ 씹어 먹을 수 있어서 너무 좋아~"** 하시는데, 이기 너무 좋더라 흐. 이전에는 씹어드실 수 없어서 맨날 음식을 갈아서 드셨었는데!

교회도 한 두 번 빠자먹기도 하시지만. 꾸준히 나가고 있다시며 책갈피(?)도 받아오신 걸 자랑하신다. 과연 신난다. 할아버지 미소에서 예수님의 미소가 보인다. 행복하다. 진짜 이게 행복, 감사, 기쁨이란 감정이구나.

🍃 자립 프로젝트 1
차디 찬 부산역 대기실 바닥에서 따뜻한 여인숙으로

"아버지! 한 달 방값은 제가 내드릴게요.
다음 달부터는 아버지가 내면서 지내봅시다!"
자활의 시작이 될낍니다.

몸도 마음도 조금은 대가, 쫌 쉬고 싶었는데 하나님 마음 주시니 어쩌겠노? 나가야지. 다시 추워진(?) 오늘, 미친놈 같이 부산역을 찾았다. 박스를 깔고 주무시는 분들이 많이 계셨는데... 오늘은 총 세 분을 섬겼다.

저번에도 서너 번 도와드렸던 뺑소니 교통사고로 지체장애를 앓고 계시는 할아버지를 만나게 되었다. 하나님께서 주기적으로 만나게 하신다. 할아버지, 이제 저를 잘 아시고 친한 척(?)도 하신다. 속옷과 양말 등이 필요하다고 하셔서 사다드리고 생활비로 10만원 전해드렸다. 저번부터 받은 돈, 잘 쓰고 있다며 너무 고맙다고 해맑게 웃으신다.(방 잡아 드릴려고 했는데... 누구 만나신다며...)

다시 대기실로 올라갔다. 때마침 박스를 깔고 주무시려는 아버지께 식사 대접 해드리겠다며 (김밥)천국으로 모셨다.(이 아버지도 저를 잘 아셨다. 저는 모르겠는데. 밥 많이 챙겨줬다며...)

올해 57세. 우리 아버지뻘이다. 건축회사를 운영 하셨었는데, 보증을 잘 못 서게 되어 이래 노숙생활이 7년째라고 하셨다. 대화를 나누다보니 자활, 자립에 대한 희망을 가지고 계셨다. 그리고 인력소에도 계속 나가시며 노력을 하시는 분인데,(안전화. 작업복도 항상 챙겨다니시고) 잠자리가 길바닥이니... 몸이 안 따라주는게 당연하지... 미친놈 송주현, 아버지 모시고 가서 여인숙 한 달 치 방값 계산해드리고, 셋방 하나 잡아드렸다. 그리고 다시 일어나시라며, 기도하겠다고 손 잡아드렸다. 초기 생활비로 10만원도 전해드렸다.

아버지께서는 무조건 돈을 갚겠다시며 눈물을 흘리신다. 내 전화번호도 적어가시고 자신의 주민번호까지 적어주시네... **일단 한 달 동안, 따뜻한 방에서 주무시면서, 용역 일 하시며! 자활을 하실 수 있으니!** 가끔 연락드리고 찾아뵈며, 반찬도 챙겨드리고 힘을 실어드려야겠다! 아... 진짜. 사람 살린 것 같다!

마지막으로 뵌 분은 올해 48세 삼촌이신데 조울증으로 정신이 말짱하지 않으셨다(정신연령도...). 오늘 73세 되시는 어머니와 싸우시고 집에서 나오셨다고 했다. 모시고 천국에서 식사도 대접하고 여관방도 하나 잡아드렸다. 내일 집에 들어가실꺼다.

오늘밤 60만원 썼다... 흐. 하나도 안 아깝다! 근데 내 방 하나는 못 잡겠네. 아까워서... 피곤하고, 추워죽겠는데 내 하루 노숙하고. 대신 세 아버지께 따뜻한 밥 한 끼 대접해드리고, 따뜻한 방도 잡아드려서 편하게 주무실 수 있다는 것. 이기 너무 행복하네... 몸은 다 빠아진 것 같지만 가슴은 너무 행복하고, 따뜻하다. 화장실에 가서 거울을 보는데 눈물이 핑 돈다. 여러 감정이 교차한다. 하나님께 감사와 영광입니다♥

아... 피곤하다. 아니, 죽을 것 같다. 그래도! 이 시간 하는데 까지 즐겨 보련다. 한 사람이라도 더 살려낼 수 있다면, 한 명만이라도 건져낼 수 있다면 물에 뛰어들어야겠죠. 하나님... 감사합니다. 전부.

ps. 송주현... 미친놈.

🍃 음료수 사놓고 기다리셨단다.

오늘은 하단에 계시는 할머니들께 심방을 댕기왔다. 먼저 91세 할머니. 아따... 얼마나 반가워하시던지 참 감사하고, 죄송하고... 감동인 것은 내 오믄 줄끼라꼬 오렌지쥬스를 사놓으셨는데 뜯지도, 드시지도 않고 한 달이나 냉장고에 두셨다가 바로 마 한 잔 건네신다. 참... 죄송하다. 더 자주 찾 아뵙지 못해서...

쌀도 다 떨어졌길래 다시 나가서 쌀이랑 잡곡도 팔아드렸다. 생활비 보 태시라고 5만원도 챙겨드렸다. 너무 고맙다 하신다. 눈가에는 눈물도 맺히 시고. 흐...

그리고 93세 할머니. 집 앞에서 노크하고 들어가려는데, 누가 오셨는지 집안에서 말소리가 들렸다. 조심스레 들어가봤더니... 흐... 할머니 혼자 계 셨다. **얼마나 심심하고 외로우신지... 혼잣말을 하고 계셨다.** 아... 눈물이 난다. 할머니! 너무 반갑다며 손을 꼭 잡으신다. 손에 땀 채이도 놓지 않으 시고 이런저런 이야기를 풀어놓으신다. 찾아뵐 때 마다 듣는 똑같은 얘기지만, 처음 듣는 것 마냥 맞장구도 쳐드리고 안부도 여쭤본다.

할머니들도 용돈이 필요합니다. 병원, 목욕, 미용 등 쓸데는 많은데 91,200원이 생활비다. 흐. 찾아뵐 때 마다 챙겨드린다. 아들도, 손자도 아닌데 예수님이 할머니 전해주라고 했다면서...

뭐 안사와도 얼굴만 봐도 좋다신다. 사람이 고프신 할머니. 사랑이 고프신 우리 할머니들. 오직 예수님의 사랑으로 손주 되어드리는 할아버지, 할머니... 어느덧 30여 분이다. 일은 많아지고. 혼자 다 할 수 없은께, 하단에는 우리 호산나교회 대학부 친구들에게 연계 해주기로 했다. 우리 손주 되어드립시다.

🍃 집도 없는 독거노인(노숙인) 할아버지께 편(평)안한 보금자리를 선물해드렸다.
돈 벌어서... 그날까지 모실낍니다!

이틀 전이었다. 남포동 지하철역에서 아버지들께 식사를 나눠드릴 때 할아버지 한 분을 만나게 되었다. 올해 78세. 참 사연이 다양하다. 부인되시는 할어머니께서 노름을 하시다 마 집을 다 날렸단다. 집도 팔아버리고 다 챙기가 도망가셨단다.

그렇게 부인되시는 할머니와 헤어지시고, 이후 자녀들과도 연락이 닿지 않고... 노숙을 하신지는 5~6년 되셨단다. 몸도 안좋으셨다. 한쪽 눈은 실명되신지 오래. 호흡기에도 문제가 생기셔서 조금만 걸어도 숨이 찬다고 하셨다. 그래서 기초노령연금 나오믄 병원에 약 타러 다니신다고. 마음이 아프다.

연세도 많이 드시고 몸도 이래저래 불편하신데 노숙까지... 그래서 주무실 방을 잡아드리겠다며 모시기로 했다. 근데 할아버지께서 내일 가면 안되겠냐하셨다. 친한 동생을 만나야 하는데, 만나서 근처에 방을 알아보고 전화를 주신단다. 그날 부산역에도 약속이 있어서 전화번호를 적어드리고 꼭 연락을 달라고 말씀드렸다.

오늘 라디오 방송을 마치고 그쪽으로 가는 길에 전화가 왔다. 051-261-××××. "여기... 남포동 지하철역인데..." "네, 할아버지 안 그래도 가는 길입니다. 조금만 기다려주세요." 반갑게 맞아주신다. 그 친한 동생분도 함께 계시네. 흐.

이 아버지, 진짜 멋지시다. 올해 60세. 원양어선을 타시다 어머니와 이혼하게 되셨고 제 또래 아들, 딸이 있다고 하시는데... 이혼을 하면서 노숙을 하게 되셨단다. 근데 '이래 살아서 될끼 아니다!'는 마음을 먹으시곤 2년 전부턴 남포동 일대에서 폐지를 주으시면서 여인숙에 방을 얻어 하루하루 지내신단다.

근데 같이 지내던 할아버지가 마음이 쓰여 함께 지내지는 못하지만 매일 밤마다 지하철역에 나와서 담요도 깔아드리고, 이불도 덮어드리면서... 간식이라도 조금씩 챙겨드리며 지내오셨단다. 자신도 하루하루 힘겹게 살면서...

함께, 미리 알아놓으신 달셋방으로 찾아갔다. 부산역 여인숙보다 넓기도 하고. 참 좋네. 할아버지께서는 용두산공원 무료급식소도 가깝고, 이런 방이 몇 년 만이냐며 너무 좋아하셨다. 이도 다 빠지셨던데... 잇몸을 드러내놓으시며! 해맑게 웃으셨다. 눈은 촉촉히 젖어있으시고... 흐... 설렁탕도 한 그릇씩 대접해드렸다. 한 그릇 뚝딱해버렸다.

아버지께는 5만원, 할아버지께는 10만원. 봉투에 담아 전해드렸다! 비상금으로 쫌 챙겨놓으시라고. 흐. "말이라도 고마웠는데, 진짜 이렇게 방도 얻어주고...

참 고마워서 어째야할지 모르겠소. 젊은 양반."

흐, 조금 더 일찍 할아버지를 알지 못해, 그리고 더 일찍 모시지못해 마음이 아프다. 그 추운 겨울을 어떻게 보내셨을까. 흐. **할아버지, 제가 어째서든지 계속 모실낍니다! 돈 벌어가 달세라도 꾸준히 내드리고 그리고 찾아뵈면서...**

돈 벌어야되는 이유, 하나 더 생겨버렸다. 흐... 하나님. 할아버지 만나게 해주셔서 너무 감사합니다. 잘 모실 수 있도록 도와주시고, 함께 해주세요.

ps. 할아버지는... 몸도 영빠이고(한쪽 눈 실명, 호흡기 지병, 관절염 등) 연세도 많으시기에(78세) 하늘나라가시는 그날까지 제가 모시기로 하나님과 나 자신과 약속했습니다. 아무튼 이래 사는기 행복합니다. **피 한 방울 섞이지 않은, 알도 못하던 분들이지만 예수님의 사랑을 나누며 새 '삶'을 선물하는기... 저는 행복합니다.**

🍃 나눔의 순환의 원리 :: 나눔은 흘러갑니다.

하나님 살아계시네요. 오늘 과연 설레고 신나는 일이 있었다. 지난 2월, 신입생 후배 한 명이 기숙사비가 없다고 해서 이 소식을 알려준 동생과 함께 기숙사비를 대신 내줬는데, 오늘 그 친구를 만나게 됐다. 얼굴도 이름도 모르는 후배였는데. 그저... 내가 입학할 때 상황과 참 비슷해서(후원금 등으로 어렵게 등록하게 된...) 그 마음을 알기에 고마... 나누었다.

근데 오늘 날 찾아오더니. 학교에서 근로 장학생으로 알바를 해가 번 돈이 곧 들어오는데, 그 힘들게 번 돈으로 제가 모시고 있는 노숙인 할아버지 한 달 방값을 내겠다고 한다. 하하... 참 은혜다. 그 이야기 듣는데 참... 가슴이 뛰더라.(진짜 살아있네.) 그리고 앞으로도 받은 은혜를 단디 나누며 살겠단다.

스물다섯 *아낌나눔*으로 세상을 바꾸다

나눔은 흐르고 흐른다. 참 신기하고 놀라운 원리가 있다. 내가 짜칠 때마다 하나님께서 보내주신 천사들의 손으로 힘을 냈고, 그 은혜에 감사함으로 이래 미치가 짜치는 사람들에게 손 내미는데... 그 손잡음이 또 다른 손잡음으로 흘러간다.

나눔에는 순환의 원리가 있다. 그리고 이 흐름이 세상을 살린다. 오늘 과연 신난다. 진짜 나눔할 '맛'난다. 미치겠다. 신나고. 흐. 여러분, 함께 하시지 않을래요?

🍃 폐지 주워서 생활하시는 할머니, 자살까지 생각하셨단다.

오늘은 우리 기독교교육과 12명의 후배들과 영도 달동네 고바우를 올랐다. 밥 한끼씩 아껴서 사랑을 모았다. 그 사랑으로 우리 할머니 네 분을 섬겼다.

올해 78세 할머니 아들 두 분이 먼저 돌아가셨다고 했다. 마음을 부여잡고 혼자 지내신지 오래. 명절이고 집에 찾아오는 가족들도 없는데 이래 이쁘고 멋진(에이~ 과연?)손주들을 만나게 되어 너무 기쁘다고 하셨다. 그래가 바로 밥도 한상 차려주셔서 거하게 대접받았다.

그리고 한 할머니는 소아마비로 인해 어릴 때부터 고생하시다가 지금은 집 안에서도 기어 다니실 정도로 거동이 많이 불편하시다. 그래서 죙일 집 안에만 계신다. 얼마나 심심하고 외로우실까. 우리가 찾아옴이 반갑고 기쁘지만 미안하다고만 하시네. 흐...

한 할머니와는 고스톱도 한바리 치고. 흐. 기독교교육과도 고스톱 봉사개시다. 마지막으로 한 할머니는 진짜 마음이 아프다. 집 안에 들어가니 찌린내가 진동한다. 폐지를 주워서 간신히 끼니만 때우시는데(반찬은... 얻어서 달랑

한 두 개...) 하루죙일 폐지를 주워 날라도 보름에 3~4만원이란다. 지난 겨울에는 동상까지 걸려서 고생하셨단다.

참... 아무도 찾아오지 않는 집에 이렇게 찾아와주고... 쌀도 챙기주고 너무 고맙다시며 엉엉 우신다. 아들놈보다 낫다며... 너무 고맙다며 눈물만 훔치신다. **참 사는 기 무언지 남항대교 밑에 두어 번 가셨단다. 이래 사느니 죽는게 낫겠다며...** 앞으로 더 신경을 쓰고 모셔야겠다.

우리 기독교교육과 후배들 꾸준히 함께 하기로 했다. 이기 기독교교육이지. 하나님께서 가르쳐주신대로 살아내는, 삶으로 배우고 실천하는 교육.

어짜다가 이래 살아가는지 모리겠다. 흐. 할매들 얼굴에 핀 검 버섯 점(?)이 좋다. 하나님께 영광입니다♥

🍃 26살(?) 할머니, 어떻게 이런 집에서 지내셨을까?

오늘은 언양평리교회 중·고·대딩들과 언양(농촌) 일대를 돌아댕긴다. 처음 방문한 할머니 댁. 잡초가 무성하이 자란 마당, 거미줄 등 사람이 살 것 같지 않은 마치 폐가 같은 집이었다. 헐... 집안은 더하다. 청소가 전혀 안되어 있다. 발 디딜 틈이 없다. 곰팡이... 등 갖가지 썩는 냄새 난다.

할머니께서 나오신다. 소개 받기론 정신이 안좋으시다던데... 진짜 그러신 것 같다. 눈에 초점도 흐리멍텅하고... 잇몸은 어디갔는지 이는 치근까지 드러나 있다. 외소한 체격. 손을 보니 손가락도 몇 가닥 잘려있고... 참... 미치겠다. 집 안에는 쑥을 한방 가득히 캐놓으셨다.(누군가의 말처럼 얼마나 심심하면 쑥을 그렇게나 많이 캐놓으셨을까...)

설거지는 안 되어있고, 어림잡아도 한 달은 재놓으신 듯 하다. 드시던 찬

거리에서는 썩은 냄새가 나고(내가 설거지를 했는데... 진짜 헛구역질을 몇 번이나 했다.) 이렇게 심각한 줄도 모르고 왔었다. 다들 어안이 벙벙하더라... 저부터.

고딩부 회장 말대로 '세상에 이런 일이, SOS 같은 TV에서만 볼 수 있었던 집'이었다. 진짜... 어떻게 이런 곳에서 지내셨는지 충격이었다. 청소부터 하자고 했다. 16명이 붙어서 2시간 넘게 매달렸다. 집안은 쓸고 닦고, 빨래도, 설거지도. 집밖 마당은 잡초도 뽑고, 쓰레기도 정리하고...

오늘은 인사만 드리고 마음만 여는 시간으로 찾아왔는데... 졸지에 진짜 '봉사'했다. 할머니께 연세를 여쭤봤다. **"올해 26살인가? 31살인가 모리겠습니다."** 예순은 넘으신 듯 했는데... 어머니와 단둘이서 지내셨는데 돌아가시고 혼자 지내신다고... 정신연령이 20대도 못 미치시는 것 같았다. 몸도 보이 성한 곳이 없으셨다.

아... 오늘 지금까지 만났던 분들 중 가장 '예수님'을 만난 것 같다.(지극히 작은 자 중의 작은 자...) 마음이 지금도 아프다.

할머니, 집 청소 다해드리고 다음 장소로 출발하려는데 버선발로 나오신다. 그리고 진짜 너무 고맙다고, "너무 고맙십니다... 고맙십니더." 그렇게 배웅을 해주신다. 지금도 먹먹하다.(앞으로 꾸준히 방문하여. 청소도 해드리고, 설거지도 해드리기로 했다.)

3주간, 아이스크림 안 사묵고 피시방 안 가고, 특히 오늘은 친구들이 노래방 가자 해도 쌩까고. 이래저래 힘겹게 모은 사랑을 나누었다. 학생들 느낀 게 많은가 보다. 처음에는 자의 반, 타의 반으로 교회에 어슬렁 어슬렁 모였었는데... 얼굴 표정이 달라졌다. 이제 꾸준히 찾아뵙기로 자발적인 약속도 한다.

그렇다. 삶으로 배우고 실천하는 교육의 장, 나눔의 현장이다. 오늘까지 (오늘은 언양까지 원정을 와서) 3일간 열 다섯 분의 할아버지, 할머니를 뵙고 다양한 아픔을 보고, 듣고 함께 아파했더니 진이 다 빠지네. 참 사서 고생한다. 돈이 나오는 것도 아니고, 오히려 돈이 드는 일을 왜 이리 해샀는지. 아무리 생각해도 답이 없다. 나 진짜... 이래 살 줄 몰랐는데. 진짜 짜치는 사람만 찾아댕기는 그런 미친 사람이 되었네...

힘들기도 하지만 행복하다. 예수님께서 직접 살아내시고 그 삶으로 가르치신 말씀에 따라 살아보련다. 그저 미친놈 처럼. 흐... 25살 청년 송주현. 참... 미치가 산다. 오늘도 하나님께 영광입니다!

사람도, 돈도 필요하다. 하지만 무엇보다 '마음'이 필요하다. 함께해요. 세상에는 도움이 필요한 분들이 참 많습니다.

🍃 부산역 노숙인 아버지 '자립' 기념으로 술 한 잔 샀다!

오늘 051-418-××××으로 전화가 왔다. "여기 부산역 신××데..." 4월 20일, 노숙하러 나갔다가 달셋방으로 모신 아버지다.

"나... 고시텔로 방 옮기기로 해서 전화했다오." 헉... 미치는 줄 알았다. 아버지를 처음 뵈었을 때, 자립의 의지가 있으셔서 방으로 모시고 달세 15만원이랑 초기 생활비 10만원, 생필품, 드실거리 등을 전해드리면서 총 50여 만원 정도를 썼었는데, 그때 아버지와 약속을 했었다.

"아버지... 다음 달부터는 아버지께서 돈 벌어서 스스로 방 값 내기입니다." 그 이후에도 일주일에 한 번씩 과일이나 속옷, 드실거리 등을 사서 찾아뵈었었는데, 둘째주까지는 내 누워계셔서(7년의 노숙생활이 쉽게 청산되랴... 지치고 상한 몸, 무기력증 등) 인간적인 마음으로는 속이 많이 상했었다. '아... 내도 돈이 많아가 방 잡아드린게 아닌데...' 라믄스...

그래도 꾸준히 찾아뵈었다. 힘내시라고, 기도하고 있다며... 그냥 찾아뵈었다. 여느 때처럼 이번주 수요일도 들렸었는데 안 계셨다. 그러다 오늘 아

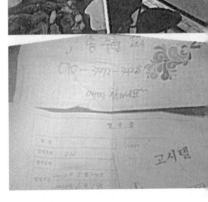

버지로부터 전화가 왔다. **일주일동안 노가다 뛰어서 방 값 벌어가 고시텔로 옮기게 되었다며...**

오늘 오전부터 일이 많아 피곤해서 정신줄 놓은 상태였지만 고마 아버지를 찾아갔다. 주무시고 계시는 아버지를 깨웠다(?). 그리고 근처 통닭 호프집으로 모셨다. 자립기념으로 파티했다. 술 한 잔 따라드리고 저는 콜라 한 잔 해가 짠~했다.

아버지, 고시텔 영수증을 바로 꺼내서 보여주신다. **"고시텔 방값 계산하고 싸인하는데... 자네 생각 밖에 안나더라. 너무 고맙네..."** 그리곤 손을 꼭 잡으신다. **"너무 고맙다... 자네 덕분에 내가 새 시작을 한다."**

아버지께서 솔직하게 고백하셨다. "1~2주... 생활하는데 그 오랜 기간 찌들었던 노숙생활이 방에 들어와도 내나 무기력하게 만들더라. 그래서 나도 무의미하게 2주 동안 딩굴기만 했었는데. 아니, 자네가 1주, 2주... 꾸준히 찾아오는거야. 안 오면 모르겠는데 너무 미안하고... 내가 아들뻘 되는 젊은 사람한테 신세를 졌는데 이래가 될끼 아니다. 빚을 갚아야지! 내가 돈은 못 갚아도 그 '마음'의 빚은 갚아야지. 그래가 정신 차리고 내도 조금이나마 노력하고 있다는 거를 뵈이주야겠다는 마음으로 일을 시작했는데 이렇게 방값도 내가 스스로 벌게 되고 진짜 새 시작을 하게 되었네..."

아버지, 너무 좋으신가보다. 내가 또 천사로 보이시나보다.(술에 취하셨는지...) **"천사다. 천사. 자네가 나에게 새삶의 씨앗을 줬어. 송주현이! 나 니 평생 못잊는다!!!"**(아버지의 다 떨어진 지갑 안쪽에는 방 잡아드릴 때 생활비를 전해드렸던 은행 봉투를 고이 간직하고 계셨습니다.)

울컥울컥했다. 술집에서 마 펑 터트릴 뻔 했다. 이기 사람 살린 것 아닌가? 흐. 누가 알아주든 안 알아주든... 이거는 진짜 사람 살린기다. 그 부산역 대기실 맨 바닥에 누워계실 아버지, 한 달 전 하나님께서 만나게 해주셨고 그 당시 마음(하나님)이 시키는대로 방 잡아드리고 꾸준히 찾아뵈었는데... 그 '마음'이 전해졌나보다.

아... 진짜 마음이 답이다. 예수그리스도의 사랑과 긍휼의 마음...(이제는 조금 알 것 같다.) 아... 피곤해서 미치겠지만 좋아서 더 미치겠다. 나... 사람 살렸다. 한 달 전 나와의 약속을 지키신 아버지, 오늘 새 약속을 했다.

"아버지... 조금 더 힘내셔서 이제는 아버지같이 노숙하시는 분에게 손 내밀어봅시다. 저랑 같이요." 아버지와 저의 공동 프로젝트. 제 2의, 제 3의 신××아버지 만들기 기대해주시길. 아... 되는구나. 노숙생활에서의 자립이. 하나님께 영광입니다. 아름다운 밤이에요♥

🌿 달동네 골목에서 배우는 삶의 목적

어제 오후에는 관광고 동생들과 남부민동 달동네 비잡은[09] 골목을 돌아댕기며 독거노인 봉사를 했다. 관광고 아이들과 봉사를 시작한지 어느덧 석 달이 지났다. 어제는 동아리 행사 등으로 가장 적은 인원이 봉사를 했지만 아이들에게서 변화와 희망을 발견하는 귀한 시간이었다.

우리 관광고 봉사팀 30여 명의 친구들 중에 교회를 댕기는 친구들은 극소수이다. 사랑의 종교, 기독교 신앙이 없는 친구들이지만 **나눔을 시작하고 마칠 때 다같이 기도를 한다. 또한 얼굴 표정이 달라졌다. 아니, 목적도 달라졌다.**

어제 오후 반가운 문자를 받았다. "선생님, 오늘요... 할머니들께 전해드리려고 직접 케익도 만들고 챙겨놨어요. 어서 가요." 고등학교 남자 1학년

---

09) 비좁은

두 명이 이래 문자를. 흐. (관광고는 제과제빵 실습을 한다.) 빵을 챙겼으니까 우유도 사고... 덩치 큰 나와 영훈이는 같이 지나갈 수도 없는 골목을 돌아댕기며 무릎 관절이 다 상해 거동이 불편하신 할머니, 한 명도 간신히 지나가는 골목 끝 집에서 혼자 지내시는 백발 할머니, 반지하 어두컴컴한 곳에서... 티비만 보시는 할머니, 침대만한 방에서 옹기종기 모여앉아 무료함을 달래시려 10원빼이 화투를 치시는 할머니들을 찾았다.

빵도, 우유도, '마음'도 나누었다. 할머니들, 빵이 입에서 사르르 녹아서 어디로 가는지 모르겠다고 하신다. 우리 고1딩 머쓰마들, 얼굴에서 므흣한 미소를 짓는다. 이래 뒷방 늙은이를 매번 찾아오고 너무 고맙다시며 손을 꼭 잡으시고 눈물 지으신다.

우리 아이들 달동네 골목길을 다니며 삶을 배운다. 그리고 삶의 목적도 배운다. 빵 굽는 아이들... 빵 굽는 맛을 느낀단다. 할머니 생각에 더 정성을 담는단다.

내가 도전했다.

"학생, 돈 벌기 위해 빵 굽는 사장 말고, 사랑 나누기 위해 빵 굽는 사장 되자! 일주일에 한 번씩이라도 어렵고, 소외된 이웃을 찾아다니며 사랑과 정성을 담은 너의 빵으로 위로하고, 격려하는 것. 얼매나 간지나노? 그래 살끼제?"

"네! 진짜 그래 살게요. 쌤."

조만간 살아있는 빵집 사장 나올낍니다. 따뜻한 세상입니다.

"아참, 쌤. 노숙하러 언제가요? 같이 가면 안되요? 해보고 싶어요..."

"아야, 새이야... 너거 데꼬 가가 너거 엄마한테 쌤 강냉이 털리믄 어얄라꼬?"

"친구집에서 잔다고 말하면 되요. 저도 진짜 배우고 싶어요…"

요즘 이래저래 나의 빠돌이, 빠순이들이 생겨난다. 아니, 나눔 빠돌이, 빠순이들이 생겨난다. 너무 감사하고, 힘이 난다. 어제 애들이 너무 이뻐서 강의 때 만났던 기독학생부 친구들과 봉사팀 친구들에게 아이스크림을 사 줬다. 애들 말따나 지갑 다 털렸다. 근데 너무 행복하다… 흐.

한 아이가 자기는 **더위사냥을 골랐는데, 나랑 반 쪼개서 '나눠' 먹자고 한다. 그리곤 '나눠' 먹으니 더 맛있단다.** 흐. 나눔으로 삶이 변한다. 나눔은 살아있는 교육이다.

🍃 1 + 1 티켓팅 나눔 소풍

이른 아침부터 열심히 달렸다. 소년의 집 초딩들과 어색한(?) 첫만남과 동시에 관광버스로 대구까지 달렸다. 그때까지는 그래도 괜찮았지. 아, 새 이들… 진짜 밸나드만. 초딩들! 대구 이월드에서 열심히 놀았다. 동물원부 터 놀이기구, 매직아트까지. 저녁밥은 피자. 과연 살아있는 하루였다.

하지만 우리 대딩, 청년봉사자 23명에게는 쫌 힘들었겠지? 날씨도 덥고 타고 싶은 놀이기구도 못타고 알라들한테 이래저래 끌려 댕긴다고 정신없 을끼다. 어찌나 밸나든지 송주현 초딩 때 모습이드라. 우리 봉사자님들 오 늘 진짜로 봉사만 했다. 그것도 지 돈 5만원쓱 내고… 그럼에도 이러한 기 회를 접할 수 있었음에, 함께 나눔의 문화를 경험할 수 있었기에. 너무 감사 하고 행복한 뜻 깊은 하루였다고 한다. 이래저래 하루죙일 치대다 보니 정 이 많이 들었나보다. 아고, 어른이고 마 헤어지기 섭섭하다. 다음에 만나자 고 약속을 한다.

　돈이 한 푼도 없었다. 근데 무려 100여 만원의 후원금이 들어왔다. 대딩, 청년들로부터... 하나님께서 하셨다. 날씨도 좋았다. 모든 프로그램에서도 문제 없었다. 안전사고도 없었다. 하나님께서 하셨다.

　무엇보다 쉽고, 재미있게, 그러나 의미있는 나눔 문화를 창출해보고자 했었는데 이렇게 살아있는 문화가 생겼다. 우리들의 동생, 알라들과 함께 손잡고 놀이공원에 소풍 가는... 하나님께서 하셨다. 초딩들에게는 귀한 추억을 선물할 수 있었다. 재밌었다고 난리다. 시계 선물도 너무 좋아한다.

　대딩들에게도 따뜻한 가슴(보람과 감동)이 전해졌나보다. 피드백 때 눈물을 훔치는 분들이 많았다. 그리고 이 나눔의 삶, 꾸준히 하겠단다. 오늘 할꺼 다했다.

　끝으로 하나님께도 영광이다. 하나님께서 모든 것 하셨으니...! 레크레이션이고, 인솔이고, 관리고... 아 새이들 과연 뺄난게 목이 나갔다. 내일 간증하러 가야 하는데... 헉! 몸은 피곤해서 다크서클 이빠이 내리왔네. 그런데 마음은 너무 행복하다. 그리고 따뜻하고 뜨겁다. 하나님때문이다. 나눔의 행복 때문이다.

　없는기 이래 미치가 나누는 이유 요 있다. 소외된 이웃도 행복하고 나도 행복할 수 있는 비결이니께. 하나님께 영광! 하나님 감사합니다. 그리고 우리 소년의 집 초딩들 단디 살아가구로 기도한다. 부모님이 다 돌아가시거나 버림받은 미혼모 자녀들이었다. 오늘 친구들, 함께 손잡고 걸어가자.

ps. 후원해주신 많은 분들로 인해 시계 선물도. 밥도 피자와 닭으로 간식 등 푸짐한 소풍을 보낼 수 있었습니다. 감사합니다. 진심으로. 지금까지 총 3회 나눔소풍을 진행했다.

🍃 선생님... 제 꿈은요. 세탁기 선물하는거에요.

2주 전 관광고등학교 봉사하는 날. 한 여고딩이 나에게 슬며시 말을 걸었다.

"선생님~ 선생님은 제게 특별한 사람이에요. 선생님 강의 듣고. 제가 더 적극적으로 바뀌었어요. 나눔, 봉사라는게 어려운게 아니라는 걸 깨닫고요. 작지만 이렇게 저렇게 실천중이에요. 그래서 봉사팀도 들어왔고요.

한번은 이런 일이 있었어요. 버스를 타고 가는데 할아버지랑 할머니께서 타셨는데 교통카드에 잔액이 부족하데요. 그리고 현금도 없으시고... 그래서 제가 선생님한테 배운 게 생각도 나고 해서 **바로 용기 내어 기사 아저씨께 찾아가 15,000원을 드렸어요. 그리고 '앞으로 돈이 없어서 버스 못타는 분들 생기면 이 돈으로 대신 내주세요. 아저씨~'** 라고 했어요.

그랬더니 기사아저씨께서 요즘도 이런 학생이 다있냐며... '앞으로는 학생 말대로 아니, 내 돈을 내서라도 이런 분들은 공짜로 태워줄게.'라고 하셨어요. 잘했죠. 선생님~ 선생님한테 꼭 말해드리고 싶었어요."

너무 기특했다. 그리고 가슴도 따뜻해졌다. 이 아이가 궁금해졌다. 어떤 아이일까? 이래저래 물어봤더니 고3인데 시설(고아원)에서 지낸단다. 아빠는 초등학교 때 돌아가셨고. 엄마가 자기를 6학년 때 버렸단다. 어머니에 대한 상처가 제법 있는 듯 했다. 중학교 때 어머니마저 돌아가셔서 진짜 고아가 되었다.

스물다섯 *작은나눔*으로 세상을 바꾸다

오빠가 한 명 있는데 장애인이라 몸이 많이 불편하단다. 혼자 지내시는 큰 아빠랑 전라도 광양에서 같이 사는데 이 친구 말따나 집이 다 무너져간단다. 따뜻한 물도 안 나온단다. 그래서 겨울이나 되면 그 **얼음물에 손빨래를 하는 큰 아빠와 몸이 불편한 오빠를 보면 마음이 너무 아프단다.** 그래서 가끔 광양에 가면 밀린 빨래부터 말끔히 해놓는단다.

그러더니 나에게 이야기를 한다. **"선생님... 제 꿈은요. 오빠 집에 세탁기 사주는 거에요."** 마음속에서 눈물이 났다. 시설에서 주는 얼마 안되는 용돈을 조금씩 모으고 있단다. 하나님께서 마음을 주셨다. 그래서 바로 약속을 했다. '선생님이 돈 벌어서 세탁기 사줄게.'(마음속으로....)

나눔소풍 준비하면서 내 돈이 참 많이 들어갔다. 그래서 요새 많이 짜친다. 그래도 내 가까운 지인들에게는 세탁기를 내~ 노래를 불렀다.(간증해가 돈 벌어가 꼭 사주리라고) 어제 행복나눔교회에서. 간증을 하고 다과를 하고 있는데 중고등부 부장집사님께서 확 지르시더라... "원래 헌신예배 헌금은 부서 자체예산으로 편성되는데 너희들만 동의하면 전도사님께 후원하고 싶은데 어떠니?" 중고등부 학생들이 다 동의를 해주어 헌금까지 받게 되었다.

나도 약속을 했다. "그럼, 행복나눔교회 중고등부 이름으로 그 친구에게 세탁기 선물해줄게! 오케이?" 헌금으로 부족하지만 있는 돈 없는 돈 다 끌어 모아가 조만간 슝~ 선물 날라갈끼다. 하나님은 살아계셔서 선한 마음으로 가지고 아니, 하나님께서 주시는 마음에 순종만 하기만 하면(하나님 은혜로) 마... 알아서 그 일을 이루어가신다. 고등학교 3학년 여고딩의 꿈, 소원을 들어주련다. 그리고 더 큰 꿈도 선물해주련다. 행복하다. 내 세탁기 사는 것도 아닌데 너무 행복하다.

피 한방울 안 섞인 동생인데 그 친구의 작은 소원을 들어줄 수 있어서 너무 행복하다. 큰 아버지, 그리고 행님. 조만간입니다!!! 슝~ 하나님께 영광입니다.

🍃 노숙을 함께했던 친구의 글

5월 31일, 간밤에 친구에게 카톡이 왔습니다. 노숙하러 가는데 같이 가겠냐고 말입니다. 학교에 갓 복학했을 때, 총학생회를 섬기던 주현이였는데 '나눔'과 '봉사'가 무엇인지 알게해준 친구입니다. 많은 사람들에게 나눔을 실천하고 있는 것을 알고있던터라 혹시 시간 날 때 연락 달라고 부탁했었는데 마침 그 연락이 왔습니다.

그런데, 고집 부려서 맡았던 과제영상을 편집하느라 이틀 동안 제대로 잠도 못자고 거기다가 학과 축구까지 4시간이나 바짝 달렸기에 오늘만큼은 꿀잠을 기대하고 있던 찰나, 연락이 오고 말았습니다. 순간 '이런... 하필 오늘이라니...' 라는 생각, 그리고 '무조건 yes다. 가자.' 라는 생각... 그런데 이상하게 출발하려니 감기기운이 살살 올라오는 것이 또 다시 나를 막아서려고 했습니다. 하지만 정신 챙겨서 단디 할라고 감기약 한 알 먹고 후드티, 깔깔이, 등산용 잠바까지 입으니까 딱 준비완료!!!!!!!!!!!!! 508번 막차를 타고 부산역으로 갔습니다.

부산역에 도착해서 쑝주가 올 때까지 잠시 기도하고 기다리고 있는데 어느 할아버지 한 분이 오셨습니다. 소주 한 병은 손에 든 채 지폐 한 장을 주시며 안주 좀 사와달라고 하셨습니다. 얼른 편의점으로 뛰어가서 휴지와 컵라면을 샀습니다.(버스비가 없어서 현규형한테 빌린 2천원이 귀하게 쓰였습니다!) 그리고 받은 돈을 돌려드리고 할아버지 곁에 앉았습니다. 술을 드셔서 횡설수설하시고 씻지 못하셔서 냄새도 많이 났습니다. 그런데 언짢거나 자리를 피하고 싶다기보다 나도 모르게 술 잔을 따라드리며 손을 잡아 드리며 어느새 말동무가 되어있었습니다. 그렇게 저의 첫 노숙(?)은 시작되었습니다.

쑝주가 도착하자마자 편의점에 가서 김밥이랑 마실 것들 사고 돌아다니면서 나눠드렸습니다.(나의 주머니엔 450원밖에 없었기에 다음을 위해 단디 돈을 저축해야겠다는 다짐을 했습니다...) 첫 느낌, 그저 한숨뿐이었습니다. 계속 제 입에서 나오는 건 한숨 뿐이었습니다. 정말 정말 많은 분들이 계셨고 그분들의 이야기를 들으면서 몇 번이나 안울려고 꾹 참았는지 모릅니다. 첫 날이었지만 너무나도 많은 경험을 했습니다.

서울에서 스님으로 있다가 내려오신 31세 형님. 부모님께서 암으로 투병중이셔서 일자리 구하러 오신 40세 형님. 교통사고로 장애를 입고 가족을 떠나 나오신 할아버지.

돈도 없을긴데 그 돈으로 할아버지 용돈 챙겨드리고 형님들 숙박업소에 방 잡아드리고 같은 나이의 친구지만 정말 대단한 놈입니다. 역시 하나님 믿는 사람은 다르다라는 걸 몸소 보여주는 대단한 청년... 부끄럽고 반성 많이 했습니다. 아직은 감히 내가 봉사라는 것을 실천하기에 너무나도 부족하다는 변명 아닌 변명 그리고 많은 사람들과 함께 거창하게 하는 것보다 소소한 작은 손길이 더 낫겠다고 생각했었는데 막상 부딪혀보니 이건 대단한 누군가가 혹은 특정한 누군가

스물다섯 *미친나눔*으로 세상을 바꾸다

가 해야할 일이 아니라 우리 모두가 함께 해야 할 공동의 의무라는 생각이 들면서 정말 많은 사람들의 관심과 도움이 필요하다고 느꼈습니다.

사실 그동안 작은 일들을 몇 가지 해오면서 괜시리 사람들에게 알리면 진짜 봉사하는 마음이 흔들릴까봐, 괜시리 뭔가 거창해지고 대단해 보일까봐 티 안냈는데 이곳에서 직접 만나고 손 잡아드리면서 느낀 건 꼭 많은 사람들에게 알리고 함께 해야한다는 것!!!

저의 10대는... 초등학교 시절 연탄을 사용하는 단칸방에서 살았고 중학교 시절에는 도시락이 없거나 도시락을 집에 두고 오는 날이면 밥 사먹을 돈이 없어서 운동장에 있는 식수대에서 배를 채웠습니다. 기초수급대상자로 살아가던 시절에 느꼈던 가난과 가정환경은 저를 정말 힘들게 했습니다. 단지 돈이 없다는 이유 하나만으로 어린 나이에 겪었던 일들은 마음에 큰 상처를 남겼습니다. 주위 사람들의 시선, 집안의 분위기, 어두운 미래... 무엇 하나 기쁨을 찾을 수 없었던 그 시절 지금 그 시절에 찍힌 사진들을 보면 웃는 모습 하나 없습니다. **그만큼 힘든 시절을 겪어봤기에 그분들의 삶이 얼마나 힘들고 어렵고 외로운지 조금이나마 위로해드리고 싶었습니다.**

저는 훌륭한 사람들을 존경합니다. 그분들은 뛰어난 머리와 실력을 가졌습니다. 그리고 누구보다 힘든 사람들을 도와야한다는 것을 잘 아는 사람들입니다. 그런데 이상하게 실천으로 옮기지 못하는 것 같습니다. **탁상공론 그 자체로 끝나는 일들... 말로, 생각으로만 남을 도와야한다거나 그러한 일을 하고 싶다는 분들께 가장 먼저 말하고 싶습니다. 그들을 돕고 싶다면 그들과 같은 삶, 그들의 삶속에서 함께 느끼고 살아봐야 한다고 말입니다.**

단지 사회복지나 다른 사람들을 위해 봉사하는 일에 종사하는 직업을 가지는 사람들이 행하는 것이 아니라 **우리 모두가 함께 소외된 이웃, 힘든 그들에게 손을 내밀어 공존하는 세상이 되도록 변화되어 가야합니다.** 이 글은 이 세상을 살아가는 몇 십억 인구 중에 단 한 명이 쓴 글입니다. 아무도 관심이 없을 수도 있고 별 내용이 아닐 수도 있습니다. 하지만 작은 변화가 세상을 바꾸기를 감히 소망해봅니다.

할 줄 아는 것도, 잘하는 것도 없는 저를 귀하게 사용해주시는 주님께 영광을 올리며...

태경아 노숙하러 가자~

🍃 집에서 반찬 쌔비가야겠어요.

오전에 비서실장 복귀한 민기와 삼성여고 아들[10] 50여 명을 데리고 독거노인 봉사를 댕겨왔다. 금쪽같은(?) 토요일 아츰 잠을 마다하고 일찍부터 모였다. 용돈 애끼스 3,000원쓱 사랑을 모으고 장도 직접 봐서 할머니를 찾았다.

삼성여고 이쁜 고딩들이(마음이) 할머니, 할아버지 열한 분을 섬긴다. 제가 요래 사서 욕보는 이유는 나눔은 수혜자뿐만 아니라 시혜자에게도 많은 것을 얻게 하기 때문이다. 오늘도 여고딩들에게 삶으로 배우는 교육의 장을 열어줬다. 스스로 느끼고 배우는게 많다.

나눔은 살아있는 교육이다. 오늘도 삶의 가치관과 목적의 변화에 조금이나마 도움이 되었다면, 할꺼했다. 하나님께 영광이다.

🍃 여고생들의 독거노인 나눔, 봉사 후기

세상을 바꾸는 방법, 고딩의 놀라운 세계관.

1. 전 감천에 살아서 이 주변이 되게 익숙했었는데요. 먼 곳도 아닌 내 주변에 이렇게까지 몸이 편찮고 가정도 힘든 할머니가 많이 계신 줄 몰랐어요. 멀리 나가서 거창한 일을 하는 것보다 가까운 곳에서도, 작지만 그 분들껜 힘이 되는 일을 하는 게 더 보람있다는 일임을 깨달았어요. 할머니 말씀하시는 중간 중간 계속 우리 외할머니 생각이 나서 반성도 좀 하게 됐던 것 같아요. 생각했던 것보다 그렇게 어려운 봉사도 아니었고 그냥 같이 있어 드린 것 뿐인데도 할머니

---

10) 애들

께선 되게 고마워하시고 좋아하시는 게 뿌듯했어요. 음...그냥 너무 좋았어요.

2. 평소에는 독거노인들에게 관심 없었는데 이번에 봉사하고 깨달은 것도 많고, 특히 어제 만난 천소전 할머니가 우시면서 손녀 생겨서 기쁘다고 하실 때 보람되고... 저도 너무 기뻤어요. 앞으로 계속 천소전 할머니 만나러 가려구요. 정말 좋은 기회를 가져서 좋았습니다.

3. 처음 할머니댁에 갈 때는 그냥 독거노인이시겠지...라는 생각만 하고 다른 생각은 없었다. 그런데 가는 길에 주현쌤이 우리가 가는 집은 할머니께서 몸이 불편하시다고 하셔서 빨리 할머니를 뵙고 싶었다. 그래서 빨리 집에 올라갔는데 계단 폭이 너무 좁고 계단도 많이 있어서 할머니께서 어떻게 다니시는지 걱정이 되었다. 가자마자 할머니께서 너무 반겨주셔서 감사했다. 그리고 사간 걸 우리에게 계속 주면서 다음부터는 이런거 사오지마라고 나는 너희가 이렇게 와주는 것만으로도 좋다고 사람이 외롭다고 하셨다. 할머니... 폐지 주으러 갈 때만 밖에 나가고 평소에는 집에서 혼자 있는다고 하셨는데 그말을 듣고 갑자기 마음이 아팠다. 자주 찾아뵈야겠다는 생각이 들었고 할머니와 얘기하면서 할머니께서 좋아하시는 걸 알게 되어서 다음에는 그걸 꼭 사가야 겠다고 생각했다. 그리고 정말 걱정 되었던 것은 자주 담배를 피시는 건데 담배 피시면 몸에 안 좋다고 그만 피세요~하니까 나이 82살에 더 살아서 뭐 할려고 이러시는데 꼭 담배를 끊게 해드려야겠다고 생각했다. 이런 봉사를 꼭 한번 해보고 싶었는데 이런 기회가 생겨서 좋았고 친구들도 꼬셔서 친한 친구들도 많으니까 더 기분 좋게 봉사 할 수 있을 것 같아서 다음 봉사가 기대된다.

4. 봉사활동하면서 할머니 한 분이 더 생겨서 정말좋았어요. 할머니랑 앉아서 이야기하다가 막 저희한테 고맙다고 우시는데... 진짜 마음이 찡하고 정말 자주 와야겠다는 생각이 들었어요. 그리고 할머니랑 얘기하는 내내 잘 찾아뵙지 않는 친할머니가 생각났어요. 정말 죄송스럽고... 시험 끝나고 바로 찾아뵈야 겠다고 생각했어요. 그리고 이런 봉사는 처음 해보는데 진짜 보람있고 정말 재미있는 봉사인 것 같았어요. 왜 진작 이런 봉사를 안했을까 할 정도로... 그리고 할머니댁이 학교랑 가까워서 학교 마치고 시간될 때 잠깐잠깐 들릴 수있어서 좋은 것 같아요. 지금 할머니께서 병원에 계셔서 월요일에 학교 마치고 애들이랑 또 찾아뵙기로 약속하고 왔어요! 언능 보고싶네요. 선생님 진짜 수고 많으셨고 이런 좋은 일 하게 해주셔서 감사합니다.

5. 선생님, 오늘 너무 좋았어요. 누군가가 저로 인해 기쁨을 느낀다니... 할아버지께서 기뻐

하시니 제가 더 기뻤어요. 제가 봉사를 해서 세상이 확!! 하고 바뀌는건 아니지만 그래도 한 사람에게 사랑을 실천하여 그분이 세상을 아름답게 보신다면 그게 세상을 바꾼 것 아니겠어요? 저에게 이런 기회를 주셔서 감사드려요. 앞으로 미래엔 더 많은 사람을 도우며 살고 싶어요 선생님! 다음에 또 즐겁게 봉사해요. 아, 그리고 다음엔 이름도 불러주세요~ 전 지희랍니다. 그럼 많이 고생 하셨을텐데 굿밤 보내세요.

마지막 친구의 고백은 나를 찌릿찌릿~하게 만드네. 세상을 바꾸는 새로운 시각, 방법.

"제가 봉사를 해서 세상이 확!! 하고 바뀌는건 아니지만, 그래도 한 사람에게 사랑을 실천하여 그분이 세상을 아름답게 보신다면 그게 세상을 바꾼 것 아니겠어요? 저에게 이런 기회를 주셔서 감사드려요."

이야 시각(세계관) 직인다! 단디 배우네. 나도 이 고딩의 고백처럼 더 세상을 바꿔가야지! 아, 좋다. 행복하다.

🍃 나눔은 전달이다.

할머니들께, 노숙인 아버지 등 소외된 이웃에게 사랑을 나눈다.(필요한 것을 챙겨드린다.) 쌀, 반찬 등 식료품, 틀니, 세탁기 등 생필품, 옷, 신발, 생활비, 집까지 의식주를 챙겨드린다. 그러면 받으시는 분들께서는 똑같은 대사를 던지신다.

"젊은 사람이 돈이 어딧다고 맨날 이래 챙겨주노. 안 사와도 된다. 미안하고 고마워서 어짜노." 그럼 나는 꼭 하는 말이 있다.

스물다섯 *미친나눔*으로 세상을 바꾸다

"할머니 저도 진짜 돈 없어요. 이건 제가 드리는게 아니라 하나님께서 할머니 드리라고 저한테 주신 거(돈도 주시고, 물품도 주시고) 전달해드릴 뿐이에요. 미안해하지 마시고 **고마워하실라믄 하나님께 감사해주세요. 전 전달할 뿐이에요.** 흐."

"아이고 그럼 하나님인가 그 사람한테 먼저 고맙고 또 전달해주는 자네한테도 너무 고맙네."

이 장면(?)이 내가 나눔으로 간접적으로 하나님을 전하는 꼼수다. 나에게 나눔은 전달이다. 먼저는 하나님께서 강사비 등으로 돈을 주신다. 그럼 그것을 가지고 **축복의 '통로'로 그 복을 전달하려는 것이** 나의 자비량 사역(?)의 방향이자 목적이다.

근데... 짜친다. 야매 강사라스 자리가 밸로 안 나가[11]. 이래 짜치가 사역이 어려워지고 한계가 느껴질라카믄? 하나님께서 누군가를 통해 힘을 보태(후원)주신다. 주일 저녁이었나? 대학교 1학년 때 수련회를 섬기다 만난 누나에게 싸이로 연락이 왔다. 내 사역을 돕고 싶다고...(진짜 그 이후로 한 번도 만난 적이 없던 싸이만 일촌인 누나였는데...) 어제 계좌를 확인하니 20만원이 들어와있네. 허허...

언젠가부터 페이스북으로 응원해주시던 한 자매님께서 계좌를 물으셨다. 카페에서 힘들게 일하셔서 번 5만원을 붙여주셨다. 매달 개인 레슨을 해서 버는 성준이 행님, 이번 달도 5만원을 붙여주셨다. 하나님께서 나에게 강사비로 돈을 벌게 하시는 것도 그리고 때때로 여러분들을 통해 들어오게 되는 후원금도 하나님께서 주시는 것이다. **난 전달할 뿐이다. 통로가 되어.** 힘내자. 하나님께서 하신다.

---

11) 자리가 별로 안나서

🍃 노숙인 아버지께서 노숙인 아버지를 자립시키다!

오후에 부산역에 심방을 갔다. 나의 도움으로 노숙생활에서 자립하신 아버지를 찾아뵈었다. 방에 가서 인사를 드리고 바람 쐬러 부산역 광장으로 나와서 이런저런 대화를 나누었다. 오늘도 부산역 광장에는 이불을 깔아놓고 누워계시는 분들이 많았다... 아버지께 여쭈었다.

"아버지, 방에서 생활하시니 저렇게 다시는 밖에서 생활 못하시겠죠?"

"당연하지. 자네 덕분에 새 삶이 시작되었는데... 다시 재기할 수 있는 발판을 디뎠는데. 이제는 절대 노숙 안한다. 몸 베리고, 마음도... 정신도 베리는데. 절대 안할꺼다. 그러니 일하고 있지. 이제 제대로 살아야지! 고맙네."

두달 전 아버지께서는 대기실에서 박스, 신문지를 이불 삼아 주무시고 생활하셨는데 이제는 푹신한 이부자리에서 주무신다. 흐. 오늘... 지난주에 못찾아뵈서 2주일 만에 뵈었는데 과연 살아 숨쉬는, 그리고 미칠정도록 기쁜 소식을 들었다.

아버지는 노숙생활을 청산하시고 용역사무실을 다니시며 일을 하셔서 돈을 버시고 직접 방값도 내고 식사도 챙겨드시는 이러한 '새 삶'을 혼자 누리시는 것이 아쉬우셨나보다. 노숙생활을 같이하던 동생분을 꼬셨단다. **'같이 일해서 사람답게 살아보자고...'** 일자리도 소개해주시고 또 이래저래 도와주셔서...

뚜둥! 그 아버지도 공사장에서 일하시고 직접 돈을 벌어서, 방을 얻으셨단다. 아버지 옆옆방으로. 할렐루야!

그 이야기를 듣는데 소름이 확 돋았다. 흐... 되네. 노숙인 아버지께서 노숙인 아버지를 일으켜 세우시네. 꿈이 이루워진다. 흑. 아버지께 지난달 자립기념 파티를 하면서 '제 2의 아버지를 세워봅시다.'라고 약속을 했었는데... 그 약속 혼자서 마 지키싯네! 아... 눈물난다.

되네 되구만! 사람 살리는거 맞네!!! 미치겠다. 진짜. 아버지께 너무 자랑스럽다며 너무 대단한 일을 하셨다고... 손을 꼭 잡아드렸는데 아버지께서는 내 손을 더 꼭 잡으신다.

"다 니 때문이지... 고맙다 진짜."

아... 살아있네. 요즘 많이 힘들었는데. 힘나네. 진짜 된다. 노숙인분들도 자립이 된다. 사랑으로 꾸준히 찾아뵈니, 아버지 말따나... 미안해서라도 발버둥 치다보니 되더란다! 아 진짜 신기하다. 하나님께 영광입니다.

🍃 2012.6 :: 미치니, 미칩니다.(사역열매 중간보고)

이 사진은 오늘 강의하면서 처음으로 게시했던 PPT 한 장이다.(휴가 기간, 지난 사역을 뒤돌아봤다.) 이 사진 한 장에 하나님의 일하심이 있다. 하나님께 영광이다. 지난 2월 중순 하나님께서 마음을 주셔서 졸업하믄 무조건 갈끼라꼬 설치샀던 호주 워킹홀리데이를 취소, 포기(?)하고 한국에서 독거노인, 노숙인 사역을 단디 해보자고 마음을 묵고 순종을 해봤다.

순종했더니... 기적이 시작된다. 결심 이 후, 일주일 만에 CTS 섭외도 되고 여러 간증 자리와 나눔사역의 열매들이... 그리고 때에 따라 후원자님들도 붙여주셨다. 2월까지는 간증하러 댕기면서 간증만 하고 빠빠이였는데.

하나님께서 이 좋은 나눔의 맛을 혼자만, 소수만 누리지 말고 더 많은 청소년, 청년들과 함께하시길 원하셨는지 나에게 나눔계모임운동(나눔봉사팀 개척 및 조직)에 대한 감동을 주셨다.

비록 편집되었지만 청년독수리 녹화 때 선포했었다.

"앞으로 나눔계모임운동을 통해 전국에 나눔, 봉사팀을 개척하는 것이 꿈입니다."

그래서 3월부터는 간증, 특강 마무리 시점에 나눔, 봉사팀 조직에 대한 도전을 하고 있다. "젊은 우리들이 작은 예수가 되어 세상 함 살려봅시다! 기독교가 개독교라 욕먹고 있는 이 시대에 말이 아닌 행함으로 예수님의 사랑을 나누고 전하여 개독교를 기독교로 회복시켜봅시다!" 라고.

하나님은 살아계신다. 이 소망없는 놈이 나눔에 미쳐서, 돈 안 되는 일에 미쳐서, 내 인생은 나 몰라라 하며... 세상 한 귀퉁이라도 살려보자고 설치봤드만 3월부터 6월 현재까지 교회와 학교 등 총 18개팀이 개척, 조직되었고 270여 명의 청소년, 청년 자비량 봉사자(작은예수)들이 지 돈, 지 시간 내가면서 오직 예수님의 사랑을 나누려 발 벗고, 소외된 이웃을 찾아다니고 있으며 하나님의 은혜로 지금까지 무려 150여 명의 소외된 이웃들을 섬기고 있다. (독거노인 92명, 노숙인, 고아원생 포함)

참 하나님 살아계신다. 이 소망 없는 놈, 한 놈이 '미치니'. 270여 명의 젊은 이들과 150여 명의 수혜자들에게 예수님의 사랑이 '미치게, 전해지게'된다... 흐. 내같은 놈 한 놈도 '미치니' 이곳 저곳에 영향력을 '미치네'. 참 신기하다.

혼자서 외롭게 그리고 '내 이래 살아도 되나?'라믄서 갈등하면서도 나눔에 미쳐서, 소외된 이웃에 미쳐서 예수님의 사랑을 삶으로 전해볼라고 미쳐서 그렇게 살아봤더니 3~4개월 만에 이런 열매를 주시네...

사진 한 장으로 지난 피로와 설움을 달래본다. 돈 안 되는 일 하지만 돈 되는 일 하게 된다. (한 영혼이 온 천하보다 귀하다고 하셨으니.) 위 수혜자님 중 제가 정기적으로 심방댕기고 섬기고, 모시는 할아버지, 할머니, 아버지들(자립 노숙인 3인 포함)이 총 30명 가까이 된다. 내도 돈도 없는데 말이다. 학자금 빚은 숨막히게 하고 집안 형편도 내 짜치는데. 하나님께서 하시는 거다. 참 신기하다. 하나님 살아계신다.

잘 쉬고, 한 타임 뒤돌아봤으니 또 열심히 달려볼란다. 이 '미친' 놈 위해 기도 많이 해주세요. 더 많은 사람들에게 나눔바이러스(영향력)가 '미치도록'. 하나님께 영광입니다.

요즘 매일 흥얼거리는 찬양의 가사(저의 고백)다.

'주의 꿈을 안고 일어나리다. 선한 능력으로 일어나리다. 이 땅의 부흥과 회복은 바로 '나로'부터 시작되리.'

ps. 제일 가까이서 기도와 헌신으로 동참해주신 은비씨와 나눔커뮤니티 동생들에게 진심으로 감사합니다. 물질로 이래저래 후원해주신 후원자님들께도 진심으로 감사드립니다. 그 누구보다 하나님께 감사합니다. 우리 함께 세상 귀퉁이라도 살려봐요. 샬롬.

🍃 나눔콘서트, 나눔은 사랑을 싣고
할머니께서 삼성여고를 방문, 학생들의 성금으로 보청기 선물.

오늘 삼성여고 금찬모는 기쁨과 눈물이 넘쳤다. 이름만 나눔 콘서트지, 뭐 그리… 대단했다. 크크. 지난 6월 9일 다녀왔던 봉사활동 보고회 형태로 진행했다. 간단히 내가 활동보고를 하고 봉사활동을 다녀왔던 친구 중 한 명을 무대로 초청해 인터뷰식으로 토크(?)를 쫌 했다.

질문을 하고 대화를 주고받다가 대뜸 할머니 안보고 싶냐고 물어봤다. 당연히 보고싶다고 했겠지? 그래서 1탄으로 할머니 영상편지를 '짠' 하고 틀어줬다. 애들 점점 눈가는 촉촉해지고... 이 친구는 할머니를 두 분 모셨는데 영상을 보고 난 뒤 두 번째 할머니에 대해서도 토크(?)를 했다. 역시 보고 싶다고 하지. 그래, 할머니 불러보라고 했다. 네... 역시 안 나오신다. 낡았다고 내를 주패뿌네?[12](새이... 아파라.)

다같이 불러보자고 했다. 빠빠바 뺌바... 빠빠바 빠라바~ ♪ ♬ 우리 한두리 할머니께서 뒷문에서 걸어 나오신다. 공은비 학생은 마이크 던지뿌고 할머니 모시러 뛰어가고... 500여 명의 삼성여고딩들은 기립박수와 함성 그리고 눈물도 주르륵... 다같이 '당신은 사랑받기 위해 태어난 사람'을 부르며 할머니를 축복해드렸다. 곳곳에서 눈물 닦는다고, 나도 무대에서 뭉클하이 지짤뻔했다[13]. 진짜... 뭔가 감동적이었다. 뭐라 설명하기 그런...

할머니께 소감을 여쭈었다. 너무 좋으시단다. 애들 이쁘냐고도 여쭈었다. 크면 잘 생겨질꺼란다. 크크... 할머니께 다음번에 애들과 맛있는 식사 대접 해드리기로 하고 식사권 증정식을 가졌다.

여기서 끝인가? 아니지. 영상편지로 뵌 할머니께서는 6.25전쟁 때 북에서 피난오신 분인데 지금은 몸이 많이 불편하시다. 그리고 귀도 잘 안들리시고... 그래, 애들에게 너거들 사랑으로 할머니께 보청기 하나 해드리자고 했다. 그리 마치고 나가면서 성금 모금을 했다. 강당에서 모임을 가지니 지갑이 없다. 반에 지갑 가지러 댕기오고 지갑 속에 모든 돈을 다 꺼내는 친구도... (모질라는 돈은. 매꿔야지. 나눔 커뮤니티에서 흐.)

삼성여고 여고생들이 학교 인근(감천)에 지내시는 홀몸어르신을 모신다. 그리고 저거들 돈 모아 보청기도 선물해드린다! 살아있지요? 진심으로 살아있었다. 이 글로 다 표현할 수 없다. 어째 표현하겠노? 세상은 아름답다. 나눔이 세상을 살린다! 무튼 하나님께 영광!

---

12) 사정없이 때리다.
13) 펑펑 울 뻔 했다.

스물다섯 백일나눔으로 세상을 바꾸다

네. 너무 잘 들리네요...

사랑의 보청기로 세상이 바뀝니다.

지난주 금요일 무척 감동적(?)이었던 삼성여고 나눔콘서트의 열매로 삼성여고 봉사팀에서 섬기는 86세 되시는 김순복 할머니께 보청기를 선물해드렸다! 할머니께 바로 찾아뵈어 듣고 사용법을 단디 설명해드리고 착용을 해봤다. 헐... 진짜 작은 소리로, 귓속말 수준의 소리로 말씀을 드려봤는데 들리신단다.

"할머니. 어째 잘 들려요?"

"네... 너무 잘들리네요. "

기분이 왜 이렇게 좋을까? 입이 귀에 걸렸다. 우리나, 할머니나, 나도 착용해봤다. 목에서 침 넘어가는 소리까지 들린다. 아따... 신기해서 미치는 줄 알았다. 이 쪼매난 놈이 요래 큰 기쁨과 희망을 주는지. 크! 요놈 진짜 물건이다. 보청기 새이. 영도에 계신 할머니도 생각나고... 인자 귀 안 좋으신 분들께 새 희망을 선물해드리기로 작정했다.

기분 참 좋다! 너무 잘 들린다고 웃으시는 할머니의 미소를 보니... 너무 행복하다. 이기 아름다운 세상 아닙니까? **우리는 오늘 세상을 확 바꾸었다. 잘 들리지않던 불편했던 김순복 할머니만의 세상은 집 앞 나뭇가지에 앉아 창조주 하나님을 아름답게 노래하는 참새들의 노랫소리까지... 너무나도 '잘 들리는, 아름다운 세상'으로 확! 확! 확! 바뀌었다.**

세상을 바꾸는 힘, 나눔입니다. **나눔으로 한 사람, 한 사람의 세상을 바꾸다보면 언젠가는 모든 사람의 세상이 아름다워지겠죠. 흐. 오늘도 하나님께 영광입니다♥**

🍃 왜 도와줄라캅니까? 예수님 믿어서요.

남포동 길거리에 30분 동안 앉아있었다. 언젠가부터 부끄럽지 않다. 내일부터 다음주 수요일까지 바싹 댕기야 해서 오늘 은비랑 데이트를 했다. 영화 '도둑들'을 재밌게 보고, 밥 무면서... 이런저런 이야기도, 진지한 이야기도 나누면서 좋은 시간 보냈다. 일찍이 헤어져 버스 타러 가다가. 남포동 길거리에 앉아계셨는데 어깨부터 축 처지시고 허리도 왠지 곱추 같이 불편해보이신 노숙인 아버지를 보게 되었다.

마음이 아파 매번 하던 대로, 마음이 시키는 대로, 편의점에서 김밥, 우유 등 드실거리를 사서 다시 찾아갔다. 아버지께 전해드리며 이야기를 시작해봤다. 고마 아버지가 가지고 계시던 신문지 한 장 빌려서 땅바닥에 퍼질러 앉았다.

아버지... 막노동을 하시다가 4층에서 떨어지셔서 허리가 완전... 그래서 5년 동안 병원에 입원해계셨단다. 그라다 길거리에 나오게 되셨고 노숙하신지 꽤 되셨단다. 안되겠다 싶어... 방 잡아 드릴테니 건강부터 추스르시자고 도와드리고 싶다고 말씀드렸는데... 밖에서 오래 생활하신 분들은 고집이 쎄시지요... 생각을 해보겠단다. 또 주일에 동생이랑 만나기로 했는데 그때 상황보고 연락을 주시겠단다. 한 발 물러서서 명함 건네드리면서 꼭 전화주시라며 약속, 손가락도 걸었다.

아버지께서 질문을 하시더라.

"대체 왜 이래 도와줄라캅니까? 아무도 신경도 안써주는 저한테..."

내가 무슨 대답을 하겠노?

"예수님 믿어서요... 예수님께서 아버지처럼 힘들어하시는 분들 직접 찾아다니시면서 손 내밀어주셨고 또 도와주셨거든요. 예수님 믿어서... 그래서 도와드리고 싶은깁니다."

"...무튼, 너무 고맙습니다."

아버지 많이 힘드시고 외로우셨던 것 같다. 진짜 악수 한번 하자며 냄새나고 더러운 그 손 한번 잡아드렸는데 눈물이 핑 도시는 것을 보았다. 아버지께서 마음이 열리셔서 주일에 꼭 전화가 왔으면 좋겠다. 도와드리고 싶다. 그냥.

아버지께 신문지 다시 돌려드리면서 신문지 사이로 현금 도 쫌 넣어드렸다. 식사라도 챙겨 드셔야할긴데...

언젠가부터 이렇게 길거리에 퍼질러 앉아 노숙인 아버지들과. 손잡고 이 야기 나누는게 부끄럽지 않다. 오히려 즐긴다? 사람들이 지나가면서 여러 생각들, 말들을 하겠지... 나는 오늘 본 영화처럼 **도둑이 되고 싶다. 사람들 의 마음을 훔치는... 그 마음을 훔쳐 소외된 이웃들에게 향하도록 하고 싶 다.** 난 이미 도둑질 당한 것 같다. 예수님께.

더 잘살고 싶다. 예수님 믿는 사람같이...

2012. 초여름 :: 소자에게 냉수 한 그릇 대접하기 캠페인 1

요즘 너무 덥다. 최고의 폭염이란다. 가만히 있어도 덥고, 땀도 나고, 지 치고 힘들다. 우리들은 그래도 선풍기도 있고 또 에어컨 나오는 카페 등도 갈 수 있으니 그나마 낫지... 하지만 이 폭염 뙤약볕에 그 무더위를 직빵으 로[14] 받을 수밖에 없는 분들이 계신다. 길거리에 노숙인, 행려자들이다.

오늘, 강의가 있어서 대전역에 잠시 들렸었는데 무더위에 지쳐 축 쳐지 신 한 노숙인 아버지를 만났다. 나도 덥고 땀도 많이 흘려서 시원한 물, 음

---
14) 그대로, 직접적으로

료수를 자주 마시게 되는데 우리 아버지는 오죽하실까? 그래서 다른 무엇보다 시원한 물 한 잔(냉수 한 그릇) 대접해야겠다고 생각이 되더라.

좋은 물 하나 샀다! 아니 두 개. 노숙인 어머니꺼도. 찾아가서 "많이 더우시죠? 시원한 물 한 잔 하세요."라며 전해드렸다. 식사는 하셨는지 여쭤보니 못하셨다시길래 잠시만 기다리시라하고 김밥이랑 우유도 사왔다. 사서 다시 찾아뵈니 헐... 물 한 병을 그단새[15] 다 드셨나보다. 빈병이네... 목이 얼마나 마르셨는지, 아님 배가 고프셨는지 벌컥 벌컥 드셨을거라 생각하니 마음이 아팠다!

그래서 이 무더운 여름, 내도 더워가 살기 힘들지만 우리 아버지들께 냉수 한 그릇 대접하면서 함께 이 무더위를 보내야겠다고 다짐하게 되었다. 함께 하시지 않겠습니까? 돈 얼마 안드는데... 마음만 있으면 되는데.

우리도 더워 죽을 것 같지만 이 더위에 더 힘들어하실 분들을 위해 도리어 섬겨보아요! 예수님 말씀하신 것처럼.

또 누구든지 제자의 이름으로 이 소자 중 하나에게 냉수 한 그릇이라도 주는 자는 내가 진실로 너희에게 이르노니 그 사람이 결단코 상을 잃지 아니 하리라 하시니라(마10:42)

ps. 난 천국서 상 안 받아도 된다. 그저 아버지들도 이 무더위. 폭염... 잘 보내셨음 좋겠다.

15) 그 순간에

🍃 냉수 한그릇 대접하기 캠페인 2

한마디만 덧붙이면 됩니다. "저는 예수 믿는 청년입니다"

어제 김해지역 독거노인 할머니들 방문하느라 많이 힘들었다. 완전 더위 먹은 것 같이... 흐. 이 폭염에 땀도 많이 흘리셨을테고 할머니들 찾아뵈면서 이온음료셔틀을 했다. 그래스 김해시장 내에 있는 마트에 가서 음료수를 한보따리 사서 나왔다. 나왔는데... 할머니 한 분이 폐지를 주우시다가 힘에 부치셨는지 길거리에 앉아계시는거다.

바로 마 지 혼자 설치고 있는 '냉수 한그릇 대접하기' 캠페인을 실행해보았다. 다시 마트로 들어가 시원한 냉수 한 병 사서 나와 할머니께 물병을 건내보았다.

"할머니. 더운데 힘드시죠? 시원한 물 한 모금 하시면서 쉬세요."

"아이고... 고맙습니다. 어쩨 이래 고마운 사람이 다 있을까? "

"저 예수 믿는 청년입니다."

이런 저런 대화를 나누다 할머니를 다시 찾아뵙기로 하고 할머니 번호를 따고(?) 자리에서 일어났다. 제가 자리를 일어나니. 바로 옆에서 과일 장사 하시던 어머니께서 할머니께 물으시는데...

"할매. 누구에요? 아는 사람이에요?"

"아니. 예수믿는 청년이래. 참 고맙지?"

"아이고... 예수믿는 사람들은 착한가벼. 요즘 저런 젊은이가 어디있겠어요?"

백마디 말보다 냉수 한그릇으로, 삶으로 예수님을 전해보았다. 나눔은 삶으로 전하는 복음이다. 이 복음은 3자에게도 전달되어진다. 어느 때 보다 무더운 여름 '냉수 한그릇 대접하기' 캠페인, 함께 하시지 않겠습니까? '예수믿는 청년'의 이름으로.

🍃 집에서 쫓겨나신 할머니, 병원에서도 쫓겨나시다.

이틀 전 한 통의 전화를 받았다. 지난 3월부터 섬기고 있는 할머니께서 심장이 안좋으셔서 거의 2개월가량 입원중이셨는데(병문안 올 사람도 없어서 은비랑 병수발도 해드렸다.) 병원비가 많이 밀려서 강제퇴원조치 당하실거라는 이야기였다. 헐... '기초생활수급자라 병원비 걱정 안하셔도 됩니다. 병원에서 푹 쉬세요.'라고 했다는데, 갑자기 이래 되뿌니 할머니 마음이 많이 힘드시다고 전해듣게 되었다.

안그래도 아들과 며느리에게 쫓겨나다시피 해서 가방 하나 들고 나오셨는데... 몸도 안좋으신데 병원에서 마저... 어제 강의를 마치고 오늘 바로 은비와 병원으로 찾아뵜었다. 헐... 안계신다. 어제 퇴원하셨단다. 다시 전화를 해보니 한 목사님께서 운영하시는 요양원으로 옮기셨단다.

근데 문제는 병원비. 병원비가 100만원정도 나왔는데 할머니 통장 잔고 전액을 끌어 모아서 계산하셨는데도 46만원을 못 내셔서 각서까지 쓰셨다. 안 그래도 오늘 찾아뵌 이유가 병원비 대신 내드릴려고 한 거라 남은 **병원비 46만원 내가 대신 내드렸다. 우리 엄마도, 우리 할매도 아닌데...**

각서 받아왔다. 그리고 할머니께 전화를 드렸다. 흐.

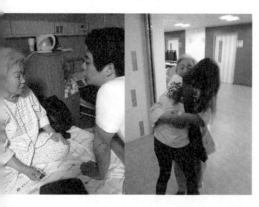

"할머니, 병원비 제가 대신 내드렸습니다. 하나님께서 마음 주셔서 순종했을뿐인께 부담가지지는 마시고요. 이제 마음 푹 놓으시면 됩니다. 조만간 찾아뵐게요!"

전해들은 바로는 할머니... 남은 병원비로 인해 할머니와 또 그 양로원 목사님께서 걱정을 많이하시면서 기도를 하고 있었단다. 다음달 기초생활수급비가 나오면 조금씩 갚을 계획이셨다는데, 급수가 어떻게 나올지 몰라 그저 기도만 하셨다는데... 목사님께선 참하나님께서 오묘한 방법으로 일하신다며 하나님께 영광이라 말씀해주신다. 그리곤 젊은 사람이 돈이 어디있냐며 걱정도 해주시는데! 저는 하나님께서 많이 주신께, 통로가 되어드리는거죠.

할머니의 웃음소리를 잊을 수 없다. **만사를 해결하셨다는, 그 밝은 웃음소리! 예수님의 웃음 소리였다.** 조만간 각서 가지고 찾아 뵐끼다. 할머니께서 직접 찢으시라고. 46만원. 왜 하나도 안아깝지? 크. 하나님 감사합니다. 오늘도 하나님께 영광♥ 동행해준 은비님께 감사~!

🗨 고물상 사장해뿌까? 회장은 예수님하시고?

나의 많은 꿈 중 하나는 폐지줍는 할머니들이 한~맹도 안 계시는 세상을 만드는 것(?)이다. 불가능하겠지만... 그래서 꿈을 쪼매 현실적으로 수정해볼까한다. '할머니들이 주우시는 폐지를 가장 비싸게 사주는 고물상 사장되기?' 크.

어쨌든 오늘도 우리 할머니 한 분을 만났다. 주의 종(봉석. 효천 전도사) 대접하고 집으로 들어오는데... 할머니께스 할머니들만의 고무신(?)을 신으시고 유모차를 끌고 다니시며 힘들게 힘들게 폐지를 주우시더라. 오늘도 행함이 있는 살아있는 크리스천 되고 싶어가 근처 슈퍼에서 음료수 하나 퍼뜩 사서 나왔다. 지갑에 보니 돈이 별로 없네. 다 끌어모아보니 33,000원.

오늘따라 가방에 현금봉투도 없다.(정신챙기자. 주현아. 준비하자!) 그래서 상품권 봉투에 넣어서 전해드리러 갔더니 열심히 작업중이시다. 그래서 유모차 위에 살포시 올려다놓고 왔다. 발견하셨을 할머니 많이 좋아(?)하실 것 같다.

오늘 힘들게 주우셔도 벌 수 있는 돈에 적어도 30배는 되니깐... 폐지 1kg. 고물상에 팔면 얼마줄까? 놀라실끼다... 고작 50원. 하루에 많이 주우셔도 평균적으로 10~20kg. 그면 하루에 1,000원 남짓.

열채이믄 고물상 사장해야겠다. 예수님의 이름으로 할머니들 폐지. 제일 비싸게 사주는 그다가 생활비, 쌀, 반찬도 퍼주다가 망하는 사회적기업 고물상 〈폐지 사는 예수님〉. 회장은 예수님. 사장은... 송주현 ㅋ. 이런 크리스천 사장님들 많았음 좋겠다. 돈 벌기 위해 장사하는 것이 아니라 **돈 주기 위해 장사하는.**

진짜 열채이믄? 내가 해야줘 흐♥ 오늘도 살아있어서 행복하다.(할매보고 지나치지 않아서...!)

🍃 비도 오고 포장마차서 술 한 잔했다.

오늘 비도 오고 노숙생활에서 자립하신 우리 신×× 아버지랑 한 잔했다. 아버지 참말로 오랜만이다. 나도 바빴고 아버지도 방을 옮기셔서 쫌 못 만났었는데... 오늘 만났다.

아버지. 오랜만에 뵈니 너무 반가웠는데 얼굴이 너무 좋아지셔서 더 더 더 반갑고 좋았다. 부산역 근처 포장마차로 고고싱.(살다가 처음으로 포장마차에 흐.) 소주한 잔 따라 드렸다. 저는 사이다 한 잔 따라서. 건배! 짠!

그동안 꾸준히 인력소 다니시며 일거리 받으시고 막노동하시면서 고시원에서 잘~ 지내셨단다. 정말 얼굴이 무척 좋아지셨다. 보고 싶었는데... 연락도 하고 싶었는데... 전화기를 들었다. 놓았다. 몇 번이나 그랬는지 모르셨단다. (아버지. 내랑 밀당하는거라예?)

매번 얻어 먹는게 미안해서 돈 쫌 벌어가 국밥이라도 한그릇 사줄 수 있을 때 연락하려고 했다며 그동안 이사간 거 연락 못해서 미안하시단다. 이래저래 근황을 나누었다. 건강해보이시니 무척 좋다.

아버지께 "아버지. 7년동안 노숙하시다가 자립하신지 5개월이 다 되가십니다. 진짜 이건 기적이에요. 멋져요 아버지!" 라고 말씀 드렸더니.

"주현아. 다 니 덕분이다. **자네가 계속 긁어사서(?) 나태해져있던. 나를 일으켜세웠지.** 진짜 요즘은 마음도 정리가 되고 쫌 사람 사는 것 같다. 너무 고맙다."시며. 손을 꼭 잡으신다.

하나님께 영광이죠. 진짜 한 사람 살린거 아닙니까? 아버지께서 오늘 술값 계산해주시라며 포장마차 아줌마 안볼 때 주머니에 10만원 넣어드렸다. (이건. 은비한테 배운거. 흐.) 다음달 중순에는 아버지께서 직접 버신 돈으로 콜라 한 잔 사주신단다. 그 날을 벼르고 벼라스 단디 얻어(?) 먹어야겠다!

우리 아버지 지갑 안주머니에는 내가 처음 적어드렸던 전화번호와 내 명함이 아직도 있다. 아니, 아버지 마음에는 '예수 믿는' 청년 송주현이 깊숙이 자리 잡고 있다. 평생 못 잊으신단다... 고마워서...

이제는 예수님의 보혈이 아버지를 덮으실 수 있도록 기도도 더 단디하고 또 예수님 단디 소개해드려야겠다! 노숙인 자립, 가능합니다. 하나님께서 함께하시고, 은혜를 주시니. 하나님께 영광입니다. **하나님 살아있네~**(부산말
: 최고의 감탄사)

초딩들이 독거노인 할머니를 모신다.

오늘은 반여동교회 초딩들과 교회 인근 할머니들을 찾아뵈었다. 6학년 에이스(?)들과 댕겼는데 잘~ 한다. 첫 번째 할머니는 귀가 안 좋으셔서 큰 소리로 말해도 의사소통이 잘 안된다. 보청기가 있었는데 부숴졌다고 한다. 다시 맞출려고 해도... 착용하는게 귀찮고해서 그냥 지내신단다. 너무 외로우시니 강아지 한 마리 딜다[16] 놓고 키우신다.

다음번 방문 때는 초딩들이 집에서 반찬도 쌔비오고[17] 할머니 집에서 요리도 해먹기로 약속했다. 집 태아뿌믄[18] 안되는데. 흐.

두번째 할머니는 무릎수술을 하셨는데 수술이 잘못되어 누워만 계신다. 병원에 다니시고 집안에서만 계시는 할머니께 초딩들은 반가운 말동무로 보이셨나보다. 긴 시간, 긴 인생살이를 풀어내시는데 초딩들... 할머니께 많이 배웠다며 감사인사를 한다. **초딩들이 오락실 안가고, 쭈쭈바 안사묵고 용돈 모다가 할머니 쌀, 과일 사다드리며 나눔을 실천한다.** 그리스도의 사랑을 전한다. 다 마치고 통닭 튀기줏드니 4학년짜리 새이가... 하는 말. "할머니는... 이거 못드실텐데..." 참 기특하다. 근데 그래놓고 너무 잘 먹는다! 귀엽다.

앞으로 꾸준히 찾아뵙기로 했다. **초딩들이 세상을 살려간다.** 초딩들이 개독교를 기독교로 바꿔간다. 하나님의 초딩들입니다! ♥ 오늘도 하나님께 영광!

---

16) 데려다
17) 몰래 들고 오고
18) 태워버리면

🍃 나눔이란 내가 조금 더 불편하게 사는 것

첫 출근(기간제교사로 잠시 일하게 되었던 2012년 가을.). 오늘은 모의고사 감독하고 칼퇴근 했다. 집이 김해께 방 구하기 위해스 잠은 편하게 자야긋다 싶어서 인터넷으로 원룸도 알아보고. 내심 설렜는데... 흐흐 부산역 노숙인 아버지께 전화가 왔다. 태풍도 비도 오고해서 일이 없어서... 일을 못하다보니 방값이 모자라시단다. 10만원만 빌려주면 며칠 내로 갚아주신단다. (안갚으셔도 됩니다. 아버지.)

그래서 아버지 방값 내드리러 갔다. 10만원 전해드리고 나왔는데... 아뇨... 폐지 주우시는 할머니께스 짠~하고 계시네. 몸도 많이 불편하시던데... 편의점 가서 냉수 한그릇 대접하기 캠페인 바로 실천부터 했다. 목이 얼마나 마르셨으면 진짜 벌컥벌컥 들이키신다. 할머니께 5만원도 손에 쥐어드렸다.

원룸은 무슨... 조금 불편하게 다리 낑가가 차렷해서 자기로 했다. 편하고 좋은 원룸에서 제일 싸고 과연 작은 고시텔로 바꾸니. (35만원짜리에서 20만원짜리로 바꾸니.) 두 분 도와드릴 수 있었다.

나눔은 내가 조금 더 불편하게 사는 것이다. 앞으로도 더 불편하게 살아야겠다. 내가 조금 더 불편하게 살면 정말 불편하게 사는 분들이 덜 불편해진다. 편안하지는 않지만 평안하기는 하다. 불편하지만, 행복한 나눔. 우리 함께해요!

하나님. 책임지소!

ρs. 그래도 성지고랑 2분거리라스 좋다.

🍃 난 로빈후드가 되어야지!

150만원... 뽑아서 나눠드렸다.

이번 여름방학 돈 많이 벌었다. 그래서 많이 썼는데... 도 남았더라. 오늘
더 썼다. 개념없이! 막! 150만원 뽑아서 비바람을 뚫고 나눠드렸다. 미쳤다.
내가 생각해도. 난 돈을 잘 버는 삶을 꿈꾸기보다. 돈을 잘 쓰는 삶을 꿈꾼
다. 즉, 돈을 많이 벌든, 적게 벌든 돈을 잘, 많이 쓰는게 꿈이다.

이번 방학 때 강사비... 진짜 내가 꿈꿀 수 없는 수입이 들어왔다. 막 썼
다. 나한테 말고 넘한테. 나으 가족인 할머니, 아버지들께(독거노인, 노숙인 가족
들). 그래도 통장잔고는 200만원 정도 남아있었다. 솔직히 중고차 하나 살
라꼬 모다놔야겠다 싶어서... 꼼차놨다[19]. 근데 하나님께서 마음을 주시
네... 이건 내가 사는 방식이 아닌 것 같았다. **돈을 꼼차놓기보다 흘려보내**
는게 내가 추구하는 삶인데. '밑빠진 독에 물붓기'를 해야는데... 독에 빵꾸
난 구멍을 막고 있었다. 자동차 하나 사볼끼라꼬.

조만간 차는 사야겠지만 아직은 조금 더 불편하게 살아야겠단 마음으로
구멍을 열었다. 150만원 뽑아서, 감명교회(애아원) 간식셔틀하고, 또 비공개 친
구들에게 5만원씩 용돈(?)도 주고, 달동네 할아버지, 할머니들께 10만원, 20
만원씩... 생활비로 전해드리고, 남포동 노숙인 할아버지 방값도 내드렸다.

비바람 맞으며 뚜벅이로... 6시간 넘게 돌아댕겼다. 계속 마음속에서는
'아... 차가 있어야는데...' 했지만 발은 달동네로 향하고 있었다. 비 맞으면
서 가슴에서는 울면서 걸어다녔다. 행복해서. 이래 살 수 있다는게...

할아버지, 할머니 모두 너무 고마워하신다. 행복해하신다. 폐지 주우시
는 할머니. 폐지 줍는거 쫌 쉬신단다. **한 할머니는 병원비가 필요하다신다.**

---
19) 꽁꽁 숨겨놓았다.

스물다섯 *믹친나눔*으로 세상을 바꾸다

그리고 다른 할머니는 반찬 쫌 사드실 수 있어서 너무 고맙다신다. 아... 이 게 사는거구나.

아무리 생각해도 미쳤다. 근데 마음은 너무 평안하다. 비 맞은 생쥐꼴로 고시텔에 들어와 내일 고딩들은 휴교라 학교 안가는데 내는 9시까지 출근 이라는데도 행복하다(?). 몸이 댄갑다. 입안도 헐고 혀에 뭐가 났다. 행복하 다. 내같은 놈이. 돈 벌어서. 오늘만 15명 도왔다.

오늘은 내가 생각해도 송주현 간지난다. 앞으로도 더 간지나게 살아야겠 다. 로빈후드처럼 부자(넉넉한 사람들)들의 돈을 훔치는 것이 아닌, 마음을 훔쳐 가난한 사람들에 나눠줘야겠다.(그 다음날 남아있던 50만원도 한 삼촌의 병원비 등으로 다 썼 뿟다. 흐.) 하나님께 영광, 감사.

ps; 지난주 〈자네. 정말 그 길을 가려는가〉를 다시 읽었다. 책 읽는데... 딱 내보고 하나님께서 말씀하시는 것 같았다. 도전하셨다.

'순교자 김예진 목사님.'
대한 신학교를 졸업하신 목사님 가운데 김예진 목사님이라고 하는 분이 계셨습니다. 남산 아래 있는 한 교회를 개척하셨고, 훌륭하게 목회하시다가 공산군에게 순교 당하신 분입니 다. 그분은 목회도 열심히 하셨을 뿐 아니라, 부흥회를 인도하러 자주 다니셨습니다. 부흥회 를 마치고 오는 날 그분은 남산에 있는 산동네를 누비며 가난하게 사는 교인들의 집을 다니 셨습니다. 집회한 교회에서 받은 얼마 안 되는 사례비를 어려운 지체들의 양식을 보태 주는 데 모두 쓰고 자신은 빈손으로 가정에 돌아오시는 일이 허다하였다고 합니다.

이 글 읽고. 바로 돈 찾았다... 흐.

추석을 맞아, 뇌물(?)을...

즐거운 명절 연휴를 맞아 인사드려야될 분들이 많이 계시지만 성지고에 출근하면서부터 꼭 인사드려야겠다고 생각해왔던 환경미화원 어머니와 수위 아버지께 추석선물을 챙겨드렸다.

우리 어머니, 올해 66세 되신다. 남편되시는 아버지는 일찍 돌아가셨고 자제분들은 출가해서 혼자 지내신단다. 고생도 참 많이 하셨네... 그럼에도 학교에서 가장 궂은 일인 화장실 청소를 어찌나 열심히 하시는지. 항상 감사한 마음이 넘쳤었는데 오늘을 기회로 그 마음을 전해드릴 수 있었다.

70세 되시는 수위 할아버지는 매일 오후 4시부터 아무도 없는 밤, 종일 학교를 지켜주시고 당직실에서 쪽잠을 주무신다. 내게는 고생하시는 분들이 왜 이리 눈에 잘 들어올까, 아니 잘 보이실까? 그리고 마음도 향하게 될까? 흐. 참 주의 은혜다.

어머니, 할아버지 얼마나 고마워하시던지. 눈물을 글썽이신다. 가족들과 따뜻한 식사하시라며 봉투도 손에 꼭 쥐어드렸다.

이 어린 예수쟁이 선생의 뇌물을 통해 우리 할아버지, 어머니께서 조금이라도 따뜻하고 즐거운 명절 되셨으면 좋겠다. 오늘도 하나님께 영광입니다♥

ps. 하루 전 날, 고신대학교 축제에서 사회를 봤었다. 마치고 무대에서 내려왔더니 여러분께서 수고했다며 인사해주셨는데 한 분이 재밌는 이야기를 해주셨다.
"오늘... 송주현님. 5시간이나 사회 보고 고생하셨는데... 강사비 쫌 많이 받으셨으면 좋겠네요. 뭐 받아봐야... 다 나눔한다고 다 쓰실테지만..."
좋았다. 나눔에 미친놈으로 인식되어있고 소문 나 있다는게. 그래스 그 이야기대로 바로 마실천했다. 돈 벌면 돈 바로 쓰는 나눔에 미친 송주현입니다. 행복합니다.

스물다섯 *비친나눔*으로 세상을 바꾸다

고딩 때 하나님과의 약속, 첫 소산물(첫 월급)을 하나님께 드립니다.

돈 없는 것(?)들이 만들어낸 800만원, 염소 200마리의 기적.(아프리카 100가정 살려내기 프로젝트!)

네 재물과 네 소산물의 처음 익은 열매로 여호와를 공경하라(잠3:10)

난 중학교 때부터 매년 성경을 1독씩 해오고 있다. 그러다 언젠가 성경을 읽으면서, 신명기나 잠언 등에서 '첫 소산물을 하나님께 드리라'는 말씀을 **실수로 많이도 보게 되었다.** 흐... 그때 예수님 만나고 과연 뜨거웠던 첫사랑의 시기였기에 '아멘!'으로 하나님과 약속을 해버렸지.

첫 월급 - 2,611,570원

염소 사기로 했습니다(?).

첫 소산물(월급)을 하나님께 (신명기18:4, 잠3:10)

하나님 은혜로 그 약속 지키뻔다. 솔직히 성지고 들가면서 '하나님 뭐 이번에는 알바 같은건데 다음에 사역 시작 하믄 첫 월급 드릴게요.'라믄서... 혼자서 하나님과 쇼부(?)를 보고 '자동차 사야지~!'라꼬 배라놓고[20] 있었다.(못난놈... 흐.)

근데 하나님께서 마음을 단디 주시네. 가슴에서 뭔가 뜨거운 것이 올라왔다. 그래서 자연스레 하나님과의 약속을 지켜야겠다고 맘을 고쳐 묵게 되었다.(하나님 감사합니다!) 그래[21] 마음먹고 난께 성지고등학교 교사로 첫 월급을 받았는데...(지금까지 강사비로 살아서 월급은 진짜 처음.) 명절까지 끼여서 보너스도 90만원 이상을 받아, 헐... 2,611,570원 생각보다 많네. 그래서 '더 아깝다.'기보다 '역시 하나님이시다!' 싶었다.

여러 방면으로 하나님께 영광이며 선교사역에 보탬이 되는 살아있는 일이 무엇일꼬 심각하게(?) 알아봤다. 우물을 팔까? 학용품을 쌔리 후원해? 교복, 옷을 맞춰줘? 등. 어제 나으 글로벌 친구 제인의 언니를 만났는데, 그

---

20) 벼르고
21) 그렇게

서 답을 얻었다 크. 그것은 누나의 고향, 르완다에 '염소를 사서 나눠주는 일'이다. '세이브칠드런'에서 하고 있는 프로그램 같이 빈곤가정에 염소 한 마리씩 선물하는 사역이 되는 것. 크 간지나네!

다 무너져가는 집에서 끼니도 제대로 떼우지 못하는 아프리카 가족들에게 염소 한 마리란... 삶의 희망이요 유일한 재산이 되고 '자립의 발판'이 된단다. 젖 짜서 아기들도 먹이고 끼니도 떼우고 1년에 2마리씩 낳는 번식력에 급할 때는 염소를 팔아서 생활도 할 수 있고 영양이 필요 하면 가족끼리 먹기도 하고 흐. 제일 대박은 염소새이들 낳으면 한 마리는 무조건 염소가 없는 집에 또 나누어준단다. 나눔의 순환의 원리...

세이브칠드런처럼 단체에서 나눠주는 것이 아니라 현지인교회에서 나눠주는 것이라 전도용품(?), 선교사역의 일환이 되어 복음까지 전해질 수 있다는데... ♥ 바로 마 설레가 염소 사기로 했다.

한국 돈으로 염소 한 마리 4만원, 한 300만원 맞춰 70마리 이상 사서, 70가정에 나눠주기로 맘 묵고 조만간 송금해주기로 했는데... 하나님은 신기하신 분. 맘 묵고 이튿날, 한 목사님과 데이트를 하다. 이 설레는 이야기를 침을 튀기면서 했더니. "그 300만원 맞추는거 내가 도와줄게"라시더니... 바로 마 40만원 입금해주신다. 흑.

아... 아프리카. 르완다. 가본적도 없고 얼굴도 이름도 모르는 75가정에게 희망을 예수님의 사랑을 선물할 수 있게 되었다. 그래서 선한 욕심을 내보기로 했는데... 100마리 맞춰보기로... 르완다 100가정에 예수님의 사랑과 희망을 자립의 발판을 선물해드리겠다는 욕심. 그렇게 페이스북에 글을 올리고 모금을 시작했다. 100만원 정도 더 모금해야했다. 그런데 내 페이스북 친구들은 그 당시 그렇게 인원이 많지도 않았고, 중학생, 고등학생, 대학생 등 일명 '돈 안되는 것들' 밖에 없었다.

하나님 살아계실까? 안 살아계실까? 여기저기서 함께 마음을 모아주는데...

스물다섯 *믿친나눔*으로 세상을 바꾸다

- 42만원을 보내주신 청년 선생님
- 담뱃 값(?) 모아서 보내주는 학생들
- 시골교회 중고등부 친구들의 40만원
- 옷사는거, 먹는거 포기하고 보내주는 고딩들
- 4만원이면 클텐데... 중고딩들의 헌신
- 커플. 친구들끼리 모아 보내주시고...
- 군인들의 짬 묻은 사랑과 정성
- 1원 단위까지... 자신의 전 재산을 보내주시는 분들 등

다 말할 수 없는 감동적인 사연 가득한 사랑이 모이고 모여 기적이 일어났다. 솔직히 400만원도 모이겠나 했는데... **총 800만원이 모이게 되었다.** 진짜 살아있는 것은 함께 마음을 모아주신 70여 명 중 두 세분을 빼고는 모두가 중고딩, 대학생, 청년들의 사랑과 헌신이었다. 돈도 없으면서... 흑. 젊은이들이 세상을 변화시킨다. 아름답고, 따뜻한 살아있는 세상으로.

처음에 은비랑. 민기랑 이 일을 계획하면서 이런 기적은 기대도 아니, 생각도 못했었는데 하나님 진짜 살아계신다. 어떻게 2주 만에 800만원이 모아졌을까? 하나님께서 이루시는 이 놀라운 기적을 맛보게 된다. 아! 말씀대로 사니 설레고 행복하다. 가슴 뛴다. 학자금 빚도 갚아야하고 중고차도 한대 뽑아야는데... (나름 급한 일(?)인데... 중요한 일을 위해 조금 더 미뤘다.) 그냥 현실을 보기보다 미친 짓을 할 수 있다는 것이 하나님 은혜이다.

25살 청년 송주현, 고마 예수에 미치가, 나눔에 미치가 살기로 작정한다. 예수쟁이로, 예수님 믿는 것 같이 더 단디 살아내련다. **한 놈이 예수에 미치면 저 멀리 아프리카 르완다까지 예수 그리스도의 사랑이 미칠 수 있으니...**

ρs. 이 사건(?)이 르완다 국영 TV 뉴스에 보도가 되었다... 하나님 정말 살아계신다.

🍃 10만원짜리 쥐포 맛나네!

학교 퇴근하고 노숙인 할아버지 뵐 일이 있어서 민기랑 남포동으로 향했다. 남포동 용두산공원 입구에서 할머니 한 분께서 폐지를 줍고 계시길래 바로 달려들었다.

"할머니 어디까지 옮깁니까? 도와드릴게요"

"아이고... 이래 고마운 사람이 다 있노. 요 옆에 모다놓기만 하면 됩니다. 괜찮습니다. 지는 이거 팝니다. 폐지는 모아놓기만 하면. 대신 팔아주는 분이 계십니다. 말만이라도 고맙습니다... 어째 이래 고마운 사람이 다 있는교..."

"할머니, 저는 예수 믿는 청년이에요. 교회댕기는 사람들은 착하다 아닙니까? 할머니, 그럼 쥐포 두개 꾸주세요. 배가 고파가 안되겠습니다. 바싹 꾸주세요이"

저녁 7시 반. 우리가 오늘 첫 손님이란다. 하루에 5천원 팔면 많이 파는 거라네... 보수동 달동네. 혼자 지내신다는 할머니. 한 달에 5만원~ 10만원 버신다는데... 그래서 가까이 있는 폐지 모으시는게 부업(?)이라신다. 오늘 모아 놓은 것도 3천원 밖에 안됐다며 박하다고 하신다...

쥐포 두개. 먼저 만원에 사먹겠다며 전해드리고(미안해서 안 된다며 귤도 한 봉다리 주시네요.) 근처 골목에 가서 민기랑 하나씩 뜯어먹으면서 봉투에 10만원 담았다.(아... 진짜 인자 돈도 없는데. 흐.) 다시 찾아가서 귤은 그대로 제자리에 두고 봉투, 손에 꼭 쥐어드렸다. 너무 고맙다시며 눈물도 글썽이시고 **그 큰 거리에서 끝까지 손 흔드시며 고맙다고 소리치신다. 앞으로 단골하기로 했다.** 이전에는 그냥 지나쳤었는데. 인자... 단디 사먹을끼다.

🍃 키다리 아저씨 송주현

　내게는 보육시설에서 생활하는 고3, 중3 두 명의 여동생이 있다. 석 달 전, 간증으로 만났었고. 두 달 전, 나눔소풍으로 함께했고. 한 달 전, 키다리 아저씨가 되어주겠다고 내 혼자 마음속으로 약속. 두 동생 모두 부모님이 돌아가시고 안계시지만 열심히 살아가는 모습이 제가 부끄러울 정도다. 흐…

　방금 고3 언니에게 연락이 왔습니다. 이번주 토요일 대학교 면접이 있단다. 면접 때, 저를 판단다.(새이… 내가 그래 싸게 보이니? 그래. 흐.) 짧은 만남이지만 제가 롤모델이 되었단다.

　그래서 사회복지과에 진학해가 소외된 이웃들을 향해 나눔과 섬김의 삶을 살아가고 싶단다(새이 감동임). 어째 팔낀데 물어보니… **"정신 나간 사람을 만났다."**고 말할꺼라면서. 지도… 정신 나가고 싶단다. **나같이 살고 싶단다.** 대답이 맘에 들어서(?) 면접 가는데 이쁘게 가라꼬 용돈 쫌 붙여줬다. 그라믄서 중3 동생 꺼도 함께 보냈다. 애들이랑 피자홋 함 가라꼬. 그랬드만 남포동 나간단다. 쥐포 할매 쥐포 팔아준다면서… 새이들 계속 감동주네.

　이제 두달삐 안됐는데 꾸준하이 키다리아저씨 될라믄 돈 많이 벌어야겠다. 나는 가족이 참 많다. 그래서 너무 행복하다. 함께 살지는 못해도 마음으로는 늘 응원하고 있다. 힘내. 동생들!

ρs. 8개월이 지난 지금은(2013년 5월) 고3 동생은 나를 팔아서(?) 그렇게 가고 싶어 하던 사회복지과에 입학하여 열심히 학업에 매진하고 있다. 중3 동생 역시! 고등학교에 진학하여 열심히 학업에 매진하고 있으며, 성적도 많이 올랐단다? 흐흐. 내도 우리 동생들 책값, 용돈 등 후원해주는 키다리아저씨로 꾸준히 해내고 있다.

🍃 제자 자랑 함 할랍니다!

성지고에서 짧은 교직생활을 하면서 열심히 했다. 그랬드만 성지고딩들의 변화의 조짐들이 뵈인다. 한 친구가 있다. 남자다... 성지고에 많은 빠돌이(?)가 생겼지만 과연 적극적이고 나를 좋아라 해주는 친구다. 9월 초 채플 때. 강의를 하면서 제일 마지막에 내 삶으로 한 마디 외쳤다. 'You can do it !'

이 때 이 친구가 은혜를, 도전을 많이 받았나보다. 이 후 친해지고 싶다며... 그리고 '쌤처럼 살고 싶다'는 거짓말을 하기 시작했다. 수업 때도 과연 잘 들어주더니 반 친구들 앞에서 '선교사'가 될꺼라꼬 당당히 꿈까지 선포하게 된다. (꿈이 없어 고민이 많았었다는데...)

이 후. 식사도 한끼 하믄서... 이런저런 대화를 나눴는데 아...따 얼마나 알바(?)를 해주던지. 채플 때부터 수업이고... 너무 재밌고 느끼는 점이 많다며 같은 쌤을 만나서 감사하다고까지 존경한다 케샀는데... 몸둘 바를 알겠(?)더라.

밥 무면서 도전했다. "꿈이 생겼으면 변화가 있다면 하나님 앞에서 그리고 사람들 앞에서 '살아있는' 모습을 뵈이주야한다. 공부 열심히 하자. 열심히 사는 모습 보이주자.

예수 믿는 학생같이 성적이 오르든 안오르든 **'열심히 최선을 다하는 모습' 보이주자. 삶의 변화가 있다면. 그걸 애들한테 증명해주야지!** 선교사가 되고싶다는 그 꿈이 부끄럽지 않도록 열심히 최선을 다해보자! 실수로 반에서 10등하면 아웃백 사줄게~"

꿈이 없고. 목적이 없으니 공부도 재미가 없었고... 안하다보니 성적은 반에 25등쯤 했었단다. 그리곤 2개월 뒤 중간고사를 봤다. 뚜둥... **6등을 했단다! 반에서 말고. '전교'에서!**

대~박♥ 하나님 살아계십니다! 지도 지 성적에 놀라고. 아웃백 10번은 사주야 하는 나도 놀라고... 지금까지 제일 열심히 공부를 해봤단다. 하니깐 된다며 신기하단다! 아웃백은 비싸니... 다른거 사달라는 센스까지 갖춘 제자, 아프리카 보내는 염소도 사주고 이래저래 참 고맙다.

제자에게 "쌤같이 살고싶다했제? 쌤은 예수님같이 사는게 꿈이다. **그럼 준배 니도 예수님같이 살면 같이 닮아지겠네? 우리 예수파워로 세상 바꾸자!**" 며 또 다시 도전했다. 그리고 전교 6등하게 해주신 예수님 자랑하기로 했다. 너무 기대된다! 나으 제자의 삶은 지금부터 다시 시작이다. 예수파워로 세상 디비자. 화이팅!

ps. 성지고딩들아. 아니 모든 중고딩들아!!! 봐라 한께 되제? 다시 한 번 외친다...!
   "You can do it !"

🍃 송주현쌤 효과, 성지고가 달라졌어요!

성지고에서 수업을 하면서 누차 강조한 것은 나눔, 섬김, 실천이었다. **예화... 아니 수업의 주인공은 대부분이 '나'였기에... 삶으로 이야기하고 삶으로 도전하였다.** 생생한 스토리... 뜨끈한 어제, 오늘의 이야기. 1시간의 강의도 아닌, 매 수업 시간이 그러했기에 애들은 변했다. 진짜 많이... 인식의 변화를 넘어 구체적인 실천까지... 그리고 삶의 가치관, 비전까지 바뀌었다. **이상한 선생 만나서 애들 인생 꼬였다. 흐흐...**

어제도. 카톡이 왔다. 남포동이랜다. 그리고 사진을 찍어보낸다. 앞 글에서 소개한 쥐포할머니와 함께 찍은 사진을... 오늘이 소풍이라서 옷 사러갔는데... 할머니를 뵙게 되었단다. 내 생각엔 일부러 찾아갔지 싶다. 그리곤 쥐포를 비싸게 팔아드렸단다. 그다가 어데서 누한테 배운건지 물도 한 병 사드렸단다. 흐 새끼... 옷도 더 좋은걸 못 사고 남은 돈에 맞춰 샀다지만 행복하단다. 아깝지 않단다.

애들에게 유일한 숙제를 내줬다. 폐지 주우시는 할머니들 뵙게 되면, 물이라도 한 병 나누자고... 그리고 조금이라도 도와드리자고... 인증샷 찍어오면 매점에 가서 아스크림 사주겠다고 했었다. 많이 털렸다. 아이스크림.

한 번은 애들이 우 몰려가는데 폐지 주우시는 할머니를 뵙게 되었단다. 예전 같았음 쌩깠을 놈들이 누가 먼저랄 것 없이 다 뛰어갔단다. 바로 폐지도 줍고 또 리어카도 끌어드렸단다. 그 이야기를 들으니 너무 신이 나서 매점가자 했더니. "아이스크림 먹을려고 한거아닌대요 쌤~"이라믄서 거절해주신다.

친구랑 무단외출(?)을 했다가 폐지 주우시는 할아버지를 뵈어 물, 음료수를 사드리고 도와드리고 끌어드렸다며 영수증을 보여준다... 매점 가자 해도 이 친구들 역시 안가도 된단다.

소풍을 가서 점심을 먹으려고 하는데 폐지 주우시는 할아버지를 뵙게 되고 김밥도 나눠드렸다며 보고해준다.

그리고 한 친구는 주말에 편의점 알바를 하는데 **지는 유통기한 지난 걸로 밥 떼우면서 폐지주우러 들어오신 할아버지께는 음료랑 빵을 지 돈으로 사서 챙겨드렸단다.**

이런저런 이야기가 너무 많다. 성지고가 이상해졌단다. 내가 잠시 있는 동안 학교가 바뀌었단다. '송주현 쌤 효과'란다... 흐.

아... 영향력. 한 사람이 미치니깐. 그 주위 사람들에게까지 미치구나. 애들에게... 조금씩 헤어짐을 이야기하며 앞으로도 이대로만 살아달라고 부탁(?)하고 있다. 우리는 세상을 바꿀 것이다. 예수 믿는 것 같이 살아보려는 한 선생과 그를 닮고 싶다는 거짓말(?)을 삶으로 보여주는 우리 사랑하고

기대하는 성지고딩들이 함께♥

주현아. (나눔에) **미치자 더. 그래서** (영향력을) **더 미치자.** 하나님께 영광.

🍃 단골집 할머니께. 뜨신 마음을 전해드렸다.
뜨신 내복이랑 뜨신 버선. 뜨신 목도리, 장갑

민기랑 남포동서 밥물라고 만나서 단골집부터 찾았다. 쥐포 파시는 할머니 오늘도 공(?)치고 계신 듯 했다. 손님이 한명도 없네. 이제 슬 추워진다. 밖에서 장사하시려면 고생하시겠지? 국제시장에 가서 뜨신[22] 마음을 사 담았다. 내복이랑, 버선, 목도리, 장갑까지.

할머니께 쥐포 쫌 구워 달라카고 이런 저런 대화를 시작해봤다. 오늘도 장사가 안된단다. 돈 만원 벌면 많이 버는거란다. 손님도 없고... 가끔가다 마음 쓰여서 사준다는 아는 사람들이나 와야 한 두개씩 팔아진다며... 이래 장사할 나이도 아니고 몸도 안 좋지만 돈이 없은께. 월세, 전기세를 내야하니 어쩔 수 없이 나오신단다. 흐... 마음이 아프다.

쥐포 구워주셔서 받고난 뒤, 준비한 '뜨신 마음'을 꺼냈다.

"할머니... 인자 추워져요. 그래서 선물 쫌 챙겨왔습니다. 옷 안에 이 내복도 챙겨입으시고요. 요 버선, 안감이 털이라서 뜨실낍니다. 나오실 때는 양말 위에다가 요것도 덧신으세요. 목도리도 장갑도 챙기하시고요! 건강하셔야죠."

"아이고... 이기 므꼬? 내한테 왜 이런거 챙기주

---

22) 따뜻한

노. 어째 이래 고맙노. 진짜 너무 고맙소. 진짜 고맙소... 꼭 챙겨입을게이."
라고 하시면서 얼굴을 비비신다. 그리고 손도 꼭 잡으시고 안 놓아주시련다.

아... 할머니 눈에서 뭔가를 봐버렸다. 눈물을 글썽이시는 그 눈빛에
서... 앞으로 더 단골로, 그리고 섬기기로 했다. 한 달에 5만원치 씩 쥐포
팔아드리기로 했다. 한 두개쓱 사먹고 생활비로 봉투에 담아서 챙겨드리기
로... (조끼나, 잠바도 사드리기로 했다.)

할머니... 눈빛. 아직도 아른거린다. 아... 잠 다잤네.

여러분, 용두산 공원 입구 쥐포 맛있습니다! 우리 할머니 많이 찾아주세요.

ps. 오늘도 예수 믿는 청년이라서 이래 선물 드린다 했습니다.

🍃 큰 인물 송주현

부산역에서 밤 12시쯤 촬영(짧은 다큐형 소개영상을 찍고 있었다.)을 마치고 집 앞에
도착해보니 1시 반. 몸도 안좋고... 허리도 아프고. 내일도 촬영이 있으니
'집에 들가서 바로 자야긋다!'라믄서 걸어가고 있는데... 할머니께서 이 시
간까지 폐지를 줍고계시네. 리어카도 큰거를 힘겹게 끌고 가시는데...

아... 오늘은 진짜 그냥 지나치고 싶었는데... 난, '아가리 파이터' 하기
싫은 놈이니깐. 본능(?)대로 할머니께 들이댔다. 그리고 집까지 끌어다 드
리면서 할머니 애환을 들어드렸다. 20년 전, 할아버지와 사별하시고 혼자
지내시면서 7년 전부터 폐지를 주우시며 힘들게 지내신다는데, 참... 마음
이 아프다.(진짜 고물상 사장 해야하나?)

오늘 돈을 많이 써서 현금이 얼마 없네... 있는거라도 손에 쥐어드리면

서. "힘내세요! 할머니. 안녕히 주무시고요~"라고 인사드리는데... 할머니, "참... 큰 인물 될 사람이다."라고 하시면서 손을 꼭 잡아주신다. 그 따뜻한 눈빛, 손잡음을 뒤로한 체 "저는 예수 믿는 청년입니다."라고 인사드리고 나왔다.

할머니, **저는 벌써 큰 인물입니다. 키가 191cm이거든요. 흐.** 진짜 큰 인물 되겠습니다. 지켜봐주이소. 무튼, 열채이가(?) 고물상 차린다카믄 여러 분들 쫌 도와주소! 사회적기업 같은 살아있는 고물상 할낀께. 흐. 오늘도 하나님께 영광♥

📃 2012.11 :: 매월 나누는 돈, 가족이 참 많아졌다.

'정기적 나눔'
- 노숙인 할아버지 방값 15만원 + 생활비 5만원
- 독거노인 할아버지, 할머니 생활비 (5×8) 40만원
- 보육원 동생들 용돈 (5×2) 10만원

'비정기적 나눔'
- 폐지 할머니. 길에서 뵈믄... 생활비. 한 달에 15~20만원
- 노숙인 아버지들 식사비. 한 달에 15~20만원
- 기타 마음 주실 때 순종. 20~30만원

한 달에 정기적으로 70만원씩은 나가고. 비정기적인 것 까지 합하면 적게는 100만원에서 많게는 150만원 이상이 나간다. 한번씩 큰 건(?)이 터지면 200만원을 훌쩍 넘기기도 한다.

이번 달에는 할매 두 분, 백내장 수술(한쪽에 25만원)도 해드려야 하고... 돈 좀 많이 들겠네.(어째 돈 모다가 수술비 해드릴까 고민중이다.) 아따... 언젠가부터 이상한 책임감이 생겼다. 내 가족 맥이 살리는 듯한 책임감. 25살 청년... 가족이 참 많아졌네. 흐♥ 신기하다. 돈도 없는기... 어떻게 이래 나눌 수 있었을까?(주의 은혜겠지요. 흐.)

솔직히 회의감에 젖기도 한다. '이... 뭐하는 짓일까?' 하고... 내 인생 가끔은 싫다. 흐. 내 옷, 신발 하나 사는건 그래 아까워서 똑같은거, 터진거 입고 터진거 신으면서... 힘내자! 내 가족이잖아. **세상에 한 쪽 귀퉁이라도 살려내야지?** 세상 바꿀꺼다. 꼭!

이번에 백내장 진찰을 받고 수술 날짜를 잡은 독거노인 할머니. 집에 모셔다 드리는 차 안에서 눈물을 진짜 하염없이 흘리시더라...

"아들이고 손자고 전부 다 날 버린 것 같고... 이래 힘들게 살아도 찾아오기는커녕 연락도 안오는데... 아들보다 가족보다 낫습니다. 너무 고맙습니다. 진짜 너무 고맙습니다. 아무도 신경 안써주는 내같은 사람 이렇게 매번 찾아와주시고 돌봐주셔서..."

휴... 그 눈물에 그 말씀에 '난 이래 살아야 하나보다.'고 체념(?)하게 되더라. **돈 많이 벌자. 애끼자. 할매 수술비 대주야한께. 내 인생이다.**

ps. 지금은 가족들이 더 많아졌다. 적게는 200만원, 많게는 400만원씩 나간다. 한 달에.

🍃 아들보다... 낫습니다. 너무 고맙습니다.

할머니. 내한테 고맙다하지말고요. 하나님께...

오늘은 우리 박××할머니 백내장 수술한 날. 2012년 3월부터 모시기 시작한 할머니. 2년 전 할아버지와 사별하시고(그것도 자살로... 흑) 폐지 주워다 파시면서 하루 하루 힘겹게 지내고 계신다. 아들은 찾아오지도, 연락조차 없고 입양해 키운 딸 역시 연락조차 없다. 찾아뵐 때마다 가족들이 다 자신을 버렸다며 그 마음의 상처를 항상 눈물로 뱉으신다. 매달 생활비 하시라며 10만원씩 챙겨드린지도 어느덧 9개월째...

언젠가 눈이 침침하이 잘 안보이시고 뻑뻑하이 불편하시다고 하시던데. 안과에 가보니 백내장... 수술비가 한쪽 눈에 25만원. 양쪽 눈 다하셔야는데 할머니가 돈이 어디있으시긋노... 폐지 주워가 생활하시는데...

2주 전. 수술날짜 잡고 오늘 아츰부터 분주하게 움직여 모시고 다녀왔다. 갈 때나 올 때나 택시 안에서, 병원에서, 회복실 안에서 또 택시 안에서 그리고 집 앞에서 눈물을 얼마나 흘리시던지... 너무 고맙다신다. 아들보다 가족보다 매번 신경써주고. 너무 고맙다신다. 진짜 너무 고맙다고밖에 할 말이 없으시단다.

"할머니. 저한테 고맙다고 하지 말고 하나님한테 감사하다고 하세요. 다 하나님이 할머니 만나게 해주셨고, 돈이고 마음이고... 다 하나님께서 주신 거에요."

맞다. 진짜 이기 내 마음이다. 지금까지 하나님께서 다 하신기다. 그냥 난 마음주시는 대로 순종만 했는데 이번에 병원비도 다 마련해주시고, 그리고 지금까지도 꾸준히 찾아 뵙고 섬길 수 있었다. 흐... 그냥 순종하련다.

하나님 영광 받으시도록.

할머니 다른쪽 눈도 그리고 이전에 먼저 약속을 했었던 추덕심 할머니 백내장 수술비도 다 해드려야지(돈 모으재). 할머니 수술 경과가 좋아 잘 보이신단다. 세상이 밝아 보이신단다. 할머니, 마음도 밝아지고 따뜻해지도록 기도하고 또 잘 모셔야겠다. 오늘도 하나님께 영광!

🍃 사람은 죽으면 이름을 남긴다.
나도 죽으면 이름을 남기고 싶다.

나랑 닮은(?) 배우 최수종 집사님께서 출연하신 최신영화 〈철가방 우수씨〉. 얼마 전 은비랑 보고 왔다. 이 영화 스토리는, 1년 전 뉴스를 통해 실화로 접했었다. 나에게는 큰 도전이 있었고. 나를 꿈꾸게도 한(?) 이야기였다.

고아출신, 전과자, 가족도 없는 중국집 배달부. 월 70만원의 수입으로 고시원에서 생활하면서도 소외계층 어린이 5명을 꾸준히 후원하며 지내셨다. 그러던 어느날 교통사고로 돌아가시게 되는데... 1년 전 뉴스 기사를 보는데 진짜 많은 생각을 하게 했었다. 그 기사 사진을 보는데 사진 속에서 진짜 하나만 보이더라. 고시원 작은 책상에 놓여있던 때 묻은 성경책 한 권. **난 그것만 보이더라. 성경책... 아니, 예수의 이름만이.**

아... 역시 예수쟁이셨구나. 예수쟁이니깐 저렇게 사셨지. 저게 진짜 예수쟁이지. 기사를 보면서 얼마나 울었었는지. 이번에 영화를 보는데도 얼마나 울었는지. 진짜 펑펑 울었다.

1년 전, 뉴스를 봤을 때 스스로에게 질문을 했다. '주현아~ 만약에... 니가 오늘 죽으면. 저 아저씨처럼 예수쟁이였다는 흔적이 남겠나? 오늘 죽

어도 저 아저씨처럼 간지나겠나? 그리고... 죽어서도 저 아저씨처럼 예수향기 나겠나?' 라고... 어째보면 그 질문이... 지금의 나를 만든 것 같다.

오늘 죽어도... 내일 죽어도...

'지보다 넘을 위해 산 미친청년으로.

지보다 독거노인들을 위해 산 미친청년으로.

지보다 노숙인들을 위해 산 미친청년으로.

지보다 소외된 이웃을 위해 산 미친청년으로.

지보다... 예수를 위해 산 예수쟁이로...'

이렇게 기억되는 한 사람이 되겠다고... 다짐했었고, 또 그렇게 살기위해 아직 많이 부족하지만 발버둥치고 있으니...

영화를 보고나니 더 큰 꿈(?)을 꾸게 된다. 어째보면 미친 꿈일 수도 있다. 영화를 찍고싶다는거다. 내가 말고 내가 죽고 난 뒤... 내 삶의 이야기가 김우수 아저씨처럼 사람들에게 감동을 주는 이야기로. 예수 믿는 것 같이 살아서 예수쟁이의 삶은 이러하다고... 그래서 죽어서도 이름을 남기고 싶다. 예수의 이름을...

진짜 열심히 살련다. 영화는 못 찍어도 이름은 꼭 남기고 싶다. 오직 예수의 이름.

오늘도 나에게 질문해본다. '주현아~ 오늘 니가 죽으면 이름 남겠나? 예수의 이름.'

ps. 서울에 한 극단에서 내 이야기를 연극으로 만들어 보고싶다는 거짓말 같은 소식도 들린다... 더 열심히 살자. 단디.

하나님, 내복 해드려야는데요.

재! 친구들이랑 댕기오이라~

추워지면서부터 하나님께 살~ 기도를 해왔다. '하나님, 요새 많이 춥습니다. 우리 노숙인 아버지, 어머니들 내복 한 벌쓱 해드려야는데요.'라고... 하나님 살아계신께 내 기도, 바싹 들어주신다 크.

오늘 직접 만든 유부초밥, 따뜻한 두유, 두꺼운 수면양말이랑 BYC '내복'까지. 덕천 친구들과 함께 예수님 사랑 나누러 부산역 댕기왔다.(오늘은 남포동 지하철역까지.) 아따 살아있네.

내복 한 벌, 2만원 정도하는데 오늘같이 서른 벌 살라믄 뚜둥! 그냥... 조용하이 기도나 했다. 중얼대듯이 **'하나님... 내복. 하나님... 알죠? 하나님... 내복. 네?'** 하나님 살아계신께 알아서 착착 일하신다. 지난주 간증했던 덕천제일교회 2청년부에서 구제사역 위해 떼놓은 예산과 그리고 용돈 쪼개어 보탠 나눔으로, 이래 내복뿐만이 아니라 예수쟁이 친구들까지 보내주셨다.

추운날씨였지만 마음은 과연 따시다. 기회가 없어 용기가 안나서 나누고, 베풀며 섬기지못했었는데... 이렇게 첫 스타트를 끊을 수 있도록 도와줘서 고맙다는 친구들의 고백과 앞으로의 삶에서 꾸준함으로 실천하겠다는 다짐까지. 과연 1석 2조네. 내복, 다짐.

젊은 예수쟁이들이 세상 따시게 바꿔갑니다. 예수 믿는 것 같이 살아서 이 땅을 천국같이~ 오늘도. 하나님께 영광!!!

📵 폰을 잃어버렸다. 그래서(?) 노숙인 할아버지 한 분을 살렸다!

쓰레기통 뒤지시던 할아버지... 고시텔로 모셨습니다.

급하게 인천에 올라갈 일이 생겨 부산역으로 갔다! 기차시간은 5시 반. 시간이 짜쳐서 택시로 갈아탔다. (6,300원이 나왔는데, 기사님께 만원짜리를 내고 거스름돈으로 3,000원만 달랬더니 큰일도 아닌데... 너무 고마워하신다.)

기차시간까지 10분삐 안남아서 급하게 뛰올라가고 있는데 뭔가 허전하다. 헐... 주머니에 폰이 없네. 택시에 떨군 것 같아 뛰가보니, 벌써 출발하고 안 계시네. 공중전화로, 민기 전화로 계속 전화를 했다. 한 20분... 안 받으신다. (진동으로 해 놔서 그런지.)

부산역 대기실에 앉아있으면서도 모르게 이런 기도를 하게 되었다. **'하나님, 믄 뜻이 있으신거죠? 아... 노숙인 아버지들 식사 챙겨드리라고요? 알겠습니다. 폰에 스케줄이랑 전화번호랑 없으면 안됩니다. 아시죠?'**

그리곤 전화를 다시 걸었봤는데 기사님께서... 바로!!! 받으셨다! 진동으로 되있어가 못 받으셨나보다. 부산역에서 다시 만난 기사 아버지, 대가도 없이 그냥 웃으시면서 건네주신다. 원래 사례(?)해야잖아요? 거스름돈 700원 더 안받았던 것. 그게 아버지의 미소로 돌아오네. 흑.

그렇게 폰을 받아들고 김밥이랑 따뜻한 두유를 사서 우리 아버지들 식사 챙겨드리러 댕겼다. 오늘따라 많이 계시네. 편의점에 한 3번 더 들어갔다. 돌아다니고 있는데 한 할아버지께서 쓰레기통을 뒤지시고... 계셨다.

내가 노숙인 분들을 찾아뵙게 된 계기가 2년 전 겨울 쓰레기통 뒤지시는 한 할아버지를 뵈게 되면서 부턴데... 마음이 많이 아프다. 할아버지께 식사 챙겨드릴테니 쓰레기통 뒤지지 마시라고 말씀드리곤 뛰가서 드실거리를 사왔다. 전해드리면서 대화를 이어봤다.

올해... 71세. 노숙하신지 6개월 되셨단다. 아내 되시는 할머니는 일찍이 돌아가셨고 자녀들과는 연락도 안 되고... 할아버지 말씀으론 자신을 버리셨단다. 그렇게 홀로... 수년을 지내셨단다.

간간이 막노동도 하시고 기초수급비를 조금씩 받으시면서 그걸로나마 월셋방에서 지내셨다는데 6개월 전, 월셋방이 철거되면서 쫓겨나다시피 나오시게 되었단다. 이렇게 저렇게 남포동 지하철역 등에서 박스깔고 지내신지 6개월.

기초수급비로 식사는 챙겨 드셔왔는데 며칠 전에 주무시고 있는데 나쁜 놈들이 덮쳐서 얼마있지도 않은 전 재산을 훔쳐갔단다... 무일푼으로 무료급식소를 전전하시던 할아버지... 남포동까지 걸어가시다가 물이라도 한 잔 하러 부산역에 들어오셨는데 저를 딱! 만나신거란다.

하나님 마음주시네요.

"할아버지. 고시텔로 모실게요! 갑시다~~~!!!"

"이게 왠일이냐... 어제 내가 용꿈을 꿨나...? 내가 어째... 이런 고마우신 분들을 만나게 되고... 진짜 너무 고맙습니다."

고시텔로 모셨다. 그서 창문도 있고 제일 좋고 비싼 방으로 잡았다. 방도 직접 계약하시고 직접 계산하시도록 하고 급하게나마 세면도구랑 라면 등도 사다드렸다. 생활비 하시라며 봉투에 조금 넣어 전해드렸고.

뚜둥~ 40만원 넘게 썼다. 근데 너무 행복하다. 할아버지... 그 눈동자를 보았다. 눈물 맺힌 그 눈동자에서 너무 고맙다시는 진심을 느꼈다. 한 목사님께서 일자리를 알아봐준다고 하셨다는데... 다음에 오면 취직했다고 자랑하시겠단다! 그게 보답하는거 아니냐며...

'할아버지. 취직 못하셔도 되요. 추위에 고생하셨는데 몸이라도 추스르세요. 안되든 제가 모실게요...'

다음에 찾아뵐 때는 옷이랑 내복 같은 것도 챙겨드려야겠다. 무엇보다 저의 '진심'을 꾸준히 보여드려야겠다.

"왜 나를 도와줍니까?"

"예수님때문에요. 할아버지 도와드리라고 시키시네요. 흐..."

오늘도 폰 잃어버리게 하셔서 노숙인 할아버지 한 분을... 딱! 만나게 해주시고, 방으로 모시게 하신 살아계신 하나님께 영광입니다!

🌀 자동차를 확! 선물해주셨다!

너희는 먼저 그의 나라와 그의 의를 구하라. 그리하면 이 모든 것(니가 그리 원하는 자동차까지!)을 너희에게 더하시리라(마6:33)

하나님께서 사볼끼라꼬 그래 난리쳤던 자동차를 확! 선물해주셨다!

나눔, 봉사하러 댕기고, 간증, 강의하러 댕길 때 차가 없으니... 너무 불편했다. 나눔, 봉사하러 댕길 때 쌀, 반찬 등 무거운 짐들을 낑낑대며 들고 댕기다가 허리도 삐삿고[23], 강의하러 갈 때는 1시간 거리도 버스를 타고 댕기니 3시간 동안 돌아가기도 했고... 이래저래 차가 필요하긴 필요했다.

중고차, 다만 200~300만원짜리라도 하나 장만 해볼끼라꼬 반년이 넘도록 용을 써봤다. 솔직히 지난 여름방학 때는 좋은 중고차 하나 살 수 있을 만큼 돈도 많이 벌었다. 이번에는 꼭! 사야지했었는데... 2개월 정도 벌었던 그 750여 만원은 할머니 병원비, 방세 등 나눔 활동한다고 쥐도 새도 모르게 다 쓰삐고[24] 없어졌드랬다. 허허.(어데 통장에 빵꾸가 났는지...)

---

23) 삐고, 다치고
24) 다 써버리고

그래도 하나님 몰래(?) 200만원 정도는 꼼차났었는데...(돈 쫌 더 모아가 차 함 사볼끼라꼬...) 하나님께 들키서(?) 또 감동을 주시길래 그 돈을 전부 마 현금으로 찾아 이틀 동안 할머니들 생활비하라시며 그리고 한 삼촌의 병원비와 여러 후원금으로 뭐... 다 쓰게 되었다. 참... 내 인생이란.

가을학기 갑자기 성지고등학교 기간제교사로 일하게 되면서 월급 받으면! 이번에는 꼭! 차 사야지...라며 벼르고 있었는데... 첫 월급은 염소 산다고 다 쓰뿌고 두 번째 월급은 부모님께 다드리뿟고... 또 그렇게 차는 물 건너가게 되었다.

그러던 어느 날 영도 남성교회에서 간증을 하게 되었었는데 목사님께서 갑자기 나에게 후원을 해주자시며 헌금을 했는데... 헐... 염소 값으로 썼던 265만원이 바로 만까이[25] 되고...(그래서! 또 할머니들, 노숙인 아버지들 섬길 수 있었고!)

무엇보다 한 장로님께서 찾아오시더니 명함을 달라셨는데... 하나님께서 감동을 주셔서 안되겠다시며 중고차 한 대 꼭 사주야겠다고 약속을 해주셨었는데... 뚜둥. 바로 오늘! 함 보이소!!! 얼마나 좋습니까? 홋. 주님 하라시는 일. '먼저' 해오다보니... 하나님께서 결국에는 더 좋은 것으로 이래 챙기주신다!

주님은 나에게 이렇게 말씀하신다.

마태복음 6장 33절.

"주현아~ 니는 먼저 내 나라와 내 일 쫌 봐주라. 그라믄 니 필요한 모든 것, 그 자동차까지 쌔리 마 단디 챙기줄게!"

하나님 살아계십니다. 그리고 말씀대로 살면 그 말씀이 그대로 이루어집니다. 말씀대로 살아보아요! 그래서... 말씀이 살아있다는 것, 삶으로 단디 보여줍시다! 나 송주현. 하나님 살아계신거 단디 보이주는 증인, 증명자료, 증거물이 되련다!!! 하나님께 영광♥

---

25) 원상 복귀

ρs. 영도남성교회 김종명 장로님. 너무 감사드립니다. 지금도 너무 잘 타고 다니고 있습니다. 장로님 베풀어주신 은혜 잊지 않고, 더 열심히 섬기겠습니다. 그래서 세상 꼭 바꾸겠습니다. 장로님의 사역과 사업 위해 더욱 더 기도하겠습니다. 다시 한 번 감사드립니다.

여고생의 세상 바꾸는 법

페북으로 메시지 한통이 왔다. 여고생에게. 그래서(?) 설렌다(?). 이 친구의 행함이 가슴 뛰게 한다. 메시지 읽다가 울었다. 세상은 바뀌고 있네요. 함께... 세상 바까갑시다.

안녕하세요. 저는 김해 모든민족교회에 다니고 경원고 1학년에 재학중인 정가은이라고합니다. 한달 전 우연히 교회오빠인 은택이오빠가 좋아요 누른 전도사님의 글을 보고 존경스러운 마음에 친구요청을 하고 계속 전도사님의 글을 눈팅 했습니다. 글과 사진들을 볼 때 마다 나눔전도사님이 너무 멋있으셔서 저도 닮고 싶다는 생각을 하곤 했었는데. 오늘 집에 오다가 한 노숙자분께서 맨발로 서 계시는 것을 보게 되었습니다. 그래서 저도 모르게 그냥 예수님께서 그렇게 하라고 한거 같아요. 흐.... 저도 모르게 뛰어가서 할머니께 양말을 벗어 드리고 신겨 드렸습니다. 얇은 양말 한 켤레. 수면 양말 한 켤레. 두 겹을 껴 신고 있었는데 두 켤레 다 신겨드리고 따뜻한 차를 사드리고 싶었지만 돈이 한 푼도 없어서... 인사하고 맨발로 뛰어왔습니다. 맨발로 집에 오는 길에 발은 너무 추웠지만 마음은 너무 따뜻했습니다. 히 ... 예수님의 사랑을 나눔으로, 세상을 변화시키려고 항상 노력하시는 나눔전도사님의 모습을 보고 항상 감동받습니다. 오늘 전도사님 덕분에 용기 있게 뛰어가서 양말을 벗어 드린 것 같습니다. 감사해요. 나눔전도사님, 화이팅 !!!!

🍃 노숙인 할아버지와 눈물의 목욕

10일 전, 휴대폰 잃어버리가(?) 부산역에서 노숙하시던 할아버지를 고시텔로 모셔드리게 되었다. 우리 김×× 할아버지(71세). 지난 주에도 시간 내어 찾아뵈니 몸도 녹이시고, 추스르시며 다 좋았는데! 계속 몸을 긁으시길래... '아... 조만간 목욕탕 모시고 가야겠다!' 했었는데... 그날이 오늘이네. 흐.

오늘 오전부터 집에서 나와가 보물상자 멘토링 강의도 하고 여기저기 댕긴다고 피곤했지만! 마 들이대뿟다. 시간도 잘안나고... 해스 할아버지 빤스, 난닝구, 내복부터 아래, 우에 옷이랑 오리털 잠바까지! 먼저 쇼핑을 해서 할아버지 방으로 찾아뵈었다!

일단 옷 입고 나오시라고 해스 무작빼이[26]로 가까운 목욕탕으로 모셨다. 몇 년만에 목욕탕에 가신다며 고마워하시기도 부끄러워하시기도 하시믄서... 손잡고 목욕탕으로 들어갔다. 먼저 탕에 찌지는데... 헐... 열탕에서 얼매나 찌지시는지.(민기랑 내는 죽을뻔했네...)

열심히 찌지고 민기랑 떼 수건을 들었다. 그리곤 심호흡을 크게 했다. 볼 수 없었던 장면이 나타날 것 같아서... 역시나 였다. 융단폭격이 일어난다 . 흐흐... 근데 웃음이 나올 법한 상황이었는데 눈물이 왈칵 쏟아졌다.

와... 진짜 뭐라 표현을 해야할지... 그리고 기왕 해드릴 거 발도 직접 씻겨드리기로 하고 민기랑 한 발씩 맡아서 발을 씻겨드리는데... 굳은살에 묵은 떼까지... 아... 진짜 둘 다 울었다... 얼마나 고생하셨을까, 얼마나 힘드셨을까... 뭐라 표현할 수 없는 감정을 둘 다 동시에 느끼게 되었던 것 같다. 진짜 지금도 가슴이 먹먹하다. 그 발... 아...

민기가 머리까지 감겨드리고 새 옷을 입으시고 목욕탕을 함께 나오는데 할아버지 얼굴이 얼마나 뽀얗던지... 이번에는 행복의 눈물이 흐른다. 풀코스로

26) 무작정

스물다섯 의친나눔으로 세상을 바꾸다

모시기로해서 좋은~ 미용실에서 이발까지 해드렸다.
20년은 젊어지셨는데, 진짜... 몰라보겠더라.

할아버지... 미용실에서 나오시자 참고 계셨던
눈물이 터지셨다.

"저한테... 왜 이래 잘해주십니까? 진짜... 왜 그
런지 모르겠는데 계속 눈물이 흐르네요...

너무 고맙습니다. 오늘이 크리스마스 같습니다.
애들이 어린이날 좋아하는 것 같이... 오늘은 제가
너무 좋네요. 너무 고맙습니다."

라고 하시는데... 아... 민기랑 진짜! 눈물 참는다고 욕봤네.

아... 이 뭐라할 수 없는 감정, 표현할 수 없는 내 가슴. 오늘 예수님이랑
목욕한 것 같다. 아니, 나 자신과 목욕한 느낌이다. **그분의 누추한 몸과 발
을 씻겨드리는데... 나 자신이 보인다. 예수님께서는 이 더럽고 추악한 나의
모습을 보혈의 피로 깨끗하게 씻겨주셨다. 거기서 그친 것이 아니라... 가장
더러운 발까지 씻겨주셨다. 정말 눈물 밖에...**

우리 할아버지 before 와 after... 참 눈물 난다. 길거리에서 주무시던 분
하나님께서 만나게 해주셨고 또 섬기게 해주셨다. 하나님께 영광이다! 앞으
로 더 많은 분들을 씻겨드려야겠다. 그 지치고 상한 마음까지...

ps. 우리 할아버지 교회 잘 다니신다. 인자 말끔하이²⁷⁾ 다니실 것 생각하이! 기분 째진다. 흐흐!!!

---

27) 깔끔하게

💬 나눔대첩 대~박!

오늘... 부산역, 부산진역은 천국이었습니다.

오늘... 대박이다. 되도 안하는 솔로대첩을 대항(?)하고자 준비했던 나눔대첩이 대박났다. 일주일 전, 페이스북에 글을 올렸다. 예수님이 생일잔치 해드리자는 글...

추운 겨울입니다. 그리고 곧 크리스마스입니다. 함께 따뜻한 세상 안 만들어 볼랍니까? 크리스마스에 뭐하시나요? 집에서 나홀로집에 보십니까? 솔로대첩 가십니까? 그래 보내는 것보다 더 간지나게 보내봅시다!♥

◎ 일시 : 12월 25일 오후 3시
◎ 장소 : 각 지역 역(ex. 부산역), 달동네 등
◎ 대상 : 노숙인, 독거노인 등 소외계층
3시에 나눔, 봉사하고 저녁엔 커플끼리 데이트하믄 되겠죠?

〈나눔방법〉

1. 2인 이상으로 팀을 만든다.
2. 아메리카노 한 잔 줄여 사랑을 모은다.
3. 따뜻한 내복 등 선물을 준비한다.(노숙인분들께는 못입는 옷이 아닌, 안입는 옷 가지들을 챙겨드리면 좋습니다.)
4. 유부초밥, 김밥 등 간단한 드실거리를 직접 만든다.(사도 되지만... 간지 덜 남...)
5. 엽서, 편지 등에 힘내시라며 우리의 마음을 담는다.
6. 연인, 친구 등과 함께 대상을 직접 찾아가서 사랑을 나눈다.
    1) 기차역, 지하철 역 등에 계시는 노숙인 분들을 직접 찾아가서 준비한 선물과 식사를 전해드리며 사랑을 나눈다. 대화도 나눠본다.
    2) 집 근처에 지내시는 독거노인 할머니 댁을 직접 방문하여 준비한 선물과 식사를 함께 나눈다.(집을 모를 시 동사무소, 복지관 측에 연락하여 소개를 받는다.)

3) 폐지 주우시는 할머니들께도 동일하게 사랑을 나눈다.(집 근처 고물상에 가서 잠복?하면 뵐 수 있다.)
7. 함께 대화도 나누고. 애환도 들어드리며 마음까지 나누어본다.
8. 나눔으로 따뜻한 세상을 만들어간다. 크리스마스 하루에 그치는 것이 아니라 꾸준하게...!♥

우리의 나눔으로 세상은 바꿔질 것입니다! 함께 안 해볼랍니까?
젊은이들이 세상 함 바까봅시다.

이렇게 글을 올리고 준비한 나눔대첩. 먼저는 우리 동네, 부산 나눔대첩 동참인원부터. 당초 30명 정도 예상하고 준비했었는,데 헐... 100여 명(후발대 포함)이 넘는 미친 젊은이들이 모였다. 계속 밀려왔다. 내가 모르는 사람이 2/3나 된다. 초딩부터... 중고딩, 대딩 연인들까지.

참! 이거할라꼬 안성에서 내려온 고딩까지... 미쳤다.(나눔커뮤니티에서 참가자들에게 드릴라꼬 선물도 준비했는데... 반도 못 전해드렸네요.) 그다가 후원 물품은 150인이 훨~씬 넘는 양이 들어왔다. 마... 각양각색이다. 직접 만든 김밥, 유부초밥부터 초코파이, 햇반, 과자, 빵, 두유, 음료수, 장갑, 양말, 내복, 핫 팩, 티셔츠, 점퍼 등... 얼마나 정성스레 준비하고 또 포장해 오셨던지... 아버지들 힘내시라며 직접 마음을 담은 손 편지까지... 감동이다. 그리고 여러분들의 후원과 기부로 300만원 상당의 담요와 내복 등의 방한용품을 준비할 수 있었다! 대박이죠.

끝이 아니다... 참가자들의 진심이 정말 살아있었다. **함께 울어드리고 함께 웃어드리며... 상처에 약도**

발라드리고(진짜로 후시딘을 발라준), 손 잡아드리고, 가슴을 맞대며 안아드리기까지.

아... 오늘 부산역, 부산진역은 천국과도 같았다. 초딩이 그 작은 손으로 노숙인 할아버지 손을 잡아드린다. 중고딩들은 더 못 챙겨드려서 오히려 죄송하단다. 대딩들은 삶의 애환을 토해내시다 눈물 짓는 아버지들과 함께 울어드린다.

우리 아버지, 어머니들은 이런 광경은 처음 보시니 고맙다고 연신 허리도 숙이시고 눈물도 흘리신다... 그다가 부산역에서 기도까지 했다.

아... 진짜 사진을 돌려보는데 눈물이 난다... 가슴은 뜨거워진다... 이 세상 아직 살아있다! 젊은이들이 자신들 용돈 아끼고 또 모아서 그 사랑을 어떻게 하면 잘 전달해드릴까... 고심한 흔적을 볼 수 있었다. **정말... 예수님 생일, 메리 크리스마스입니다!**

이와 같이 전국 각지에서! 나눔대첩, 소첩이 동시다발적으로 일어났다! 부산역에서부터, 부산진역, 남포동역, 감천, 하단, 영도 달동네. 서울역, 영등포역, 노량진, 신도림. 인천, 안양, 평택, 천안, 대전, 전주. 대구역, 동대구역, 포항, 마산, 양산 등 전국 21개 지역에서 미친 젊은이들이 미친나눔으로 세상을 뜨뜻하게[28] 데팠다[29]!

아... 정말 미치겠다. 정말... 대박이다! 어째 글로 이 감동을 모두 전달할 수 없어 아쉬울 따름이다. 오늘 하루에 그치는 것이 아니라 처음이자 마지막이 아니라, 처음이자 시작이 되었다. 꾸준한 나눔의 실천들이 일어날 것 같다! 그래스... 언젠가는! 아니, 조만간 세상은 바뀔 것 같다! 아름답고,

---

28) 따뜻하게
29) 데웠다.(동의어 : 뜨샀다, 끼랐다.)

따뜻한. 간지나는 세상으로...!

젊은이들이 세상 바꿉니다! 먼저 송주현이 더 열심히 살아서 세상 꼭 바꿀낍니다! 함께 하입시다! 그리고 지켜봐주이소.

메리 크리스마스♥ 지극히 높은 곳에는 영광이요. 땅에는 평화로다.

🪶 2012.12.31 :: 2012년 스물 다섯 송주현

2012년. 인자 빠빠이네. 매년... 참 신기하이 산다. 올해 초, 대학교 졸업을 했다. 호주에 오렌지 따러 갈라꼬 폼 잡고 있었는데 할매들 눈빛에... 엿묵고(나눔의 엿). 이래 살게 되었다. 그 2월, 자칭 나눔전도사로 살기로 다짐했다! **현실적으로 보면 백수 사역자가** 되기로 한 것이다. 세상에서 봤을 때는 백수로 보일테지만... 사도바울처럼 자비량 사역하고 있는거라꼬 스스로에게 세뇌 시키며 여러 시선과 쪽팔림을 견뎌나갔지...

돈 안되는 일. 아무도 안하려는 일. 예수쟁이가 안하믄 누가 하겠냐며 맨땅에 헤딩을 했지... 참 힘들었다. 갈등도 많았다. 돈도 없는기... 지부터 챙기야 할 놈이 넘 신경 쓴다고 퍼재끼는데... 지금 생각해도 참 미친짓이다.

근데 이 미친 짓을 하나님께서 원하시고, 기뻐하셨나보다. 힘들 때 마다 지쳐서 포기하고 싶을 때 마다 참 여러가지로 일으켜세우셨지... 흐. 그래서 이래 살아왔다. 아니... 견뎌온 것 같다.

외로웠다. 쪽팔렸다. 서러웠다. 참... 남몰래 눈물도 많이 흘렸고 하나님한테 왜 이래 살아야 되냐고 따지기도 했다. 흐흐. 근데 하나님께서 많은 천사들을 보내주시어 일으켜 세워주셨다. 그렇게 살아왔다. 횟수로 3년... **봉사활동이었던 나눔이 언젠가부터 삶이 되었고 또 직업이 되었다.**

먼저 살아내어 그 삶으로 이야기해보았다. **함께 해보자고 우리 세상 바꿔보자고 누가 듣도 안해도 광야에서 외치는 소리마냥 외쳐보았다.** 하나님께서 일하셨다. 그리고 내 진심이 사람들에게 전해졌나보다. 언젠가부터 타칭 나눔전도사가 되었고 또 나눔바이러스가 전염되기 시작했다.

내 페북의 세상은 바뀌기 시작했다. 나눔 이야기들이 스믈스믈 올라오기 시작했다. 참... 행복했다. 세상을 바꿔보았다. 누가 알아주든 아니든... 노숙인 아버지께서 자립을 하셨다. 내가 새 삶의 씨앗을 줬다고 말씀하신다. 독거노인 어르신들께 보청기를 틀니를 선물해드렸다. 들리는, 씹히는 세상을 선물해드렸다. 노숙인 할아버지를 1년 가까이 모신다. 천사라 불러주신다. 할머니들 병원비도 내드리고 수술도 시켜드렸다. 생활비 지원도... 식료품 등도 챙겨드리며 손주가 되어보았다. 모시는 돌보는 가족들이 많아졌다. 근데... 참 행복하다! 신기하다. 르완다에도 가족들이 생겼다.

이런 이야기들을 페북에 매일같이 올렸다. 2주 전, 하나님께서 연말 선물을 주시어 대박을 쳤다! 갑자기 많은 분들이 관심을 가져주신다. 그리고 응원에 후원에 실천, 동참까지 해주신다! 방송도 출연한다. 여러 동역자들을 만나게 하신다.(오늘은 무상진료를 해주실 의사쌤도 만났다.) 참 신기하다.

나를... 나눔전도사라고 불러주신다. 자칭으로 지 혼자 설치봤는데 인자... 함께하는 이들이 늘어간다. 세상 바꾸겠다는 그 외침도 앞당겨질 것 같은 착각에도 빠져본다. 참 행복하다! 감사하다. 진짜... 좋다. 다.

하나님께 영광일 뿐이다. 난 아무것도 아니다. 하나님께서 다 하셨다. 진짜... 하나님 최고다! 믄 글을 적었는지 모르겠다. 2012년. 올 한 해... 행복하고 감사했다. 다... 주님 때문에. 그래서 **내년에 더 열심히 살꺼다! 세상 바꿀끼니깐.** 나를 위해 항상 기도해주는 함께해주는 나으천사 은비와 요즘은 은비보다 더 자주댕기는 민기, 나눔커뮤니티 식구들과 페친 여러분 모두에게 감사드린다!

에브리바디~ 2013년 새해 복 많이 받으세요~가 아니라... 새해 복 많이 나누세요♥

ps. 25살에서 26살로 꺾인다... 간지 인자 덜 난다... 그래도 더 간지나게 살꼬다.

🍃 신년맞이 노숙, 초심 업

노숙하믄 아버지들의 피폐한 삶을 조금이나마 느낄 수 있다. 하나님께스 한 며칠 전부터 마음을 주셨다. **요즘 뭔가 잘 나갈 때(?) 많이들 알아주시고 또 응원해주실 때 더 겸손해야하고... 옛 초심을 잃지 말라는 것.**

그래스 신년맞이 해맞이 말고, 신년맞이 노숙을 해야긋다~~!!! 했는데 어제 뵙게 된 의사샘님께스 마... 후원금을 주신다. 이건 뭐... 나가라는 거지 크크... 미친놈 민기도 설레가 함께 따라나섰다. 송구영신예배드리고 부산역으로 나갔지. 가는 날이 장날이라꼬 과연 추웠다. 또 옷도 따시게 못 입어서... 더 추워서 죽을뻔.

무튼 새해에도 어김없이 아버지들은 계셨다. 다니며 따뜻한 군고구마부터 김밥, 두유 등을 챙겨 나눠드리고 댕깄다. 진짜 요 추운날 따뜻한기 몸에 들어가는기 얼매나 좋으신지 그저 고개를 숙이시곤 벌컥벌컥(?) 들이키신다.

노숙인 아버지들. 진짜... 이런 말하기 그렇지만 노숙을 할 수밖에 없는 분들이 많으시다. 팔이 하나가 없으신 아버지. 정신이 온전치 못한 아버지, 어머니 등 항상 뵐 때마다 마음이 아프다...

민기랑 누웠다. 더 오리지날로 느끼기 위해 대기실이 아닌. 부산역광장 벤치에. 미친... 온몸이 얼지. 박스 하나 까는 것만으로 감사를 느낄 수 있는 노숙.(나눔대첩 때 전해드렸던 담요를 깔고, 덮고 계시는 아버지들 뵐 때면 괜히 반갑다!) 어찌됐든... 많이 즐겼다(?). 발가락도 동상 걸릴 것 같고 많이 힘들었지만... 죽지 않아 다행이다. **이 초심! 끝까지 유지할테다. 그래스 세상 바꿀끼다.**

여러분들 새해 복 많이 받으셔야겠습니다. 그래가 많이 나눠야겠습니다. 함께 차디찬 바닥과 지붕 없는 집에서 지내시는 우리 노숙인분들께 손 내밀어보아요. 노숙해보믄 노숙인분들의 삶을 알게 된다. 왜 낮에 맨날... 주무실까? 궁금하면 내랑 같이 노숙해봐요~

으. 민기랑 내한테 노숙인 냄새 난다... 흐흐. 하나님께 영광♥

🍃 아들아 보고싶다. 새해 복 많이 받아라~

노숙하시다... 나를 만난지 10개월이 되셨다. 언젠가부터 아버지, 아들 사이가 되었지. 이틀 전, 아버지로부터 전화가 왔었다.

"주현아~ 벌써 연말이네. 니한테 참 고마운 것 밖에 없다... 고맙다..."

그리곤 잠시 정적이 흘렀었다. 또 전화하겠다시며 전화를 끊으셨던 아버지. 오늘 저녁 다시 전화를 주셨다.

"주현아~ 새해네. 마누라고 딸이고. 그보다... 니가 제일 보고싶다~ 아들아 새해 복 많이 받아라~ 올해는 내가 꼭 밥사줄게~"라시며...

모르겠다. 뭔가 울컥했다. 오늘 노숙도 하고 몸도 피곤코... 내일부터 겨울방학 강의시즌이 시작되기 때문에 무진장 바빠져서 일찍 자고 또 푹 쉬어 야지 했었는데... 옷 챙겨입고 고대로 집에서 나서고 있더라.

아버지... 그냥 안부만 물은건데 왜 왔냐시지만, 너무 반가워하신다. 가 까운 포장마차에 갔다. 흐... 나는 사이다, 아버지는 술 한 잔 하믄서 이런 저런 대화를 나누었지. 아버지... 갑자기 눈물을 흘리신다.

"주현아... 진짜 니밖에 없다. 내 편은 진짜 니밖에 없다. 진짜 너무 고맙 고. 또 고맙다."시며 눈물을 쏟으시며 흐느끼시는데... 나도 같이 울었다... 그냥... 울었다.

오늘 처음으로 아버지 눈에서 눈물을 봤다. 날 처음 만났던 그날 그시간 부터 내가 이래저래 용돈 챙겨드린 것부터 나한테 전화했던 날 시간까지 기 록해놓으셨단다. 언젠가는 꼭 다 갚을꺼라시며... 그리고 잊지 않으시겠다 며... 아... 그냥 진짜 진심이 느껴져서, 나를 좋아하신다는게, 마음이 통한 다는게 느껴져서 괜히 혼자 울컥했었다...

새해 첫날... 그렇게 시간을 보냈다. 함께. 우리 아버지. 진짜 인자는 내 보다 낫다. 오늘 본께 내가 더 노숙하게 생긴 것 같더라. 허허. 얼굴도 뽀야 시고... 난 누리티티한데. 흐... 내일도 전화하시겠다는 아버지의 배웅을 뒤 로한 채 인자 집에 버스를 타고 간다.

오늘 2013년 1월 1일. 새해 첫날이 왜 이리긴지. 흐... 너무 피곤하다. 그 리고 뭔가 몸이 안 좋다. 내일부터 과연 빡신데. 괜찮다. 가슴은 따뜻하게 열어재끼니깐! 올 한해. 아버지를 더 많이 만들어야겠다! 그래서 아들 부자, 딸 부자가 아니라. **아버지 부자 해스... 이쁨 많이 받을란다. 세상 바꿀끼다.**

🍃 노숙인에서 노신사로(간지할아버지)

지난해 4월. 남포동 지하철역에서 노숙하시던 할아버지를 만났지. 몸이 많이 안좋으셨다. 한쪽 눈은 실명되셨고 허리는 꾸부정하시고 무릎도 안좋으신. 폐기능도 많이 안좋아지셔서 조금만 걸으셔도 숨이 가빠지셨다. 진짜 계단은 세발짝만 걸으셔도 숨이 턱 밑까지 차오르셨었다.

안되겠다싶어 고대로 근처 여인숙으로 모시고 방값도 매달 내드리고 옷도, 생필품도, 용돈도 챙겨드리면서 10개월 째 모시고 있다.(진짜 하나님 은혜다.)

오늘... 뵈는데 진짜 얼굴이 얼마나 좋아지셨던지. 처음에는 노숙인 냄새도 났었는데... 이제는 진짜 그냥 할아버지 같다 흐흐. 우리 할아버지 방이 생기시니 옷 같은 것도 여기저기서 구해오시고 또 싸게 싸게 하나씩 사놓으시더니 교회갈 때는 양복까지 입고 다니신다. 대박! 10개월 전에는 **단별 신사셨는데~! 언젠가부터는 간지 노신사가 되셨다!♥**

또 얼마나 건강해지셨는지 이제는 계단도 막 오르신다! 행복했다. 우리 할아버지께서 완전 새로운 삶을 살아가시는 모습을 보는데... 진짜 이기 열매지!

우리 할아버지랑 오랜만에 외식을 했다. 식사 기도를 요청했었다.

"우리 천사 송주현이, 천사 조민기. 올 한해도 하는 모든 일 잘되게 해주소서."

올해 과연 살아있을까다 분명 크. 과연 비싼 고깃집이었는데 할아버지 덕에 우리가 잘못다. 할아버지께서 식사 중 하신 말씀에 참 찡했다...

"주현아~ 니가 내 안구해줬으면 난 이 추위에 죽었을끼라... 항상 따뜻한 방에 누워서 고마워한다이가! 고맙다 천사야~" 우리 할아버지. 모셔야지~~~!!! 그날까지.

교회도 매주 나가시고. 주워서 피시던 담배도 끊으시고. 그냥 너무 좋다! 난 온 천하를 얻은 기분이다. 왜? '온 천하보다 한 영혼이 귀하니깐!'

진심 하나님께 영광이다.

난 가족이 많다. 그래서 행복하다. 올해도 선한 사마리아인이 되어야지! 그래서 가족 더 많~이 만들어야지!

🫖 아이고, 빙신이 아는 잘 키앗네.

우리 어머니는 교통사고를 당하셔서 다리가 불편하시다. 걸으실 때... 다리를 저신다. 어릴 때 이런 우리 엄마... 원망도 했었다. 운동회 달리기를 해도 엄마 손이 아니라 다른 집사님 손잡고 뛰어야 했고...

오늘 〈새롭게하소서〉 텔레비전에 아들 나오는 방송을 보시는 중에 예전에 있었던 이야기를 해주신다. 어떤 아지매가(돈도 많고. 내가 낸데 하는 아줌마) 자기 아들 자랑을 그래 했샀는데... 행님이랑, 내한테는 졌다(?). 우리 행님 공부 잘했고(전교 1등 출신이다.) 지금은 대기업 다닌다. 나도 과 수석도 했고, 총학생회장 출신이다. 테레비에도 몇 번 나왔다. 자기 아들들보다 훨 잘컷다!!! 그게 질투 나고 싫었던지... 우리 엄마 들으라고 툭 내던진 한마디가 엄마에겐 상처가 되셨단다... **"아이고... 빙신이 아는 잘 키앗네."**

눈물이 난다... 우리 엄마는 사고로 인해 후천적장애가 있으시다. 어찌 스트레스를 받지 않으셨으랴... 그럼에도 **우리 엄마는 대한민국 최고의 원더우먼**이셨다. 없어도. 더 당당하셨고, 그 다리를 절어가며 기도원을 오르내리셨다. 우리 엄마. 진짜. 아 참 잘 키웠다... 아씨... 눈물난다.

뒤늦게서야 어머니의 새벽 무릎의 힘을 깨닫게 된 나. 우리 엄마... 하나도 안부끄럽다!♥ 자랑스럽다. 그리고 좋다. 정말... 요즘은 길에서도 손잡고 다니고 있고. 아줌마들한테 기죽지마라고. 밥 사라고 돈도 쥐어드리고 있다. 비싼 빽도 하나 사드렸다(행님이 쓰던 다 떨어진 가방 가지고 다니시길래...).

아... 눈물이 왜 이리 나냐... **오늘 엄마랑 아빠랑 같이 방송 보는데 동시에 눈이 마주쳤다. 그리고... 동시에 눈물을 흘렸다.** 그냥... 말하지 않아도 느낄 수 있었다. 우리 아빠... 진짜 제대로 된 휴가 한 번 못보내셨다. 오늘도 새벽 1시에 일 나가신다. 이제 연세도 많으신데 잠도 제대로 못 주무시면서...(하루에 4시간 주무시나? 휴...) 그렇게 일하신다...

우리 아빠 일하는거 보믄... 밤마다 배웅해드릴 때 마다 난 참 불효자식이라고 속으로 가슴을 치며 눈물을 흘린다. 나. 이런 일 하믄 안 된다. 공장이나 댕기면서 우리집 빚도 갚아야하고... 할끼 참 많은데 이래 산다... 난... 불효자식이다. 진짜. 아직 애다 애.

오늘... 아버지, 어머니께! 테레비 끝나고 하고 싶었지만 못했던 일을 지금(밤 11시) 하련다. 잠시 주무시고 계신다. 곧 다시 출근 하실테니... 방문을 열고 큰절 한 번 올리고 나간다. '사랑하고... 존경합니다'라고 말씀드리며... 아... 졸라 눈물난다. 이 어찌 표현할 수 없는 감정이다.

엄마. 아빠. 진짜 정말 사랑합니다. 그리고... 존경합니다! 아 참 잘 키웠습니다. 천사님들이여♥ 잘 모실게요... 그 받은 사랑 다 못 갚겠지만. 아... 오늘은 눈물이 참 많이 난다. 천사를 보내주신 하나님께 영광이다.

ps. 방송 보니... 진짜 이 다 빠아짓다. 중고딩때 원망 많이했다. 교정해줄 돈 없냐고... 없었다. 엄빠 마음은 오죽했으랴... 그래도 엄마, 아빠 보소. **내 교정할 수 있는 돈으로 넘의 할배 틀니 해줏다인교. 이기 엄빠가 가르쳐준기다입니까.** 그래서 이제는 이 다 빠아진 이도 자랑스럽습니다! 사랑해요♥

방송출연 기념 노숙

어제는 테레비전에 내가 나왔다. 너무 신나서... 또 붕 뜰까봐. 미친... 노숙을 하러 나왔다. 오늘은 첫 노숙체험 처음처럼 혼자서 나왔지. 초심Up 크. 엄빠에게 오늘 방송 출연 기념으로 노숙하러 나가겠다고 말씀드리니 흐... 테레비에서 말했던 그 엄마, 아빠 그대로 셨다~~~

"조심히 댕기온나이~ 추운께 따시게 입고이~"

역시... 우리 엄빠. 분명 날 다리 밑에서 주워 왔을끼라. 흐. 잠시 주무시던 부모님께 눈물의 큰절을 올리고 나왔다. 역시 과연 춥다. 오늘부터 다시 추워진다는데... 역시 가는 날이 장날이지... 쩝.

여기저기서 후원해주신 빵모자, 장갑, 귀마개 등 방한용품을 한가득 담아가 나왔다. 부산역 대기실 등을 돌며 하나씩 나눠드리다가... 한 삼촌을 만났지. 대화를 나누는데 이야기가 통한다! 다시 일도 해보고 싶으시단다. 그럼 어째야한다? 방으로 모셔야지! 일단은 국밥 한그릇 대접하며 대화를 이어갔다.

올해 40세. 중학교 다니시다 중퇴. 배운 것도 없는 사람이 실직을 하시면서 29살 때부터 노숙을 하시게 되었단다. **긴 고생의 흔적은 바로 볼 수 있었는데... 발톱이 아닌... 손톱에 난 무좀.** 이도 하나 둘 빠지기 시작하면서 진짜... 치아상태가 말이 아니셨다. 40세인데... 50~60세 같이 보일 정도로 고생하셨더라.

오늘은 고시텔 문 닫았으니 모텔로 모셔서~ 푹 쉬시게 하고 내일 오후에 다시 만나 고시텔 하나 얻어드리기로 했다. 내일 새 옷, 신발 등 풀 세트로 맞춰가야겠다! 다시 일어서시는데 힘이 되어드리고 싶다.

10년 넘게 한 노숙 방 잡아주고... 이래 잘해준 사람이 없었단다. 그래스 천사로 불러달라 했다. 천사놀이~(삼촌의 그 미소. 잊을 수 없다. 오늘도 예수님 미소를 보았지...)

오늘도 귀한 만남을 주셨다. 추운 광장... 차디찬 바닥에 살 눕혔다가 일어나본다... **진짜 노숙. 너무 힘들다. 나는 하룬데...** 아버지들은 얼마나 힘드실까? 더 열심히 섬겨야겠다. 할 수 있는데 까지. 오늘도 하나님께 영광.

ps. 방한용품 나눠드리면서 아버지들께 감사인사(?)를 드렸다. "아버지들 돕는 일한다고 오늘 저 테레비에도 나왔어요!!!! 더 열심히 섬길게요. 힘냅시다. 파이팅♥"

🍃 아버지에게 간을 나누는(?) 아들

2주 전. 페북으로 헌혈증 쫌 보내달라고 글을 올렸다. 서울, 강원도, 전라도 등 전국 각지에서 보내주시고 또, 날 만나면 약속이라도 한 듯... 손에 꼭 쥐어주시고 심지어 길에서 만나도 글 봤다며 전해주시던 분들 등 많은 분들이 동참해주셨다. 총 70여 장이 모였다.

이걸 우편을 통해 부치기보다 직접 전해줘야겠다는 마음이 생겼다. 그래서 서울에 사는 동생을 오늘 저녁 만났다. 밥도 둘이서는 처음 먹는 사이네. 흐... 그런 나에게 행님~하면서 부탁하고, 나는 그 부탁 들어주고... 하나님께서 하신거겠지.

같이 밥을 먹으며 이런 저런 대화를 나누다가 몇 번을 울었다. 아버지 간 이식하는거 기증자가 지라고 합니다. 24살 아들이 자신의 아버지께 간의 반을 떼어 드린단다... 젊은 나이에 이래저래 쉽지 않았을 선택인데.(의사샘도 재차 묻고 서약서도 7장이나 썼단다...)

"아버지니깐. 당연히 내드려야죠." 라면서. 웃는데, 아... 참 뭐라 할 말이 없더라. 가슴에서 뜨거운 그 무언가를 느끼게 되는데... 진짜 너무 감동이었다.

수술비 및 입원비, 총 1억은 훌쩍 넘어간단다. 그럼에도 웃는다. 웃는게 웃는게 아닐텐데...어째 더 도와줄 수 있는 것이 없어 기도만 해줄 뿐이었다. 앞으로도 기도만 해줄 뿐이겠지. 아 진짜 너무 멋진 동생이다.

내 스스로에게도 묻게 되고 다짐하게 되더라... 우리 아빠가 간이 필요하다시면 나는 이렇게 웃으며 즉각 드릴 수 있을까?

'아빠. 나도 이 친구처럼 그 사랑과 은혜 배반하지 않을게요...' 그리고 하나님, 저를 향한 변함없으셨던 그 사랑과 은혜 역시 배반하지 않겠습니다. 그래서 필요하다시면 **다 드릴게요. 간이고 쓸개고 전부 다요.**

오늘... 아들의 참 모습을 보았다. 그리고 나도 그 진짜 아들 되기로 다짐한다. 우리 대한민국. 아름답다. 흔쾌히 헌혈증 나눔에 동참해주신 페친님들! 진심으로 감사드립니다.

🍃 소년소녀가장 5명을 후원하기 위해 막노동을 하시는 아버지, 졸지에 노숙하시다.

오늘은 노숙 5일 차 되신 아버지를 만났다. 서울에서 지내시다 일자리를 구하시려 부산에 내려오셨는데 내려오신 당일에 나쁜놈들에게 **진짜 말 그대로 강도 맞으셨다.** 서울에서 막노동을 하시며 지내셨는데... 요즘 너무 추워 일자리가 없어 부산으로 아예 짐을 싸서 내려오신거다.

마지막 달 월급 200만원을 현금으로 받으시고... 그대로 부산으로 내려오셨는데 방 구하러 다니시다가 어떤 나쁜새끼 세 놈이 아버지를 폭행하고 가방 전체를 다 훔쳐갔단다. 그 안에는 옷가지부터 지갑도, 통장도, 월급

200만원까지 다 들어있었는데 송두리째... 잃게 되신거다. 그렇게 졸지에 노숙을 하게 되신지 5일 차. **아... 얼굴에 상처도 있고 마음에는 더 큰 상처가 있으셨다.**

일단 국밥 한그릇 하면서 대화를 나눴다. 안되겠다 싶더라. 오늘은 풀 코스로 모시기로 했다. 식사 후 목욕탕을 모시고 가서... 민기랑 등부터 발까지 진짜 온 몸을 밀어드렸다. 일명 '나라시' 흐... 오늘도 예수님과 목욕했다. 울면서... 아버지께서 내 등도 밀어주셨는데 진짜 천국을 경험했다.

이어서 미용실로 모셨다! 아버지께서 부담스러워 하실까봐 '내 머리 깎는 김에 같이 가입시다' 하면서 모셨다. 헐... 미용실 가니 선생님들이 날 알아봐주신다. 페이스북에서 저번에 자신이 머리 해드렸던 할아버지 글 봤다시는거다... 대박!(한달 전. 노숙인 할아버지 이발해드렸던 미용실이다.)

내 옆에서 빠마 하시던 어머니는 미용실 언니들에게 TV에서, 인터넷에서 봤다시며 유명한 사람이라고 막 자랑하신다. 좋은 일 많이 하는 분이라고. 헐.

나는 좋은 일 하는 사람... 맞다(?) 근데 오늘 만나게 된 우리 아버지께졌다. 5년 전 부인 되시는 어머니께서 뇌출혈로 돌아가시고부터 혼자 지내셨는데 언젠가 지내시던 동네에서 부모님 없이 지내던 소년소녀가장 2명(2집)을 알게 되셨단다. 밥을 못 먹기도, 애들에게 왕따를 당하기도, 추위에 떨기도 하는 모습을 보면서 마음이 아파 후원을 시작하셨단다. 그렇게... 3년. 어느새 후원하는 친구들은 5명이 되었고 달셋방에서 여인숙으로 옮겨 지내시면서까지, 막노동을 하시면서 월 200만원 정도 버시는데... 거기서 **매월 소녀소년가장 5명(5집)에게 월 20~30만원씩. 총 100~150만원씩...** 후원하시고 있으셨다.

허... 내가 졌다. 아니, 이 분은 예수님 다음이다. 철가방 우수씨보다 어쩌면 더 간지나는 분이시다... 힘들게 노가다를 해서라도 돈을 버시는 목적이 애들 먹여 살리기 위함이시라며 웃으시는데... 나는 눈물 밖에 안나더라.

지금도 제일 걱정은 애들한테 돈 붙여 주야는데 그걸 도둑 맞아서... 어째야할지 고민이시라는데 아직 몸도 마음도 힘드실텐데... 당장 다음주부터 일하실꺼란다. 이유는 애들 후원 해줘야한다시며... 아... 진짜 뭐라 표현할 수 없다. 난 아무것도 아니었다. 난... 진짜 아버지에 비하면 말만 잘하는 쓰레기였다... 진짜 미치겠더라. 정말 대단한 분을 만났다. 내 스승님으로 모시련다.

하나님께서 마음을 주신다. 100만원 찾았다. 그대로 아버지께 전해드렸다. 우리 동생들 후원하시는거 이번에는 "저도 함께하겠습니다." 라며... 아버지 눈물을 글썽거리신다. 내도 눈물이 맺힌다. (하나님... 이번주 이상하게 바쁘게 돌리시더라. 오늘 130만원 썼다... 어제까지 쌔빠지게 돈 벌어가 오늘 한방이네... 내 인생이지.)

난 오늘 '진짜' 천사를 만났다... 나는 가짜였다... 흐. 너무 벅찬 밤이다. 대한민국 아름답다. 우리 아버지 같은 천사님께서 계시기에... 나 오늘. 진짜를 만났다. **나도 진짜가 되고 싶다.** 더 열심히 살아야겠다. 더.

오늘도 하나님께 영광이다! ♥

🍃 2개월 전, 쓰레기통 뒤지시던 노숙인 할아버지.
'취직' 기념으로 국밥 쏘시다!

12월 중순. 부산역서 쓰레기통 뒤지시던 할아버지. "가입시다~ 고시텔로!"라믄서 따뜻한 방으로 모셨고... 그리고 목욕탕 모시고 가스 때도 밀어드리고 발도 씻겨드렸지!

지금까지 2개월 방값 내드리면서 옷이며, 생필품이며 사다나르면스 꾸준히 찾아뵈었다. 할아버지 제일 처음에는 쫌 의심했단다. 요새 하도 이상한 소문이 많아가(내가 봐도 내... 쫌 그래 생깄다. 흐흐.). 그래도 꾸준히 찾아오고 또 때까지 밀어주는거 보니 진심을 느끼게 되어, 천사로 인정(?)해주시고 언젠가부터는 이 고마움을 보답하고 싶으셨단다. 할아버지 찾아뵐 때마다 벼룩시장, 교차로 같은 신문이 계속 쌓이던데...

"이기 므에요?" 라고 물으니 일자리라도 있는가 보시는기란다.

"할아버지... 연세도 있으시고 어째 일 하시겠습니까... 그냥 쉬시죠~"

"에이~ 맨날 신세지가 되는가? 내가 직접 살아봐야지예~~ "

우리 할아버지. 올해 71세다. 그런데도 일을 하시겠다고 고집이셨다. 오늘 삡 받아가 민기랑 찾아갔다! 할아버지, 바로 마 손잡고 나가자신다.

"어디로요?"

"아들들 밥 한끼 사주야제~"

"네?"

"일 구했십니더~ 가입시다!"

헐. 할아버지께서 진짜로 밥을 사주셨다. 대박~♥ 2개월 전, 부산역서 쓰레기통 뒤지시던 할아버지께 밥을 얻어 먹은 기다. 이건 기적이다. 진짜 대박~!!!! 너무 고맙다신다. 그때 유난히 추웠는데... 방 안잡아줬으면 어째 됐겠냐며 눈물을 글썽이신다. 요즘 무료급식소 친구분들이 물으신단다.

"할배~ 요새 형편 쫌 풀릿는가 뵈요. 옷이고... 말끔하이 댕기시네~~"

"천사를 만났다인교~ 천사도 그런 천사가 없습니다. 흐..."

오늘 예수님과 함께한 저녁식사였다. 진짜... 국밥 묵다가 눈물 날 뻔했다. 밥 묵고 할아버지 목욕탕 모시고 가서 다시 한 번, 때도 밀어드리고 발도 씻겨드렸다. 민기랑 요새 재미붙었다. 노숙인 아버지, 할아버지 때 배끼드리고. 새 사람 만들어 드리는거. 그리고... 목욕하면서 은혜 받고 또 지짜는거...

하나님은 일하신다. 순종하는 우리들을 통해! 세상은 바뀌고 있다. 아름답고 따뜻하게! 진짜... 신기하다! 하나님께 영광이다. 할아버지... 말씀하신다. 천사도 이런 천사가 없다고... 민기야. 더 천사되자. 많은 분들께! **사랑에는 불가능이 없다! 예수파워~!!!**(나눔커뮤니티 파이팅!) 예수님과 밥도 묵고, 목욕도 하고! 과연 불타는 주일이다.

🍃 금식한 김에 밥값 나눠야지~ 했는데 이빠이 나눴네.

이번 방학 시즌. 참 많이 바빴다. 진짜 쉴 시간이 없었네. 매일이 강의한다고 돌아댕기고. 많을 때는 하루에 3~4번씩 다녔으니... 몸도 힘들고 조금은 지쳐가고 있었다. 2개월 중 딱 일주일... 일정도 없이 푹 쉴 수 있는 기간이 있었는데 그기 이번주다. 당초 계획은 당연히 푹 쉬는기지.

그런데 하나님께서 마음을 주신다. 갑자기 많은 사람들로부터 관심과 주목을 받고 그리고 뭔가 잘 풀려지는 것 같은 이 때, 하나님 앞에 나아가 더 엎드려야한다는... 그래서 월요일부터 오늘까지 기도원에 들갔다 왔다.

독방을 받아스 금식하면서 기도도 하고, 성경도 읽고, 책도 읽고~ 과연 좋았다!♥ 집회를 통해서 말씀의 부으심도 있었고 개인기도를 통해서 하나님과 깊은 교제도 있었다. 은혜도 많이 누렸고 회복도 되고... 제대로 충전되었다.

"주현아 사랑해~"

"저도요 하나님~"

"난 니가 너무 좋다."

"왜요?"

"그냥~"

"헐~ 뭐가 그리좋아요?"

"니는 내 말 잘듣는다이가~"

"네? 말 안 듣는데요?"

"니는 내 말하믄 바로 마 반응한다. 순종 잘하는기 좋다."

"흐흐. 진짜요?"

"주현아~ 니를 통해 할 일이 많다. 지금처럼 순종만해라. 다 알아서 할게~"

"네 하나님! 말만 하이소~ 단디 움직일게요. 흐."

여러 고민과 문제들이 있어스 그거 쇼부(?) 보려고... 간 것도 없지 않아 있었지만 하나님은 이래 해결해주시네. **'난 널 사랑해~♥ 그냥 지금처럼 순종하믄 된다이!'**

그냥. 하나님이랑 놀다 내리왔다. 그래스 너무 행복하고 힘이 과연 넘친다! 기도 응답도 즉각(?) 받기도했다.(고건 다음 글~~~~ 흐흐. 살아있음!)

금식하믄서 밥값 굳으니깐 요거 나눠야지~ 했다. 7끼! 하나님 은혜 많이 누렸으니깐, 한 끼에 만원씩 치기로 했다. 누구에게 나눌까? 했었는데... 모시는 노숙인 할아버지로부터 따르릉 전화가 오네? 잠시 쫌 봤음 좋겠다시며... 흐. 어짜궂노. 내 인생이지! 바로 부산역으로 고고. 할아버지. 월, 화이틀 막노동을 하셔서 14만원을 벌었었는데... 어제 밤, 밥이나 무야지 했는데. 언놈으 새끼가... 돈을 째비가서 돈이 한 푼도 없어서 밥을 못 먹고 있다시며... 쫌 빌려달라시는거다. 마음 아프다... 일당 쁠라스, 설 용돈으로 20만원 뽑아서 전해드렸다.

인자 집에 가야지~ 하는데 한 할아버지께서 폐지를 줍고 계시네. 어째 지나치궂노... 편의점가서 찐빵, 따뜻한 음료사가 전해드리면서 생활비에 보태시라며 또 10만원 뽑아스 손에 꼭 쥐어드리고 왔다.

내 인생이지! 크... 하나님 가만히 안놔두시네~ 금식한 밥값 나눌라켓드만. 마 이빠이 나누게하신다. 무튼 내 인생 참 재밌고. 행복하다.

하나님 사랑합니다. 진심으로요. 앞으로도 이래 살게요. 마음주시는대로 ~ 순종하믄스!!! 기도원 잘 댕기왔다. 은혜 많이 받고 은혜 많이 나눴다! 다시 달려야지!!! 하나님께 영광입니닷.

🍃 하나님 쫌 살아계신다. 흐. 기도하고 눈 떳는데 바로 응답하신다(?).

지난 화요일 기도원 독방에서 성경도 읽고. 기도도 하고 책도 읽으면서 시간 보내다가 물뜨러 잠시 밖에 나갔는데 오후 3시에도 집회가 있다는 소식을 듣게 되었다.

'방에만 있어가 므하긋노. 말씀도 듣고 기도도 하구로 함 가봐야긋다.' 싶어 집회장에 가게 되었다. 말씀도 듣고 개인기도 쫌 더 하다가 슬 나왔는데... 어머니 한 분이 입구에 서계시네? 나에게 인사를 하신다.

"안녕하세요? 제가 눈지는 잘 모르시겠지만... 저는 형제님 잘 압니다."

"네 안녕하세요?"

"유명하시잖아요~ 〈CTS 청년독수리〉랑 〈CBS 새롭게하소서〉 두 개 다 가족들끼리 챙겨봤습니다. 형제님 완전 팬입니다. TV에서 봤던 분이 여기서 기도하고 계시길래 놀랐습니다. 그래서 일부러 나오실 때 까지 기다리고 있었습니다!"

"아이고 어머니... 감사합니다. 응원해주시고, 알아봐주셔서요."

그렇게 시작된 대화... 하나님은 살아계신다!

"저희 집은 울산입니다. 제가 감림산기도원에는 가끔 옵니다. 근데... 오늘 이~상하게 3시 집회에 가봐야겠다 싶은 마음이 들어서 왔는데... 하나님께서 형제님 만나게 하시려고 하셨나봐요. 진짜 뵙고 싶었거든요. 젊은 청년이 정말 귀한 사역하십니다. 혹시 후원 같은건 어떻게 받으세요?"

"아! 저는 아직까지는 왠만하면 돈 달라는 소리 잘 안합니다. 특별한 일 없으면 교회에 강의가서도 공개적으로 후원해달라고 막 계좌 띄우고 그러지도 않아요.

그냥 제게 후원해주시고자 하는 그 돈으로 직접, 가까이에 계시는 소외된 이웃에게 전해주시길 부탁드리고 있어요. 문화를 만들고 싶거든요. 나눔이 당연하고 직접 실천하는 움직임이요.

근데 진짜 후원해주시겠다는 분들께만 명함을 드리거나, 계좌를 가르쳐드려요. 하나님께서 진짜 후원하고자 하시는 분들은 어떻게 해서든 저를 알아내게끔 하시거나... 또 연락을 하게 해주시더라구요. 그래서 그냥 하나님께서 일하시는 거 즐겨요. 인자는 후원계좌 쫌 열어라는 분들이 많이 계셔서 고민중이기도 하고요."

"형제님. 제가 그 사람인 것 같습니다. 하나님께서 어떻게 해서든지 만나게끔 하는 사람이요. 후원하고 싶었어요. 근데 하나님이 이렇게 만나게 하시네요. 이건 우연이 아니에요. 하나님 뜻입니다. 명함 쫌 주세요. 적게나마 도와드리고 싶습니다."

그렇게 인사하고 헤어졌다. 어제 기도원 나오믄서 계좌를 확인했다. 헐... 그날(화요일) 날짜로 100만원 들어와있네... 하나님 진짜 살아계신다. 안 살아계시다는 사람 잘 들어보소. 나. 기도원 어데갈꼬 고민(?)하다가 감림산 기도원 함 가봐야겠다 싶어서 갔다. (원래 아빠가 댕기시던 웃동네 기도원이 우선순위였는데~) 이 안왔음 어머니 못만났다.

나 독방서 물뜨러 안나왔음 3시 집회 있는 줄도 몰랐을끼다. (그시간에 딱 물이 다 떨어짓네.) 그리고 3시 집회 내 마음과 발은 이상하게 가고 있더라. 안갔음 어머니 못만났다.

어머니 역시 이상하게 3시 집회 가야겠다는 마음이 들었다신다. 그 마음 (주님말씀)에 순종하지 않고 자가용타고 한 시간이상 오지 않으셨음 내 못만나 셨을꺼다.

크리스천에게는 우연이 없다. 모든기 다 하나님의 뜻, 계획, 섭리 안에서 이루어지는게지! 그때 기도... 어떤 기도(간구)했게?

'하나님! 사무실 하나 필요해요. 그리고 이래저래 필요한 기 많아요. 알 아서 해주이소.'

그렇게 눈 감고 기도하다가. 눈을 뜻다. 하나님께서 사무실을 뿅!하고 바 로 주신건 아니지만 어머니를 만나게 하시고 든든한 후원자가 되게 해주셨 다. (액수는 달라도 꾸준히 돕겠다신다.)

'주현아~ 봤나? 난 니 기도 단디 듣고 있고, 요래도 바로 마 일할 수도 있고 또 일한다. 그냥 내만 믿고 온나~' 라고 응답해주시는게다.

나 후원 받는다. 꼭 줄 것 같은 사람. 주기로 했던 사람들은 안 주더라. 저 멀리 미국, 호주, 중국 등에서 서울, 강원도, 태안 등에서 내를 한번도 만나도 못한 사람들이 연락을 준다. 그리고 후원도 해주신다. (결코 돈이 많아서 주시는건 아닌 듯하다.)

나 언젠가부터. 귀중한 법칙(?)을 깨닫고 실천하고 있다. 사람 기대하지 않기. 하나님 일하심 기대하기. 사람 손 보지 않기. 하나님 얼굴 보기.

하나님이 일하신다. 전쟁(나눔)은 나에게 속한 것 아니니~ ♬ 지금까지 많 은 하나님의 천사님들... 진심으로 감사드립니다 ♥

난 하나님이 좋다. 왜? '하나님'이니깐! 하나님 안 살아계시다는 사람에 게 하나님 살아계시다고. 내 삶으로 증명하고 싶다. 난 하나님 살아계심의 증인, 증거. 증거물이다! 라고 외치고싶다. 하나님 살아계신다. 아멘.

ps. 기도원 가서 돈 쫌 주소~ 했드만. 기도원서 바로 돈 받아온 놈. 참 신기하이 산다!♥ 하나님짱.

2013.2.10 :: 오늘은 즐거운 설날

부산역 노숙인 아버지들께 세배도 하고 또 세뱃돈도 드렸다(?)

이틀 전 밤, 잠 잘라꼬 누웠는데 하나님께서 마음을 주시네.

"주현아~ 모레 설날이네! 니는 부산역 노숙인들에게 아버지라 부른다이가? 아버지믄 세배하러 가야제?"

"네? 흐흐"

누군가의 아들이었을테고, 누군가의 아버지셨을텐데... 이 설날 세배 못 받으신지 얼마나 오래되셨을꼬... 이래 아들의 마음으로 세배하러 가야긋다 맘묵고 오늘 강의 끝나고 혼자라도 고고할라했는데 강의 끝 무렵... "오늘 부산역 노숙인 아버지들께 세배하러 갈끼다! 미쳤제? 크크" 이래 슬 던졌다.

헐~ 아새이들 냉큼 물어삐네. 부전교회 고등부. 진짜 살아있네~ 설날인데도 할꺼없는(?) 애들 6명이랑 부산역으로 고고싱!(진짜... 고맙다 동생들아~) 부산역 나눔법(?)을 가이드 해주믄서 댕깃다. 스캔, 구입, 선정, 전달.

애들은 몰라보는 노숙인 아버지들... 나는 보인다. 짬이 쫌 되잖아? 같이 다니며 아버지들께 삼각김밥이랑 뜨신 꿀물 전해드리면서 예수님 사랑 나누었지. 오늘 강의 듣고 즉각 반응, 실천하는 친구들 정말 이뻤다.

세뱃돈 나눔 캠페인에 동참한다믄서 몸이 불편한 삼촌이 파시는 만원짜리(?) 목캔디를 사먹기도 하고 또 그서 바로! 세배도 해뿌고. (그가 어디냐면. 부산역 횡단보도. 사람들이 과연 많이 댕기는 위친데. 허.)

그람서 본격적으로 우리 노숙인 아버지들을 찾아뵈며 새해 복 많이 받으시라며 큰절을 꾸벅 꾸벅 올려드렸다. 그 맨바닥에서... 그리고 세뱃돈을 받기보다 오히려 드렸다(?)지. 아버지들의 얼굴표정 얼마나 밝아지시던지!!! 지나가시던 분들은 그 모습을 보시고 또 얼마나 감동을 받으시던지... 우리의 미친 짓이 세상을 감동시키고 있었다.

스물다섯 미친나눔으로 세상을 바꾸다

한 어머니... 지나가시다 물어보신다.

"왜 이런 일을 하세요? 어디서 나오셨어요?"

"아... 우리는요, 예수쟁이 청소년, 청년들입니다. 설날인께. 아버지, 어머니들 힘내시라며 인사드리고 있어요."

"아이고... 예수쟁이들은 다르네요."

예수쟁이는 다르네요... 그렇다. 예수쟁이는 다르다. 이 다름이 세상을 감동시킬 수 있고, 또 세상을 바꿀 수 있다고 믿는다. 더 다르게 살아야지...!

그리고 노숙인 아버지, 어머니들께도 감동이 전해졌나보다. 한 어머니, 지금까지 내가 2년 동안 찾아뵈도 대화도 한번 나눠볼 수 없었다. 너무 말이 안통해서... 몽골분인가? 했다. 또 웃는 얼굴도 전혀 볼 수가 없었는데. 오늘 세배 드렸더니 마 웃으시고. 한마디 조용히 하셨다.

"너무 고맙습니다..."(한국분이셨다. 근데 내 말을 2년 동안... 쌩까신...?)

어머니의 그 환한 미소... 난 예수님의 얼굴을 보았다. 예수님께서 웃으신다면 저렇게 웃으셨겠지... 우린 예수님께 세배를 드렸다.

쫌 친한 아버지께는 설 기념으로 여인숙에서 지내시게끔 방값도 전해드렸다.(월세 지원해드린다해도 아직까지 고사하신다.)

다 돌고 애들이랑 피드백을 하는데! 먼지 묻은 무릎뼈 안보이네... 그 바지에 흔적이 얼마나 이쁘던지. 앞으로도 더! **주님께 무릎 꿇어 기도드리듯... 소외된 이웃을 무릎 꿇어 섬기자**고 함께 다짐했다.

오늘은 행복한 설날, 주님께 세배드렸던 부산역은 천국이었다. 앞으로도 진짜 아버지 모시듯 더 열심과 진정으로 섬기련다! 미친짓하믄서 살지만, 이 미친짓이 이 세상을 따뜻하게 데푸는 것 같다. 나! **이 미친짓으로 예수를 전하고 싶다.** 예수님도 미쳐있었잖아. 사랑에... 오늘도 하나님께 영광♥ 여러분~새해 복 많이 받으세요! 그래가 많이 나눕시다.

🍃 소년원에서 갓 출소한 친구와 함께 서울역 노숙인 아버지들을 섬기다!

일주일 전, 전화 한통이 왔네.

"샘님~ 저 소년원에서 나왔어요! 만나고 싶어요. 그리고 같이 봉사도 가고싶어요! 강의... 너무 감동이었어요. 통닭도 너무 잘 먹었고요. 진짜 너무 고맙습니다.

진짜 그때 이후로 제 생각과 인생이 바뀌었습니다. **이제 정신 챙기고 착하게 살고 싶어요! 행님처럼 뭔가 의미 있는 사람이 되고 싶고... 사회에 이바지하고 싶습니다!** 그래서 노숙인 아버지들부터 돕고 싶은데... 어째야 할지 모르겠네요. 쫌 가르쳐주십시오."

나오자말자 바로 연락했단다. 고맙구로 흐...

"행님 다음주 서울 올라간다. 함 보자! 나눔법(?) 전수 해줄게."

오늘 오전 조선일보 기자님과 과연 열심히 인터뷰하고. 만나스 점슴을 같이 무며 이런 저런 대화를 나눴지! 새이 착한 놈인데... 지도 가출을 했었고 돈이 없으니 노숙도 해봤단다. 그래서 노숙인 아버지들에게 마음이 더 간단다. 김밥, 두유 담아서 댕겼다. 서울역... 참 많으시네. 금방 동이 나지. 뒷쪽에도 가보니 아버지들께스 막걸리 한사발쓱 하시네?

"아버지 속 베립니다. 김밥이라도 드시가면서 드시이소"

땅바닥에 퍼질러 앉아 진짜 한 시간 가까이 대화를 나눴다. 아버지 한 분은 스웨터 공장을 하셨는데... 부도가 나서 나오게 되셨고 한 분은 더 마음이 아프다. 중국집을 운영 하셨는데... 잠시 장보러 간 사이에 주방장이 실수를 해서 중국집에 불이 확 났단다... 그렇게... 중국집도 부인되시는 어머니도 잃게 되셨다는데... 이 후 용접 일 하면서 쪽방에서 지내셨는데. 지금은 일이 없어서... 노숙중이시라며 허허 웃으시는데 참 마음이 아팠다.

부산에서 노숙인 사역을 하는 청년인데 서울 올라온 김에 아버지들 식사 챙겨드리는 중 이랬더니, 대뜸 기도를 해달라신다... 그 자리에서 무릎 꿇고 네 명이서 손잡고 기도했다... 빡시게.

기도가 끝나니 아버지 한 분께서 안주머니에서 볼펜이랑 포스트잇을 꺼내시더니 싸인을 해달라시네? 헐... 이런 날은 기념해야한다시며 날짜까지 적어달라신다 허...(이렇게까지 진지하게 자신들의 이야기를 들어준 사람이 없었단다.)

이렇게 찾아주고 너무 고맙다시며 눈물을 흘리시는 아버지. 손을 꼭 잡고... 고개를 숙이신다... **우리 정선이 보고는 딱 목사같이 생겼다며 목사하라신다.**(아멘! 크크.)

옆에 누워 계시던 삼촌과도 한동안 대화를 나누다가 일어섰네.(삼촌통해 진짜... 귀한 깨달음을 얻었는데 요건 다음글에서!)

"샘님... 2시간 정도였는데 진짜 많이 배웠어요... 인생을 배운 것 같아요. 그리고 샘님이 왜 이렇게 사는지도 조금은 알 것 같아요. 저도... 아버지들 자주 찾아뵐게요! 오늘 너무 감사합니다. 뭔가... 눈물도 나고 웃음도 나고 이상한 감정이에요..."

강의 때 했던 말... 다시 한 번 더 해줬다.

"정선아. 분명히 사람들은 니한테 손가락질 할꺼다. 그렇다고 똑같이 손가락질... 그다가 주먹질까지 하지 말고. 그 사람들이 니한테 손가락질한다고 정신없어가... 안하는, 못하는 일을 해라. 너를 향해 손가락질하는 이 세

상에! 오히려 손 내밀어 주라는기다. 니가 세상을 바꿔야한다. 그래야 간지다! 해보자. 할 수 있제?"

"네. 해볼게요!"

참 뜨신 하루였다. 행복하고 감사한 하루였으며...

ps. 자신에게 손가락질 하는 이 세상을 향해 오히려 손내밀어주기로 한 우리 정선이의 미래를 축복하며... 오늘도 하나님께 영광♥

노숙인도 하나님의 형상이다. 그리고 우리와 똑같은 사람이다!

지난주 서울역 한 노숙인 삼촌과의 만남을 소개하련다. 소년원 출신 동생과 서울역 아버지들을 찾아다녔지. 드실 거리를 챙겨드리고 또 힘내시라고 손잡아드리면서... 한 삼촌을 만났다.

"삼촌~ 식사하셨어요?"

누워계시던 삼촌 벌떡 일어나! 앉으신다. 나도 그 땅바닥에 주저앉았다. 그리곤 토킹 이바구를 터잤지. 나오시게 된 계기, 나이, 고향, 가족관계 등을 여쭈면서 그렇게 대화를 이어갔다.

삼촌 노숙 10년 차... 가족 간의 갈등으로 나오게 되셨는데 막노동을 하면서 쪽방에서 지내기도 하시다가 지금은 막노동마저 일거리도 없고 있어도 외국인 근로자들이 일당을 하도 싸게 받아가기 때문에 일을 할 수가 없단다. 술도 안 드시고 또 자립의 의지가 있으셔서 그런지 대화가 참 잘 통했다. 30~40분정도 대화를 했다. 내려가는 기차 시간될 때까지. 삼촌이 너무 고맙다신다.

"동생~ 너무 고맙다. 날 노숙인이란 선입견을 가지고 대하는게 아니라.

한 '사람'으로 대해주는게 너무 고맙다. 일반적인 사람들은 노숙하는 사람들을 볼 때 '더럽다, 냄새난다, 게으르다. 몸도 멀쩡한데 왜 일을 안할까? 사회의 악이다.'라고 말하는데...

동생은 보니 같이 땅바닥에도 앉아주고 사람 대 사람으로 대해주고 동등한 입장으로 만난다는게 느껴져서... 너무 고마워~ 우리도 사람이고 말도 다 알아듣는데... 짐승보다 못하게 취급하는 사람들이 너무 싫어. 그래서 너무 고마워 사람으로 대해줘서..."

아... 진짜 이렇게 말씀하시는 삼촌의 눈물 맺힌 눈을 보는데, 눈물 터질 뻔한거 진짜 꾹꾹 참았었다.

그렇다. 우리는 노숙인을 노숙인으로 본다. 그리고 노숙인으로 대한다. 같은 사람인데... 진짜 같은 하나님의 형상인데... **우리는 노숙인을 우리보다 못한 사람(?)으로 대한다.** 아버지들께는 그 무엇보다 이 차가운 시선, 냉대가 더 큰 상처로 다가오셨으리라 생각하니 참 마음이 아팠다.

그래... 사람 대 사람. 이거다. 나는 사람, 너는 노숙인이 아닌. 나도 사람, 너도 사람. 돈 많으면, 집 있으면 사람. 돈 없으면, 집 없으면 짐승이랴? 우리는 같은 사람이다. 사람. 아니... 같은 하나님의 형상이다.

누가 노숙하고 싶어서 할까? 어쩌다보니... 그렇게 살아가게 되는 그분들의 마지막 자존감마저 우리가 깨부수지 말자. 같은 사람이니깐...

예수님을 생각해보자. 예수님은 하나님이시다. 즉, 신이시다. 근데 그 하늘 보좌를 다 버리시고, 우리를 위해 이 낮고 천한 이 땅으로 내려오셨다. **신과 사람이 아닌 사람 대 사람으로 만나주시려고...**

사람. 사랑.

사람 사랑하자.

예수님께서 먼저 보여주셨듯이...

너희 안에 이 마음을 품으라 곧 그리스도 예수의 마음이니 그는 근본 하나님의 본체시나 하나님과 동등됨을 취할 것으로 여기지 아니하시고 오히려 자기를 비워 종의 형체를 가지사 사람들과 같이 되셨고 사람의 모양으로 나타나사 자기를 낮추시고 죽기까지 복종하셨으니 곧 십자가에 죽으심이라(빌2:5~8)

🍃 스펙타클한 노숙인 삼촌, 쪽방 입성기

오늘 저녁 서울 성원교회에서 과연 미친놈같이 열정껏 강의를 했다. 헐... 전도사님 애들에게 헌금하자시믄서 바로 마 도전하시네. 숙소를 뛰갔다오고... 지갑의 전부를 다 꺼내 넣는 녀석들 등 대충보이 강사비 포함(?) 60여 만원을 전해주신다.

대박... 잘 들어주던 녀석들 또 단디 반응해주네. 다 마치니 10시 10분. 내일 아침은 경북 성주에서 강의가 있어서 무조건! 11시 막차를 타고 내려가야만 했다.

오늘 서울 올라오는데 하나님께서 마음을 주셨다. 앞 글의 주인공 삼촌을 꼭 만나고 또 쪽방이라도 모시라는 마음이었다... 즉, 강사비 받는 대로 다 게내라(?)는 뜻? 제 인생인께... 그리 하구로 맘먹고 있었다. 근데 이래 중고딩들 통해 헌금까지 모아주시는 하나님. 참... 간지난다.

서울역 도착해보니 10시 반. 11시까지 30분 남았다. 서울역 그 온천지에 계시는 노숙인들 중 어째 그 삼촌을 찾을 수 있을까... 근데 그때 대화 중 넌지시 들었었던! 삼촌이 밤에 주무신다는 연세빌딩 지하도 쪽으로 미친 듯이 뛰어갔다. 헐... 너무 많이 누워계시네. 한 20여 분이 계신다. 그리고 다 박스

깔고 침낭을 얼굴까지 뒤집어쓰고 주무시는데... 누가 눈지 어째 알끼라.

그냥 내려가야 되나보다... 하는 생각을 할 찰나에! 하나님께서 지혜를 주시네! 저번에 삼촌이랑 찍었던 사진을 디다보믄스[30] 똑같은 가방, 짐 등을 찾으면 되겠다는! 수색정신을 불러일으키시네? 사진 켜놓고 미친듯이 수색(?)했다. 뚜둥~~~!!!! 계시네. 계셔~♥

"삼촌 일어나봐요~~!!!! 나 기억나요? 저번에 또 온다했잖아요? 약속지켰죠이?"

"어? 진짜왔네? 이 밤엔 왜?"

"삼촌 선물주러요~ 서울에는 쪽방 얼마해요?"

"20만원~ 23만원정도 해"

"여기요! 한 60만원 되요. 요거 애들이 헌금 해줬는데요~ 삼촌 쪽방 2개 월치 하고요! 일거리 있을 때 까지 생활비로 쓰세요."

"너무 고마워서 어쩌냐... 진짜 너무 고마뭐." 하시며 눈물을 보이시네.

삼촌은 부랴 부랴 짐 챙기가 쪽방 구하러 고고싱! 나는 기차 놓칠라 서울역으로 고고싱! 하나님 은혜로 이제는 서울역에서도 노숙 탈출 시킷다. 우리 삼촌은 술도, 담배도 안 하시고 노숙을 하면서도 인력소에 나가시는 부지런하시고 삶의 의지가 있으신 분이다.

삼촌보고 전화달라켓다. 내 밥 사주고 싶을 때. 속히 오리라 믿는다! **하나님 살아계시죠? 과연 마 스펙타클하시죠?** 돈 한 푼 못 벌고, 교통비만 이빠이 들고. 마이너스로 내리가지만! 왜 이래 행복할까? 난 진짜 미친놈 인가보다. 참 좋다. 이래 사는기. 오늘도 하나님께 영광입니다.

---

30) 들여다보면서

한 노숙인이 자립하고 다른 노숙인 방까지 잡아준 기적

어제 전화 한통이 왔다. 2주 전. 서울역에서 방 잡아드린 삼촌이 보고 싶으시다네. 그래서 올라왔다... 비싼 돈 들여가면서.(노숙인 삼촌 만나러 부산서 서울 올라가는 놈은... 내밖에 없을끼라. 허허.) 삼촌이랑 풀코스 데이트했다.(밥. 목욕, 토킹이바구까지)

이삿짐센터에 나가시면서 직접 돈 벌어가 식사도 하시고... 너무 잘 지내시네. 말그대로 '자립'이다. 오늘 밥 사주신다고 하셨는데 더 좋은 일 하자면스 애끼두고! 내가 감자탕 대접해드렸다(일종의 꼼수였다! 큭.). 옷도 풀 세트로 뽑아가 선물해드리고 목욕탕으로 모시고 갔다. 오늘도 빡빡... 밀어드렸다. 서울에 노숙인 삼촌이랑 목욕하러, 그 특유의 냄새 맡아가면서 때 밀어드릴라꼬 온건가? 보이소~ 얼마나 말끔해지셨노? 목욕봉사... 일명 나라시 출장이네.(솔찌 냄새 많이 난다. 내 생긴 거하고 다르게 비위 약하다. 7년 묵은 때 냄새... 과연 힘들었다. 그래도 '예수님이라면 어떻게하셨을까?' 생각하면서... 샅샅이 밀어드리고 씻겨드렸다. 또 은혜 받았네... 때 밀다가.)

여기서 끝? 아니지. 삼촌이랑 서울역 지하도를 돌아댕기면서 물색(?)했다. 제 2의 삼촌을... 흐흐. 서울 분들은 대포폰, 명의도용 등으로 사기도 많이 당하고. 상처도 많이 받으셔서 마음을 잘 안 여시네... 그래도 끝까지 포기하지 않고 한 분 한 분께 아무런 대가 없이 방으로 모시겠다고 마음 문을 똑똑 노크했다!

뚜둥~ 아버지 한 분이 요 커다란 놈을 믿어주신다. 그래스 방으로 모셨다! 더 대박은 나와의 약속을 지키시겠다고 **우리 삼촌이 방을 잡아주신거다. 즉. 노숙인이 노숙인을 구하다?** 살아있네~~~ 대박이죠? 어째 이런 일이 가능하냐고? 예수님 때문이다. 예수님의 사랑으로 삼촌께 손 내밀어

스물다섯 *외침나눔*으로 세상을 바꾸다

드렸더니! 일어나시고 또 손 내밀어 그 사랑이 흘러 전해지는 역사. 크...
직이네. 기적이라 말합니까? 네! **'예수님 사랑 자체가 기적'**이지요. 오늘도
하나님께 영광입니다!

ps. 이 후 아버지들과 함께 노숙인 아버지 자립 돕기. 1 + 1 프로젝트 단디 시행중입니다. 노숙인 아버지가 자립을 하고, 또 다른 노숙인 아버지를 돕는 살아있는 프로젝트.

🍃 부산역에 노숙인 아버지들이 줄었다.

세상은 바뀌고 있다!

"제 꿈은 세상 바꾸는겁니다. 사과 반쪼가리로 세상 꼭 바꾸고 말깁니다!"
내 강의 마지막... 마무리 멘트다(?).
사람들이 말하겠지. 속으로 생각도 하겠지.
'에이... 무슨. 돈도 없고 어린 노무 새끼가... 니가 믄 세상을 바꾸겠노?'
그렇다. 내가 이란다꼬 세상이 확 바뀌겠나? 그래도 내가 섬기는 독거노인 할머니, 노숙인 아버지 그분들... 한 분, 한 분만의 세상은 확 바뀌게 된다는 생각으로 미친놈마냥 찾아다니고 있지.
근데... 바뀌고 있었다!♥ 언젠가 한 페친님이 댓글을 달았다.
'요즘,, 부산역에 노숙인들이 많이 안보이네요. 송주현님이 열심히 섬겨서 그런건 아닐까요? 응원합니다. 화이팅!'
곰곰히 생각해봤다. 부산역에 계시던 노숙인 아버지들... 분명 줄었다.
2~3년 전에는 50여 분이 상주(?)해 계셨다. 근데. 지금은... 많이 계셔도
40여 분 계신다. 한... 10여 분 줄었네? 왜 그럴까? 내가 그동안 그리고 지

금도 부산역 아버지 8명(분)을 방으로 모셨고 모시고 있으니깐. 그 중 4명(분)은 '자립'하시어 막노동을 해스라도 직접 방값 계산하시며 스스로 지내고 계시니깐!

유동적이긴 하겠지만 부산역 노숙인 분들이 10여 분 줄긴 줄었다! 이렇게 세상은 바뀌고 있다. 며칠 전, 한 달 전에 방 잡아드린 아버지 심방을 댕기왔지. 얼매나 말끔해지시고, 또 당당해지셨던지! 막노동 다니시며 빚도 갚고 계셨고. 방값도 모으고 계셨다.

아버지... 손을 꼭 잡으시고 또 눈물을 글썽이신다.

"내 다시! 열심히 살게 해주서 고맙습니다. 진짜 은인입니다. 고맙습니다."

지금 부산역에는 다시 일어설 수 없을 것만 같은 노숙인 아버지들께서 벌떡벌떡 일어나고 계신다. 왜? 예수님 때문에... ♥

난 방 잡아드리면서 예수님의 이름으로 손잡고 기도한다. 심방 가도 예수님의 이름으로 기도한다.

'예수님~ 우리 아버지! 상처입고 지쳐 아픈 몸과 마음 예수님의 사랑으로 위로해주시고 회복시켜주십시오! 그래서 다시 일어서실 수 있도록 새 힘과 능력주세요! 살아계신 예수님 이름으로 기도드립니다. 아멘.'

참... 신기하다. 이렇게 기도해드리면 우리 아버지들 눈가가 진짜 촉촉하게 젖어계신다. 그리곤 벌떡벌떡 일어나신다. 자립하신다는 거다! **일어날 수 없는 기적 같은 이야기. 부산역에서 일어나고 있다. 왜? '예수님의 사랑 자체가 기적'이니...**

난! 앞으로도 세상 바꿔나갈끼다. 한 분, 한 분 섬기면서 그분들만의 세상을 확 바꿔드리면서! 바뀌지 않을 것만 같은 세상을 이렇게 확 바꾸고 말꺼다!

행복하다. 감사하다. 왜? 예수님때문에... 하나님께서 하셨습니다. 하나님께 영광입니다.

부산역에는 이름도 없이 빛도 없이 우리 노숙인 아버지들께 예수님의 사랑을 전하며 자립
과 재활을 돕는 기관, 단체, 사역자님들이 참 많이 계신다. 우리 선생님들께서 더 많은 분들
의 세상을 바꾸어 가시고 계실테다... **난 이제 시작이다... 하나님께 영광.**

🍃 밴쿠버 목사님 부부의 나눔(?)으로 부산 노숙인 부부, 방 잡아드렸다.

이틀 전. 코스타 성공(?) 기념으로 민기랑 노숙하러 나갔었지. 흐. 왠지
하나님께스 마음을 주셨다. 그러면 피곤해도 순종함으로 나가야지(후유증 심각...
오늘 신호대기 중 잤다. 헉!).

오랜만에 날 보는 삼촌들 많이도 반가워 하셨다. 안부도 여쭙고 드실거
리를 챙겨드리기도 하믄서 돌아댕기고 있는데... 한 젊은 남녀 두 분이 함께
배회(?)하고 계시네? 다가가서 말을 걸었다. 결혼 3년차 부부신데... 어쩌
다보니 노숙하고 계시단다.

일단 천국으로 모셨다. 김밥천국. 흐. 식사하면서 대화를 나누는데...
헉. 마음이 너무 아프다. 딱 봐도 순진, 순수하신 분들인데... 사기를 당해
서 집이고 뭐고 다 날려버리고 신용불량자까지 돼서... 졸지에 노숙을 하시
게 되었단다.

마음이 아파스 일단 내일 월세방 구해드릴테니 우선은 여관에서 푹 쉬시
라고 방을 잡아드리고... 그날은 헤어졌다. 어제 오전에 만나서 아는 월세방
으로 모시고 갔는데... 헐~ 방이 다나갔단다.

당장 구해지지도 않고... 또 여관으로 하루 더 모셨다. 그리고 민기가 발
품 팔아서 부산역 근처에 월세도 되는 여관을 구했고, 오늘 오전에 방으로
모시게 되었다.

방값... 30만원. 초기 생활비, 생필품 등 챙겨드리다 보니 50만원을 훌쩍 넘겨버렸다. 어제도 모시고 있는 노숙인 할아버지들 방값도 내드리고 요새 돈 쓸 구멍이 과연 많은데... 주여.

그래도 참 감사한 것은 밴쿠버 공항에서 출국하기 전, 밴쿠버 코스타 디렉터 목사님과 사모님께서 배웅을 나오셨었는데~ 땡큐 카드라 하시면서 봉투 하나를 건네주셨었다. 비행기 안에서 열어보니 여비에 보태라시며 20만원이 들어있었다.(날 밴쿠버에 불러주신 분들인데...이렇게 또 신경써주신다. 흑...) 20만원 보는데... 여비는 무슨. 딱 그 생각밖에 안들더라... **노숙인 아버지 방 함 잡아드리야긋네... 그래스 이래 방 잡아드렸다. 밴쿠버 부부가 부산역 부부를 훗.**

방 잡아드리고 손잡고 기도했다.

"하나님! 우리 삼촌, 이모의 상처받은 마음을 위로하시고 새롭게! 시작할 수 있도록 힘과 능력을 더해주세요!"

보금자리가 생겼으니 삼촌은 막노동, 이모는 식당일 나가시믄서 살살 재기를 준비하시기로 했다. 난 기도하고 또 단디 화이팅 불어 넣어드려야 겠다. 하나님 분명 일하실끼다.

한국 들와서 계속 정신없다. 그럼에도 행복하네! 오늘도 하나님께 영광.

ps. **노숙을 하는 상황임에도 그 어느 부부보다 잉꼬부부셨다.** 손을 꼭 잡고 다니시고 서로를 더 챙기시는 모습. 참 마음이 따뜻해지더라. 이게 사랑이지~♥ 결혼 서약할 때 그 서약, 그대로 지키시네 흐. '있을 때나 없을 때나.' 멋지다.

🍃 예수님(?)과 함께한 생일 아츰상

어제 노숙하고 한 2시간 잤나? 아츰부터 분주하게 움직였다 흐. 어제 새벽 1시. 부산역 대기실에서 49세 되시는 노숙인 삼촌을 만났다. 천국(김밥집)으로 모셔서 대화를 나누는데... 마음이 아프다.

가족이 아무도 없단다. 21살 이후론 계속 혼자셨다는데... 아... 얼마나 외롭고 힘드셨을까? 삼촌... 그래도 막노동 하시면서 달셋방 얻어서 잘 지내셨는데, 일 하시다가 못이 발에 박혀 수술도 하고... 또 위장(?)이 안 좋으셔서 배를 거의 반을 가르다시피 하시어 수술을 하셨단다. 너무 마음이 아프다.

그렇게 노숙을 시작하셨고 잠도 올케 못자니 일을 나가실 수가 없지. 어제 밤, 여관방 하나 잡아드리곤 오늘 아츰에 다시 만나기로 했다. 엄청시리! 피곤했지만 바로 마 부산역으로 고고. 삼촌 손 잡고 고시텔로 고고했다. 방으로 모시고 손잡고 기도해드렸다. 삼촌... '아멘'으로 함께 해주시네. 크!

다시 나와서 모닝 국밥 한그릇했다. **예수님과 함께 한 아침식사, 생일이라 더 맛났다.** 지극히 작은 자에게 한 것이 나에게 한 것이니라...!

ρs. 고시텔 계약서 날짜 살아있네. 왜? 3월 29일은 내 생일이니깐. 아버지 파이팅♥

독거노인 할아버지, 할머니들을 섬기는 이유

우리 중고딩, 청년들(나눔커뮤니티)이 지 시간빼서, 지 돈내가믄서 이래 할머니들을 찾아뵙고 섬기는 이유는 다름이 아닌, '은혜를 갚기 위함'이다.

우리 세대, 살아도 너무 잘 산다. 대한민국이 이래 잘 살았던 적이 있었을까? 일제 강점기 그리고 해방 후 6.25전쟁까지… 말그대로 소망이 없었다. 피폐해진 이 나라를 지금처럼 멋지게 일구신 분들은 우리의 할아버지, 할머니들이시다. 피땀을 흘리시어 이 나라를 다시 일으켜 세워주셨다. 얼마나 고생하셨을까? 얼마나 힘드셨을까? **우리 젊은이들이 이래 좋은 세상에서 사는 것은 당연한 것이 아니다. 우리 할아버지, 할머니들의 피땀 흘리신 수고의 열매인 것이다.**

우리 할아버지, 할머니들께 이 감사를 표현해도 모자랄 판에 점점 설 자리를 잃어가신다. 생활, 아니 생존조차 힘드시다. 그래서 길거리에 내몰리신다. 폐지, 빈병 등 고물을 주워다 파시는 넝마주이 신세가 되어버렸다. 그러다 죽음까지 외롭고 고독하게 맞이하는… '고독사'라는 단어가 나올 정도가 되었으니.

우리는! 은혜 갚으러 다닌다.

"할머니~ 고마워하지마세요! 할머니 덕분에 저희들이 이래 좋은데서 사는데요. 할머니들께서 고생해주셔서 지금의 대한민국이 있는거잖아요? 그 은혜 갚으러… 감사 인사드리러 왔습니다. 감사해요♥"

말이라도 고마운데, 그 고생… 알아주니 너무 고맙다시며 손을 꼭 잡으시는 우리들의 할아버지, 할머니. 우린! 오늘도, 내일도 은혜 갚으러 가련다! 예수의 사랑을 품고서… 웃어른을 공경합시다. 감사함으로.

🍃 갱로잔치 한 번 해드렸더니, 대통령 해뿌라 하시네.

이른 아츰부터 분주하이 댕깃다. 우리 할아버지, 할머니들 신나는 날 만들어드릴라꼬. 대성공이다. 작은 경로당이라서 어째 많이는 오시긋나? 오셔도 다 앉으실 순 있을까? 했는데... 대박~~~!!! 마 미트질라칸다[31]. 그래 광고도 빡시게 안했고, 속닥하이 할라켓는데. 헐~ 한 분 두 분 모이시더니... 마흔 세분의 할아버지, 할머니들께스 오셨다.

갱로당 회원 할아버지 말씀으론 이 갱로당 지지고[32] 제일 많이 모잇다고 하시네. 수육도 하고, 떡도 했는데... 난주는 안되긋다 싶어서 탕수육까지 시켰다. 한 3시간 넘도록 잔치를 벌렸다.

여느 때처럼 **"지금의 대한민국은 할아버지, 할머니께서 만들어주셨습니다. 좋은 세상에서 살게 해주셔서 감사합니다."**라고 인사드렸다. 얼매나 좋아하시던지 박수가 그래 뜨거울 수가 없네.

진짜! 뭐 바라고 한 건 없다. 그냥~ 감사 인사드리는기지. 너무 즐거워하시고 또 너무 기뻐하신다. 집 안에서 혼자스 항상 무료하게 지냈는데 오늘같은 날도 다있냐며... 너무 기쁘다며 눈물을 흘리신다. 손주 삼고 싶다고 볼에도, 손등에도 뽀뽀도 해주신다. 아놔... 늙은(?)여자한테 인기 많아서 골치 아프네.

무엇보다... 대통령 나가란다. 품. 죽기 전에 한 표 찍어주신다믄서. **내는 죽어도 우리 손주들 사는 시대는 더 살기 좋은 세상으로 만들어달라시면서...**

"할매~ 믄 대통령입니까? 고마 봉사활동이나 열심히 할게예"
어짜든 좋은 세상은 만들고 싶다.

---

31) 미어터지려고 한다
32) 짓고

　우리 귀염둥이 후배들의 재롱잔치에 할아버지, 할머니들 신이 나시가, 답가로 시작된 노래... 내일까지 부르실라카네. 나가실 때 라면 한 묶음, 수건까지 챙겨드리며 폭 안겨드렸다. 할매들 냄새가, 할매들 미소가 너무 포근하다. 집으로 돌아가시는 발걸음이 어찌나 가볍고 즐거워 보이시던지.

　"술은 왜 안묵노? 아~ 교회댕기나? 참 교회댕기는 아들이 착하네. 넘 고맙다이!" 하시던 할머니들... 예수님의 사랑이 우리의 손과 발로 잘 전해졌음 좋겠다. 오늘도 하나님께 영광입니다.

ps. 이래저래 준비한다고 100만원 넘게 들었다. 쫌 모질랐다... 하지만 하나님께스 딱 타이밍 맞게 후원금을 보내주신다. 그것도 캐나다에서...

🍃 부산역 예수쟁이 총각들

　며칠 전, 내 생일 때 나한테 실수로 선물 사주고 싶은(?) 분들 계시면 아싸리 돈으로 보내달라고 했었다. 미쳤다... 생일 핑계로 대놓고 돈 달라카는 대범함의 .. 흐. 참 신기하게도 그 요청에 많은 분들이 반응해주셔서 하루만에 200만원 정도가 모였다. 보내주신 선물(후원금)을 신발, 옷, 속옷 등 우리 부산역에 계시는 노숙인 아버지들 선물로 구매. 한 며칠 동안 밤마다 찾아뵈었다.

　다 떨어져 신발의 입이 벌어져 있는 아버지들께, 구두들 신고 다니는 아버지들께 새 신발을 선물해드리고. 땀에 젖어있는 속옷, 비위생적인 속옷도 새 속옷으로 갈아입으시도록 챙겨드렸다.(속옷은 여벌로 많이 챙겨드렸다.) 그리고 봄맞이 신상 컬렉션도 열어드렸다. 봄옷도 단디 챙겨드렸는데, 너무 고마워하신다.

오늘도 즐거운 맘으로 부산역에 고고! **따뜻한 봄날~ 산타할배가 아닌 예수쟁이 총각들이 되어보았다.** 얼마나 좋아하시는지 진짜 입이 귀에 걸리셨다.(내는 입이 이마에 걸림.) 부산역에 소문 단디났다. 야밤에 예수쟁이 총각들 뜨믄 마 신발이고, 옷이고 다 챙기주산다믄서! 참 고맙고, 좋은 친구들이라꼬.

오늘도 나눠드리고 있은께! 예수쟁이 총각들 뜬다고! 주무시다가도 친구들 깨워가 오신다. 옷도 바로 마 그자리서 입어보신다. 바지도... 바로 갈아입으신다. 허허.

"옷 재질도 좋고~!항상 고맙다 총각들."

"예수재이 총각들 땜시 새 신발, 새 옷까지 참 고맙네유."

"부산역 소문났다아인교? 그 총각들 언제 오는가 싶어가 ~ 신발 쫌 더 챙기와주소."

우린 부산역 예수쟁이 총각들이다. 조만간 아버지들이랑 야식 파뤄해야긋다. 코밍 쑨. 오늘도 하나님께 영광입니다. 그리고 제 생일선물로! 총 198만원을 후원해주셔서 우리 아버지들께 새 신발, 새 옷 사드릴 수 있도록 도와주신 페친님들께 다시 한 번 감사드립니다.

🍃 잠자리 레벨업 하시는 아버지! 밥까지 사주시다.

2개월 전 부산역에서 한 아버지를 만났다. 나이는 40쯤음. 노숙하신지 조금 되셨다. 부모님께서는 일찍이 돌아가시고 결혼조차 못하시어 가족관계가 없다. 아무 기댈 곳 없는 세상에 지쳐 어짜다보니 노숙까지 하게 되셨는데… 하나님께서 만나게 해주셨다. 대화를 나누다보니 자립의 의지가 있으시다. 바로! 방 잡아드렸다. 18만원짜리 고시텔!

밀린 폰값도 내드리고 생활비, 생필품을 챙겨드렸다. 그리고 손잡고 예수님 이름으로 기도드렸다! '아버지 상처입은 몸과 마음 만져주시고… 새 힘 주시어, 다시 일어나게 해주세요!' 아버지, 그 다음날부터 인력소에 나가셨다. 너무 고마운께 은혜도 갚고 싶고 새 출발 하시겠다며.

가끔 연락이 왔다. 너무 고맙다고… 방 잡아드린지 1개월 뒤 아버지께서는 직접 버신 돈으로… 조금 더 크고 좋은 고시텔(20만원)로 직접 방값을 내시며 이사를 하셨다. 대박! '자립'하신거다. 그것도 레벨업하시면서.

가끔 심방도 가고 통화도 주고 받았었다. 항상 고맙다고만 하셨지. 흐. 아버지 오늘 갑자기 만나자신다. 근데 장소가 우리가 알고 있던 숙소가 아니다? 헐~ 대박! 아버지! 인자 여관까지 접수하셨다. **월 30만원. 넓고 깨끗한 개인방을 얻으신거다. 지금까지 모신 분들 중에 최고의 열매다. 2개월 만에 머리 누이시는 곳이 과연 레벨업이다!**

부산역에서 고시텔. 고시텔에서 더 좋은 고시텔. 고시텔에서 이제는 여관까지… 그리고 우리 밥까지 사주신다. 초 대박이지. 하나님! 역시 단디 살아계신다. 하나님께서 만나게해주셨고 방 잡아드리고 모신지 2개월… 자립만 하신기 아니라 인자는 방까지 업그레이드해가 지내신다. 방 잡아드리니 바로 다음날부터 일 나가시더니… 의지, 의욕을 가지고 열심히 일한께 여기저기서 스카웃 제의가 들어왔단다. 그래서 지금은 일당도 10~12만원

짜리 페인트업체에서 일하시면서 다른 노숙인 아버지들 일
자리 챙겨주시기까지 하신다.

하나님! 살아계신다? 안 살아계신다? 너무 행복하다. 요
즘 이래저래 마이 힘든데... 아버지 땜시 힘 바싹 난다! 내가
왜 이래 사는지 삶으로 보여주시고 또 격려해주시네. 인자
아버지, 아들하기로 했다. 조만간 목욕도 가고~ 몸보신도
쫌 해드리야긋다. 하나님 단디 살아계신다. 그래스 하나님께
만 영광이다!!!

ᵖˢ. 교회 소개해달라신다. 주일마다 교회 나가고 싶다시며... 난 예수 믿으라
고 '강요'하지 않았다. 내가 예수쟁이임을 '강조'했을 뿐이다. 앤드 지금
은 자전거로 라이딩하시는 취미생활까지 하신다.

🍃 노숙인 아버지랑 1주년 기념 데이트

지난 토요일에 전화 한 통이 왔다.
"주현아 내다. 내일이 무슨 날이게?"
재빨리 머리를 굴렸다... 헉! 그 날이네?
"아버지~ 우리 만난지 1년 되는 날이네요?"
"니가 그걸 어쩨 아노? 이야~ 아들. 그것도 생각해주고 고맙네! 그래
서... 우리 만난지 1주년이니깐, 니 볼라꼬 일부러 부산에 왔다이가"
"네? 진짜요? 잠시만 계시이소~ 바로 갈게요!"
우리 아버지... 2012년 4월 21일. 여느 때처럼 부산역 대기실에스 박스
깔고 신문지 덮고 주무실려던 분을 첫 달은 방값 대신 내드릴테니깐! 다음

달 부터는 직접 방값내시면서 지내보자꼬. 초기 생활비, 생필품까지 지원해 드리면서 부산역 근처에 있는 여인숙으로 모시게 되었다. 하나님 살아계신 다. 아버지 5월 21일. 여인숙에서 고시텔로 레벨업하셨고. 이 후, 꾸준히 방 값 내시면서 지내고 계신다. (자립 1호)

그리고 신용불량자 신분이었는데 지금은 신용회복단계까지 오셨다. 대 박! 그렇게 1년 전부터 지금까지 아버지, 아들 관계로 이어지게 되었다. 아 버지 지금은 외지에서 지내시는데 일부러 내 볼라꼬 부산역까지 시간 내어 오신 것이다. 헐! 1주년이라꼬... 일부러.

토요일에 전화받자말자 바로 부산역에 뛰가가 잠시 만남을 가졌다. 그날 저녁에 강의가 있어서 내일(주일) 저녁에 제대로 뵙자믄서 여관방으로 모시고 헤어지게 되었었는데... 어제 저녁, 연락을 주시기로 하셔서 계속 기다렸는데 도 전화가 안오네? 오늘(2013년 4월 22일) 아침 아버지로부터 전화가 왔다. 어제는 주일이니깐 내가 강의하러 댕긴다고 바쁜께, 일부러 연락을 안하셨단다. 이 제는 아신다. 내 생활패턴까지도 흐...(은근 감동이었다.)

그렇게 오늘 점슴 때! 하루 늦어진... 1주년 데이트를 즐겼지. 회 한사리 대접했다. 소주도 따라드리고. 이래저래 대화를 나누는데... 눈물 삐 안나네.

"주현아. 너를 만난기 내한테는 행운이다. 어느날 갑자기 찾아와서 방을 잡아준다는데... 와 이런 사람이 있을까? **진짜 눈물겨운게 아니라 내한테는 진짜 기적같은 날이었다...** 진짜 이제는 아들이 아니라 친구하자.

이 세상에 믿을만한기 니 밖에 없다. 이제는 진짜 그냥 보고싶다야. 그래 서 보고 싶을 때마다 전화도 했던거고... 만난지 1년 됐으니, 기념일이란 핑 계를 되서라도 보고싶어가 이래 여기까지 왔다이가...

내가 가장 어려울 때 손 내민 사람이 자네야. 노숙생활 10년. 진짜 작년이 제일 힘들고 어려웠는데, 그때 자네를 만난거야... 근데 어떻게 잊자삐냐, 못 잊자삐지... 진짜 고맙다... 오늘 전화기 생기는데~ 니가 1번이다 하하"

아버지 눈에 눈물, 아니 진심을 보았다. 나도 덩달아 눈물이 코끝이 찡해지더라... 그리고 한 마디 던졌다.

"아버지... 저 요즘 부산역 근처에 살아요. 아버지 같은 분들 모실려고... 일부러 방도 여기로 잡았어요. 흐. 그리고 지금은 열 두 분 모시고 있어요. 이기 다 아버지 때문입니다..."

내 이야기를 조용히 들으시던 아버지... 그 눈에 고여 있던 눈물이 뚝 떨어지시네. 흐... 1년 전, **부산역에서 아버지를 만났다. 그리고 1년 후 난 부산역으로 아예 짐싸고 들어앉아삣다. 방 겸 사무실 채리고. 아버지들 위해 살려고...**

내 인생 참 재밌네. 노숙인 아버지랑 기념일 챙기샀고... 아버지들 더 많이 만들어야지! 그리고 기념일도 더 많이 챙겨야지! 그래서 세상 꼭 바까야지!!! 오직 예수의 이름으로... 오늘도! 하나님께 영광

ps. 아버지 1년 전. 초기 생활비 전해드렸던 봉투. 그때부터 지금까지! 지갑 제일 안쪽에다 고이 모싯단다. 내 보고싶으면 꺼내서 보고, 만져보고... 그렇게 날 생각하며 지내셨단다. 1년 전, 송주혀이... 아버지 지갑 속에 들어간 것이 아니라 아버지 맘속에 들어갔구나. 흐.

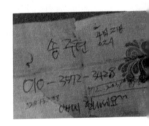

노숙인 아버지들, 방 잡아드리는 이유
일단 건강부터 회복되시고! 그리고 자립까지 이어진다죠.

오늘은 한 달 전 뻘받아가 부산역에 노숙하러 나왔다가(자진노숙 송주현) 만나게 된 삼촌 심방 댕기왔다. 벌쓰 방 잡아드린지 한 달이 다 되어간다. 찾아뵐 때마다 안 계셔서 소식이 참 궁금했는데...(진짜 아츰이고, 밤이고 안 계심.) 오늘 뵈서 여쭤보니 매일같이 일자리도 알아보러 나가시고 또 일도 조금씩 하시면서 새로운 시작을 위해 동분서주하셨단다.

무엇보다 우리 삼촌, 문 열고 들가는데... 헐~ 완전 딴 사람이 **되셨네? 얼굴에 윤기 좔좔! 그서 묻어나오는 여유로운 표정까지. 진짜! 건강부터 단디 회복되셨네.** 그리고 목소리에서 자신감이 느껴진다. 삶의 의지가 생기신께.

매 주일 교회나가실 때는 인자 양복을 입고 댕기신다!(간지남 되셨도다. 흐.) 다만 아직 그리 여유롭지 못하시니 구두가 없어서... 양복에도 운동화를 신으신다는데. 조만간! 자립 기념으로! 구두 한 켤레 선물 해드리야겠다.

하나님께서 마음주시면 바로 마 방 잡아드린다. 그리고 초기 생활비, 속옷, 내복, 옷가지와 생필품, 끝으로 다시 시작하시자며 '안전화'까지! 단디 챙겨드린다. 그리곤 손모아 기도드린다.

"예수님. 우리 삼촌... 지치고 상한 몸과 마음 어루만져주셔서 회복케 해주시고. 새힘 불어 넣어주세요"

예수 파워! 능치 못함 없다. 어찌돼든... 오늘같이 비오는 날, 우리 삼촌께스 방에서 주무실 수 있다는 것만으로도 방 잡아드리는 돈, 코때까리 만치도 안아까움! 진짜!

오직 주님께 영광. 내일도 신나는! 심방 가볼까나?

스물다섯 *믹친나눔*으로 세상을 바꾸다

오늘은 노숙인에스 노신사가 되신 우리 할아버지랑 1주년

2012년 4월 25일. 남포동 지하철역 한쪽 구석에서 우리 할아버지를 만나게 되었다. 연세는 칠순. 노숙하신지 오래 되시어 몸이 진짜 말이 아니셨다. 허리도 꾸부정하시고, 한쪽 눈은 실명이 되셨고 두 세발만 옮기셔도 숨을 가빠하셨는데. 진짜 오늘, 내일 하셨다.

바로 마... 근처 여인숙으로 할아버지를 모셨고, 지금까지 만 1년 동안 월세 내드리며 생활비, 용돈도 챙겨드리면서 피 한방울 안 섞인 넘의 할배를 모시고 있다. 몸도 안좋으시고 연세도 있으신지라 다른 분들처럼 자립을 기대할 수도 없고, 하면 안되고... 방 잡아드리면서 바로 마 맘을 뭇다. 내가 어째해서든 '그' 날까지 모시겠다고...

우리 할아버지 시간이 지나면서 몸도 많이 회복되시고 언젠가부터 주일마다 교회에 나가실 때는 양복을 입으시고 다니게 되셨는데. 흐... 하나님 은혜로 노숙인에서 노신사가 되셨다.(원래는 단벌 신사셨는데...) 따뜻한 방에 누워 있으면 저절로 천사 송주혜이 생각밖에 안난다고 하신다.

"만약 니가 방 안구해줬으면 지난 겨울... 이미 죽었을낀데..."하시며 손을 꼭 잡으시면서 너무 고맙다신다. 그렇게 오늘이 할아버지 모신지 1주년 되는 날이다. 근디 좋은 날인데 병원에서 만나게 되었네. 할아버지... 기관지가 안 좋아지셔서 위내시경 검사 등을 하시게 되면서 아무런 가족관계가 없으신 할아버지의 '보호자'까지 되어서... 모시게 되었다.

참... 인생 재밌다. 내 나이 스물 여섯에 우리 할배도 아닌 넘의 할배 보호자까지 되뿌고. 목이 안좋으신께 식사를 제대로 못하시어 몸이 많이 야위어지셨다. 맘이 아프네... 치료 단디 하시고 쫌 회복되시고 퇴원하시믄 몸보신 한 번 해드려야겠다.

무튼, 오늘(2013년 4월 25일)... '우리' 1주년이에요♥ 축하해주세요.

앞으로도 이 땅의 선한 사마리아인이 되어, 참 이웃으로... 이 세상을 바꿔나가겠습니다. 아니... 세상은 못 바꿀지라도 한 분, 한 분만의 세상이라도 바꿔드리겠습니다. 기도, 응원 많이 해주세요!

오늘도 하나님께 영광입니다!!!

〈선한 사마리아인의 비유〉

예수께서 대답하여 이르시되 어떤 사람이 예루살렘에서 여리고로 내려가다가 강도를 만나매 강도들이 그 옷을 벗기고 때려 거의 죽은 것을 버리고 갔더라 마침 한 제사장이 그 길로 내려가다가 그를 보고 피하여 지나가고 또 이와 같이 한 레위인도 그 곳에 이르러 그를 보고 피하여 지나가되 어떤 사마리아 사람은 여행하는 중 거기 이르러 그를 보고 불쌍히 여겨 가까이 가서 기름과 포도주를 그 상처에 붓고 싸매고 자기 짐승에 태워 주막으로 데리고 가서 돌보아 주니라 그 이튿날 그가 주막 주인에게 데나리온 둘을 내어 주며 이르되 이 사람을 돌보아 주라 비용이 더 들면 내가 돌아올 때에 갚으리라 하였으니 네 생각에는 이 세 사람 중에 누가 강도 만난 자의 이웃이 되겠느냐 이르되 자비를 베푼 자니이다 예수께서 이르시되 **가서 너도 이와 같이 하라** 하시니라(눅10:30~37)

🍃 노숙하시던 아버지, 따뜻한 가족 품으로

오늘도... 민기랑 야밤에 부산역 댕기왔다. 밤 12시 쯤 지나서?

"민기야~ 부산역 나가자. 오늘 나가얄 삘이다."

그렇게 짐 챙기가 바로 나갔다. 여기 저기 댕기면서 아버지들 속옷부터,

옷, 신발, 양말까지 단디 챙겨드리면서~ 안부 인사도 나
누었지. 부산역 예수쟁이 청년들의 일상. 흐... 오늘 부산
역에 나간 이유는? 한 아버지를 만나기 위해서였나보다.
몸도 안좋으신데 어쩌다보이 노숙하신지 닷새. 어데 가실
라케도 무일푼이다 보니 졸지에 노숙이시네...

서울에 계시는 형님께 연락을 취하고, 내일 바로 서울
에 올라가시기로 했다! 기차 티켓부터 끊어 드리고 새 옷, 새 신발, 속옷 등
가방에다가 단디 챙겨드리면서 여관방으로 모셨다. 편히 쉬시다고 올라가
시라고. (식사하시라고 용돈도 쫌 챙겨드리고.)

아버지... 그 눈가의 눈물... 피곤하고 돈 마이 써도 내가 이래 나오게 되
는 이유인 것 같다. 모르겠다. 그냥... 상처입고, 아파하는, 지쳐있는 소외
된 이웃들의 눈물을 닦아주고 싶다. 모두의 눈물을 닦아줄 순 없겠지만, 가
까이에 있는 분들이라도 찾아다니면서...

나 송주현! '세상을 바꿀 순 없을지라도, 세상의 한 쪽 귀퉁이는 살려내
고 만다.'

'그리스도인, 작은 이들의 벗.' (통합 측 2013년 표어였던 것 같은데...)

더 살아내자. 예수님의 삶처럼...!

참 신기하다. 하나님 마음 주실 때 그냥 미친척 순종해서 나오믄 꼭 만나
야 할 사람을 만나게 된다. 아니 만나게 하신다. 오늘도 잘 순종했다. (살아있네
~) 민기야~ 잠 깨아가 미안타만! 오늘도 우리 잘 순종했다! 부산역에 사무
실 겸 방을 잡은 이유. 이기다... 그냥 미친척 나댕길려고. 오늘도 하나님께
영광♥

ps. 정말 엄청나게 피곤하다... 내 인생이지.

🍃 부산에서도, 서울에서도 고등학생들의 '미친 나눔'으로 세상은 바뀌고 있다.

〈부산의 한 여고생의 메세지〉

안녕하세요 송주현 나눔전도사님! 저는 부산 사하구에 사는 고3 여고생입니다. 겨울방학 때 제 친구들을 통해 알게 되었는데요. 그 이후에 facebook에서 대표님이 하시는 일들을 보게 되었습니다. 부산역 노숙자분들을 도우시고 그들의 이야기를 들으시는 모습을 보며 저는 정말로 감동을 받았습니다.

그리고 예전에 저에게 있었던 일이 생각났습니다. 저희 가족이 미국에 잠시 있었을 때 돈이 없어서 끼니도 챙겨먹기 힘든 시절에 어느 한인분께서 6개월 동안 저희 집에 쌀을 배달해 주셨습니다. 그때 저도 남을 도우면서 이 은혜에 보답해야지라고 생각했다가 잊고 살고 있었습니다. 그 다짐을 기억나게 해주심에 감사합니다.

그래서 저도 송주현님처럼 현재 남을 도우려고 많이 노력하고 있습니다. 아직 저희 가족 형편도 그리 좋은 편은 아니지만 설날과 매달 받은 용돈을 쓰지 않고 아끼면서 돕고 있습니다. **원래 학교 매점에서 간식 많이 사먹었는데 그 돈이 노숙자분들의 한 끼 식사일 수 있다고 생각하니 절약하게 되더라고요.**

고3이라 시간이 많이 없지만 시간 날 때 마다 남포동에 가서 구걸하시는 분들에게 따뜻한 두유와 돈을 드리고 쥐포 할머니에게서 쥐포를 사먹었습니다. 어제도 남포동에 가서 쥐포를 사 먹었어요. 할머니랑 이야기도 하고 정말 좋았습니다. 예전에는 그냥 무시하고 지나갔던 제 자신이 부끄럽기도 하였습니다. 저는 이제 길가에 지나다니면 습관적으로 폐지 줍고 있는 할머니를 찾게 됩니다. 무거운 것 들고 다니는 노인 분들 도와드리고요.

저를 이렇게 변화하게 해주심에 다시 너무 감사합니다. 나눔 전도사님! 꼭 한번 뵙고 싶습니다. 부산역에 가면 볼 수 있

안녕하세요 송주현 나눔전도사님!
저는 부산 사하구에 사는 고3 여고생입니다.
겨울방학 때 제 친구들을 통해 알게 되었는데요.
그 이후에 facebook에서 대표님이 하시는 일들을 보게 되었습니다.
부산역 노숙자분들을 도우시고 그들의 이야기를 들으시는 모습을 보며
저는 정말로 감동을 받았습니다.
그리고 예전에 저에게 있었던 일이 생각났습니다. 저희 가족이 미국에 잠시 있었을 때 돈이 없어서 끼니도 챙겨먹기 힘든 시절에 어느 한인분께서 6개월 동안 저희 집에 쌀을 배달해 주셨습니다. 그 때 저도 남을 도우면서 이 은혜에 보답해야지라고 생각했다가 잊고 살고 있었습니다. 그 다짐을 기억나게 해주심에 감사합니다.
그래서 저도 송주현님처럼 현재 남을 도우려고 많이 노력하고 있습니다. 아직 저희 가족 형편도 그리 좋은 편은 아니지만 설날과 매달 받은 용돈을 쓰지 않고 아끼면서 돕고 있습니다. 원래 학교 매점에서 간식 많이 사먹었는데 그 돈이 노숙자분들의 한 끼 식사일 수 있다고 생각하니 절약하게 되더라고요. 고3이라 시간이 많이 없지만 시간 날 때 마다 남포동에 가서 구걸하시는 분들에게 따뜻한 두유와 돈을 드리고 쥐포 할머니에게서 쥐포를 사먹었어요. 어제도 남포동에 가서 쥐포를 사 먹었어요. 할머니랑 이야기도 하고 정말 좋았습니다. 예전에는 부끄럽기도 하였습니다. 저는 이제 길가에 지나다니면 습관적으로 폐지 줍고 있는 할머니를 찾게 됩니다. 무거운 것 들고 다니는 노인 분들 도와드리고요. 저를 이렇게 변화하게 해주심에 다시 너무 감사합니다.
나눔 전도사님! 꼭 한번 뵙고 싶습니다.
부산역에 가면 볼 수 있나요? 사무실을 찾아가면 있나요? 강의 하고 남 돕고라 바쁘시겠지만 한번이나마 볼 수 있겠지요 ㅎㅎ

전도사님 안녕하십니까?

저는 19살 학생입니다 3개월 전부터

혹가 서울역 가서 노숙자분들 김밥이고 두유 음료수거리 배용 전할거죠요 ㅎㅎ

어느새 3개월이지나서 거룩한 거가아니라 어느 한인분들이랑 매주토요일 하고 있습니다.

더욱 돈과 돈건 지금 ㅎ 하고 앞에서 폐지 줍는 할머니 도와드려요고싶습니다 그리고 마지막에 거록한 크리스쳐입니다 라고 있네요~

전도사님이라면 아마 이런 계기가 어떤 일을 꺼낼까 합니다

스물다섯 미친나눔으로 세상을 바꾸다

을까요? 사무실을 찾아가면 있나요? 강의 하고 남 돕느라 바쁘시겠지만 언젠가 볼 수 있겠지요.

<서울의 한 남고생의 메세지>

전도사님 안녕하십니까 저는 19살 학생입니다. 3개월 전 부터 혼자 서울역가서 노숙자분들 김밥하고 두유 챙겨드리면서 복음 전했거든요. 어느새 3개월이 지나니 저 혼자가 아니라 어느새 친구들이랑 매주 토요일마다 하고 있습니다.

더욱 놀라운건 **지하철 중앙에 서서 폐지 줍는 할머니 도와달라고 외칩니다.** 그리고 마지막에 '저희는 크리스찬입니다.' 라고 외쳐요~ 전도사님 아니었으면 아마 이런 계기가 없었을것 같습니다.

🍃 현실적인 질문에 현실적인 답을
노숙인 아버지 한 분 모실 때 드는 비용

노숙인 아버지 한 분, 방으로 모시면 비용이 얼마나 드는지 궁금해 하시는 분들이 계신다. 쫌... 많이 든다.

한 달 월세는 18만원에서 20만원, 비싼 곳은 30만원까지 한다. 그리고 초기 생활비 10~15만원 지원해드리고 속옷, 옷, 양말, 신발, 안전화, 세면도구, 생필품, 드실거리 등을 챙겨드리면, 아버지 한 분 방 잡아드릴 때 적게는 30만원, 많게는 50만원까지 든다.

돈이 많은가뵈? 말씀하시던데... 돈 엄어요. 나한테도 많이 쓰봐야 한 달에 40만원이다. 그런데... 왜 그래 니 돈을 쓰가면서 이래 하냐고요? 아버지들의 삶, 고충을 이해해보고자 일부러 노숙을 해봤다. **자진노숙. 미친.** **호**.(2년 전 부터 지금도 가끔 한다.)

노숙을 해본께 여러 악순환의 고리, 원인이 보인다. **잠자리라도 마련해**

드리면 그 노숙의 악순환이 끊어질 수 있겠다 싶더라. 그래스... 방을 잡아 드리기 시작했다. 아버지! 일어나시니께(자립). 안되도... 몸이라도 건강해지시니께(회복).

돈 많이 벌어야 한다. 그래야... 아버지들 더 많이 모실 수 있은께. 기도, 응원 많이 해주세요. 하나님 책임지소.

🌿 엄빠잔치(어버이날) 단디 했네!
살면서 가장 바빴던 어버이날

오늘은 어버이날. 아츰부터 과연 바쁘게 댕깃네. 내는 어버이가 도대체 몇 명이노? 흐.

먼저는 민기를 주축으로 나눔커뮤니티 고신대팀(동생들)과 함께! 누군가의 어머니이신 환경미화원 어머니, 그리고 경비 아버지들께 사랑을 전했다지!(카네이션, 떡, 양말, 축복송까지~) 학생회장 때부터 관계한 우리 어머니들... 모처럼 학교 왔다꼬! 과연 반가워해주신다. 목소리만 듣고도 내를 아신다 흐. 고맙다고... 항상 기억하고 기도하신다며 눈물까지 흘리시는데... 내도 지짤뻔했네!!! 참... 정이란.

애들 수업 마치고 몇명이랑 같이 부산역도 고고. 우리 노숙인 아버지들께도 어버이날 기념으로 카네이션을 달아드릿지!!! 한 삼촌은 카네이션 달아드리는데 바로 펑펑 우신다... 진짜 흐느끼신다. 눈물이 바지에 뚝뚝 떨어지는데... 내 맘도 짠... 했다. 내가 해드릴 수 있는 건 기도 밖이지. 손 얹고 간절하게 기도해드

스물다섯 백원나눔으로 세상을 바꾸다

렸다. (오직 예수.)

**우리 아버지들 이래 카네이션까지 달아주고 너무 고맙다
시며 웃음꽃이 활짝 피셨다.** 눈에는 눈물이 그렁그렁하신
체... 누군가의 아버지셨을 노숙인 아버지들께 더 아들이 되
어드려야겠다. 단디.

이어서 영도 달동네 우리 독거노인 할배, 할매들~ 어버
이날 기념(?) 쌀 배달까지 단디 땡깃다. 달동네 고바우, 좁은
골목 사이 사이 댕기다보믄 인생을 배운다지... 우리 할배,
할매들 집에 들왔다가라꼬 그래 끌어땡기시는데... 시간이
짜치가 아쉬웠는데 날 단디 잡고 할매표 된장찌게 무러 가야
겠다. 한 할머니 댁... 연탄가스가 새는데 어째 해드리야긋
다. 잠시 있었던 내가 힘들었으니... 쌀배달 다하고 달동네서
보는 야경은 어째 말로 표현할 수 없다.

끝으로 우리 엄빠잔치 위해 집에 들렸다. 월욜날 울 어머니
께 옷 한 벌 해드릿지만! 내 '자체'가 선물이니 다시 나타나드
렸지. 은비가 준 엄빠 데이트 비용까지 전달 완료하고 인자 다시 부산으로 고
고... (은비 엄빠까지 단디 챙겨드렸고 흐)

아따... 오늘 과연 피곤하네. 아츰 8스부터. 부산역, 김해, 남포동, 영도,
남포동, 대신동, 영도, 부산역, 영도, 부산역, 김해... 인자 부산역집까지 돌
아댕긴다꼬 진을 다 뺏뿟네... 완전 피곤하고 힘들다. 몸살기운 살...

믄 엄빠가 이래 많노. 오늘 총 51명의 엄빠들 모신다꼬. 과연 욕봤다...
돈도 마이 썼다. 그래도 무척 행복하다! 진심. 엄빠들 더 단디 모시야긋다.
하나님 아버지 섬기듯. 오늘도 하나님께 영광!

ρs. 고등학교 졸업 이 후 연락 한통 없었던 박혜빈양께스 며칠 전 갑자기 연락을 주시더니 친히

카네이션을 만들어주시고 또 기부까지 해주셨습니다. 과연 고맙수다. 덕분에 살아있는 어버이날이었음! 고맙다 진심으로!

🍃 날 천사라 불러주시던 우리 노신사(노숙인) 할아버지... 천국에 가셨다.

2012년 4월 26일. 남포동 지하철역에서 노숙하시던 할아버지. 방을 구해 월세 내드리면서 모신지 1년이 지났다. 한 달 전, 요양병원에 입원하시어 몸을 추스르시고 계셨는데 함께 모시고 진찰도 받으러 다녔었다. 지난 주일 밤 병원에서 전화가 왔었다. 전화를 못받았더니 문자가 왔는데... 할아버지께서 위독하셔서 대학병원으로 병원을 옮겼으면 좋겠다고 하는...

그 다음날 바로 갔어야했는데, 진짜 어떻게 해서든 갔어야했는데... 주일 저녁부터 어제 오후까지 몸살에, 장염까지 터져서 좀 앓았다.(어제까지 하루종일 설사를 해 밥도 못먹었었다...) 나부터 낫고 가야겠다 했다. 아... 갔어야했는데. 아니 1~2주일 전에라도 한 번 가야했는데... 오늘에서야 몸을 추스르고 가게 되었다.

아침에 가면서 병원에 전화를 해봤다. 흐... **어제... 돌아가셨다고 한다.** 지금은 어느 병원 장례식장으로 모셨다고...(가족관계가 없으셔서... 시에서 빈소를 마련.)

장례식장으로 전화를 했다. 금방 화장터로 시신은 옮겨졌다고 하고, 화장터로 전화를 하니 지금 화장 중이니 끝나기 전에 오면 어떻게 할 수는 있을 것 같다고 하셔서 학교 올라가는 은비랑 민기를 불러 세워 정말 미친 듯이 운전을 해서 갔다.

도착하니 화장이... 딱 마쳐 유해를 쓸어 담고 있었다. 할아버지의 형님께서 화장터까지는 오셨다는데... 유해는 화장터에서 알아서 처리해달라고 서명을 하시곤 일찍 내려가신 것 같다고 하셨다. 장례(?)는 치러본 적도 없고 어떻게 해야 할지… 고민을 하다(우리 아버지께 여쭤보기도 하고…) 할아버지랑 제일 처음 만났던 남포동 지하철 역과 가장 가까운 영도대교, 자갈치 앞 바다에 뿌리기로 했다…

너무 먹먹하고 당황스러워서 그런지 멍하게, 정신없이 이동했다… 아… 눈물이 안나서 너무 죄송했다. 눈물 많은 송주현… 왜 눈물이 안났을까… 이 글을 쓰고 있는 이제야 할아버지와의 추억을 생각하며, 사진을 다시 찾아보면서야 눈물이 난다. 너무 죄송합니다. 정말…

돌아가시기 전에 손이라도 꼭 잡아드렸어야는데… 돌아가시기 전에 기도라도 한 번 다시 받아봤어야는데… 돌아가시기 전에 할아버지 미소 한 번 다시 봤어야는데… 한 달 동안 뭐가 그리 바쁘고, 분주했을까… 왜 임박했던 사흘동안 나도 아팠을까… 아파도 갔어야했는데… 어떻게해서라도 갔어야했는데… 너무 죄송합니다.

1년 전 할아버지를 처음 뵈었을 때. 몸이 많이 편찮으셨다… 4~5개월이 지나면서부터 건강도 많이 회복되시고 밝아지셨었는데. 그리고 언젠가부터 교회에 나가실 때는 양복을 입고 다니셨는데… 아… 끝을 제대로 못 모셔서 너무 죄송하고 부끄럽다. 못생긴 놈을 천사라 불러주셨는데… 주현천사, 은비천사, 민기천사…라고 불러주시고 항상 고맙다시며 울고, 웃어주셨었는데… 같이 남포동에서도, 해운대에서도 식사도 했었고, 무엇보다… 우리 위해 기도도 해주셨었는데…

아… 할아버지를 한 줌의 재로 마주하니 정말 아직도 믿기지 않는다… 영도대교, 자갈치 앞 바다에서 함께 할아버지를 천국에 보내드리면서 간절히 기도를 했다. 그리고 당신은 사랑 받기 위해 태어난 사람이라 노래 부르며 조금씩 조금씩… 할아버지를 보내드렸다…

아… 이제야 눈물이 난다. 아… 이제야 더 잘 섬기지 못해 한이 된다.

아... 할아버지 보고싶습니다... 천사라 불러주시며 활짝 웃으시는 할아버지의 호탕한 목소리가 너무 듣고 싶다...

피 한방울 섞이지 않았지만... 우리 할아버지는 우리 할아버지셨다... 할아버지를 방으로 모시면서 하나님과 할아버지와 했던 나 스스로의 약속. "할아버지... 그날까지 모시겠습니다." '그'날이 오늘이 되었네... 흐.

앞으로 모시고, 섬기고 있는 또 다른 우리 할아버지, 할머니, 아버지들 더 열심히 찾아다니고, 더 열심히 섬겨야겠다... 그날이 언제가 될지 모르니깐...

하나님. 감사합니다. 우리 할아버지 천국에서 만날 수 있게 해주셔서 너무 감사합니다.

오늘 참 바쁘고 참 많은 생각, 감정을 가져본다. 26, 24, 23살 청년들. 첫 장례 치르다...

ps. 할아버지... 죄송해요. 그리고 감사해요.

🍃 노숙인 아버지께서 건네주신 60만원(기적)

취직, 자립하시고... 후원금으로 60만원까지 주시다.

오늘 아침 전화 한통이 왔다. 딱 한 달 전 밤. 부산역에 신발 나눔하러 댕기다가 뵙게 되어 바로 마 고시텔로 모신 아버지시다. 오늘따라 목소리에서 자신감이 과연 넘치시네? 함 만나자시길래 바로 뛰갔다.

6년 전, 조선소에서 일을 하시다가 친구와 사업을 시작하셨는데... 실패로 이래저래 압류되고 신용불량자 상태로 길거리에 나오시게 된 기다. 간간히 막노동도 하시고, 소개 받아 용접 일을 하시면서 식사라도 챙겨 드시고 지내셨는데, 어데 일하러 가셨다가 임금 한 푼 받지 못하고 사기를 당해 완전 노숙을 하게 되신거다. 마음이 아팠다...

그래도! 방 잡아드릴 때 그 누구보다 의지가 넘치셨다. 다음달 방값은 당연히 아버지께서 계산하시는기고 그말고도 너무 고마운께 어떻게 해서든지 나한테 보답을 해야겠다시길래...

"그럼 돈 벌어서...아버지께서 다른 노숙인 아버지 한 분 방도 잡아드립시다." 라고 제안을 했는데, 아버지 바로 오케이 하셨지!!!

아버지... 방 잡아드린 며칠 뒤부터 인력소에 나가 일을 시작하셨는데 의욕이 너무 앞섰던지 발목을 삐어버리셨다. 소식을 듣고 빨리 회복하시라며 병원비도 챙겨드려서 한의원 다니시며 한 며칠 몸을 추스르셨다. 한 2주일 뒤? 전화 한통이 와서 뵈었는데 용접 일을 시작하게 될 것 같다는 소식을 들려주신다.

그리고 방 잡아드리고 **만 한달 째인 오늘... 다시 뵙는데! 자신감 만빵! 어깨 이빠이 솟으셨네?** 따신 방에서 주무시니 몸이 깨운해서라도 더 열심히 시작하실 수 있으셨단다.

"인력소장도 딱 보믄 다 안다. 방에서 자는놈인지, 길에서 자는놈인지..."

우리 하나님 은혜로! 용접하는 회사에 취직을 하셨단다. 아직은 계약 직 같이 들어가시지만, 정규직을 꿈꾸신다며 얼굴에서 희망이 넘쳐보이셨다. (아버지 꿈이 생기셨다.)

아버지... 한 달 전 내가 방 잡아드린다하고 그 다음날 아침에 다시 만나게 되셨을 때를 회상(?)하시며 말씀해주시는데... 짠하다... 그날 밤부터 날 다시 만나는 그 순간까지 꿈인지 생신지... 진짜 다시 오기는 올까? 하시면

서 밤을 지새우셨고, 또 기다리셨단다. 그러다 부산역에 크다란기 나타나는
데... 눈을 한 번 꼭 감으셨단다. 그리고 마음속으로 눈물을 흘리셨단다.

'아... 오늘 밤부터는 따뜻하게 자겠구나.'

아버지께 이 말씀 듣는데 가슴이 얼마나 아프고 저리던지... 따뜻한 방에
자는 것만으로도 은혜임을 다시 한 번 감사하게 된다. 방에 들어와서, 침대
에 눕는데 너무 행복했다신다. '이게 내 세상이구나...'하시며. 그렇게... 세
상 모르고 주무셨단다.

노숙을 하면서도 딱 한 번의 기회는 찾아올 것 같았다고 하신다. 누군가
조금이라도 도와주던지, 아님 일자리가 잘 생기던지... **그게 바로 주현이
니다.'**라고 말씀해주시는데... 헐... 고대로 지짤 뻔 했다.

"산신령도 아니고... 뿅하고 니가 내 인생에 찾아왔다. 일하는데... '아들
있는교?'라고 물어보드라. 그래서 켓지. '한놈 있습니다. 천사같은 놈이죠.'
라고... 요새는 마 의욕이 넘친다. 누구 때문인지 모르겠지만 하하...

천사 같은 아들이 옆에 있고. 뱅원비도 대주고, 밀렸던 폰 값도 내주고...
그래! 내가 한 3년 만에 마누라한테 전화를 했다. 내 인생에 다시 자신도 생
기고, 또 전화를 할라해도 돈이 있었어야지 허허... 목소리 듣는데 진짜 눈
물이 나더라... 다음달이나 집에 얼굴이라도 비추러 들갔다와야겠다. 아직
완전히는 못들어가겠고!

무튼, 니랑 약속한대로 내같은 사람 한명 더 살리내도 **니한테 받은거 다
못갚겠지만 앞으로 니 하는 일... 조금씩 도와줄게.** 고맙다 주현아, 아니 천
사야" 라시며 60만원을 건네주신다. 110만원을 버셨는데. 그 중 반 이상을 주
시는게다... 무조건 받으라신다. 아 미치겠다... 노숙인 아버지가 또 다른 노
숙인 아버지를 돕는 것만으로도 간지나는데 나에게 후원금까지 보태주신다.

"안그래도 회 한사리 하고 싶었는데 아들 때문에 2년만에 회도 묵고! 오
늘 참말로 좋다!"라시는 아버지의 얼굴은... 마치 예수님 같았다. 우리 아버

지, 그 옷으실 때의 반짝 빛나는 은색 이... 오늘따라 와그래 뻔쩍거리던지 내 눈도 마음도 녹이뿌고, 적셔버리시네...

하나님은 살아계신다. 그리고 이래 살아있구로 역사하신다. 노숙인 아버지께 받은 후원금으로 또 어떤 살아있는 이야기를 만들어가볼꼬? 고민하믄서 부산역에나 나가야겠다. 그래서 또 한맹 살리야지!!! 세상 꼭 바꾸고 만다. 졸라 간지나게... 오직 예수. 하나님께 영광!!! **하나님 하시면 된다.**

아무것도 없는... 그저 평범한 한 청년이
세상을 바꾸겠다는 되도 안하는 꿈을 가지고 살아가고 있는 이야기.

여기서 끝이 아니다.
오늘도, 내일도... 세상 바뀌는 그날까지 나눔일기는 쭉 써내려 갈 것이다.

기도, 응원 부탁드립니다.

우리,
작은 것부터 가까이에서부터,
나누고 베풀며.. 뭔가 간지나게 함 살아보입시다.

예수님의 이름으로 축복합니다.

이어서... 강의하는 25살 청년의 이야기... 궁금하시죠? 안 궁금해도 단디 읽어주세요.

2013년 3월, 캐나다 밴쿠버 유스코스타에서

Part 05

제 5 장

스물다섯,
어린강사

형제들아 너희를 부르심을 보라 육체를 따라 지혜로운 자가 많지 아니하며
능한 자가 많지 아니하며 문벌 좋은 자가 많이 아니 아니하도다

그러나 하나님께서 세상의 미련한 것들을 택하사 지혜 있는 자들을 부끄럽게 하려 하시고
세상의 약한 것들을 택하사 강한 것들을 부끄럽게 하려 하시며

하나님께서 세상의 천한 것들과 멸시 받는 것들과 없는 것들을 택하사
있는 것들을 폐하려 하시나니 이는 아무 육체도 하나님 앞에서 자랑하지 못하게 하려 하심이라

너희는 예수 안에 있고 예수는 하나님으로부터 나와서 우리에게 지혜와 의로움과
거룩함과 구원함이 되셨으니 기록된바 자랑하는 자는
주 안에서 자랑하라 함과 같게 하려 함이라 [고전1:26-31]

스물다섯, 어린강사

🍃 스물 다섯, 내 직업은 강사

돈버는게 직업이라면 나는 강사가 직업이다. 비록 야매, 무명 강사지만 1년 동안 나름 재미가 있었다. 돈... 생각보다 많이 벌었다. 뭐, 모은건 하나도 아니... 남은건 없지만. 무엇보다 감사하고 이 일이 재밌는 것은 나의 이야기를 통해 사람들이 감동을 받고 변화(?)되고... 실천까지 이어지며 꿈과 희망을 발견하고 뭔가 '나눔'의 운동(?)이 일어난다는 것이다. 또한 벌어들인 수입으로 소외된 이웃을 찾아다니며 나누고 베풀며 섬길 수 있었다는 것까지. 참 감사하고. 행복하다.

강사. **말이 아닌. 삶으로 이야기하는 강사. 그래서 세상을 바꾸는. 간지나는 강사가 되고싶다.** 앞으로도 더 열심히 잘 살아서. 그냥... '사는 이야기'하면서 살고 싶다. 그래서 돈 벌고, 그래서 또 나누며 살아가고 싶다. 하나님께서 인도하시는대로 하루 하루 잘 살아내자! 주현아. 화이팅이다! 야매여. 흐.

ps. 난 마이크 잡을 때가 가장 설레고 행복하다... 가슴이 뛴다. 그 순간 나에게는 천국이다. 하나님 이야기, 나눔 이야기 더 많이 하러 댕기고 싶다. 이 나눔으로 세상 바꾸고 싶어서... 불러만 주이소. 이 뜨거운 가슴 토하고 싶습니다.

🎤 부산소년원 동생들과 같이 울어삣다.

아... 오늘 하나님 살아계시네. 지난 여름방학 때 대박(?)쳐서~ 기대 반, 걱정 반으로. 높은 철창살을 들어갔다. 애들 내 안다꼬 마 인사해샀고 보고 싶었다고 치대샀다. 보고싶었단다. 여름방학 이후로 팬이란다. 애들 말따나 제일 인기가 많단다. 폰번호도 알아냈단다. 나가믄 꼭 밥 한끼 사달란다. 그리고 같이 봉사하러 데꼬 댕기달라고. (가자~~~ 부산역으로!)

폐지 주우시는 할머니들 돕자고 여름에 이어 외쳤다. 그리고 숙제로 내줏다. '나가서 할머니... 도와드리겠다.' 손들어보라 했다. 하나님 살아계신다. 거의 전부 다. 손을 들더라.

막바지에 외쳤다.

"너희들... 밖에 나가면 손가락질 당한다. 그쟈? 그 손가락질에... 주먹으로 받아치지 말고 오히려 손내밀어주자. 또 그 손가락질에 아파하고. 상처받지 말고...더 아파하고. 힘들어하는 사람들에게 손내밀어주자. 이게 너희가 이기는거다! 이게 간지다!"

"동생들아. 난 꿈꾼다! 너희들이 세상 바꾸는걸 꿈꾼다. 난 너희들이 세상 바꿀 주인공이 되리라 믿는다는거다!

"세상 바꾸자! 누가?" (내가!)

"누가?" (내가!)

"누가!" (내가!)

아... 눈물이 얼마나 나던지 미친듯이 울었다. 동생들도 울더라 많이...

"야! 행님은 너거 졸라 사랑한다. 그리고 너희들이 잘됐으면 좋겠다! 진짜 간지나게 살았으면 좋겠다! 진심이다... 이걸 어떻게 하면 표현 할 수 있을까 어제... 밤새도록 고민했다."

"자! 100만원이다... 통닭 튀기무라~ 난... 아가리 파이터 하기 싫다. 너거 좋다! 힘내라. 해보자! 반장. 자~"

애들이랑 울었다. 진짜 쪽팔릴 정도로 울었다. 애들이랑 기도도 했다! 하더라... 기도. 진심이 전해졌나보다. 우리 동생들... 막 앵긴다! 고맙단다. 나가서 꼭 연락하겠단다. 아직도 기억에 남는 한마디...

"행님~ 존나 간지나네요. 하나님 아멘입니다. 내도 그리살게요!"

이 친구... 오전 강의 때 "니 5년 뒤에 뭐하고있을 것 같노!"라고 물었을 때 "깡패요. 제 꿈은 깡패에요."라고 대답했던 친구였다. 이 동생 오후 강의 때는 눈이 점점 달라지더니 눈물도 글썽거리고 또 흘리고. 하나님 은혜다. 정말 깡패가 아닌 간지남 되길 소망한다! 난 꿈꾼다. 용문신 군단이 세상 바꾸는 모습을.

🍃 <나눔으로 세상을 바꾸다!>

강연 제목처럼 즉시 바꿔지고 있다.

오늘은 서울 성균관대에서 강연을 했다. 위제너레이션에서 주최한 노숙인

자활 프로젝트 후원자들을 위한 강연기부였다. 주최 측에 공개강연을 요청해서 제 페친분들도 초대할 수 있었는데, 진짜... 멀리서도 오셨다. 아무것도 아닌 놈, 1시간 조금 넘는 강연 함 들으시려고 저기 대전에서도, 원주에서도 오시고 수원 등 경기도 각지에서도 와주셨다. 너무 감사합니다. 진짜...

요즘 너무 피곤해서, 뽕 맞은 것도 아니고 진짜 걷는데도 머리가 빙글빙글하는데 오늘 그 어느 때보다 열심히 했다! 내 이야기 들어주시러 일부러 시간내서 오신 분들이니깐... 재밌었나보다. 빵빵 터진다. 그 웃음소리에 이 야매강사는 더 힘을 받지! 그래가 침튀기며 웃기고 또 열내면서 진심을 쏟아봤다!

다 끝나고 인사를 드릴 때의 그 박수 소리... 어찌 잊을 수 있을까...? 요즘은 강의가 끝나믄 같이 사진 찍자고 찾아오신다. 열심히 찍었다. 나중에 사진을 보니 쩔어서... 내 완전 노숙인 같네. 명함을 달라신다. 여기저기서 강의 요청을 하신다! 서울에 더 자주 올라오겠네요.

밤차타고 부산으로 다시 내려가는 중... 오신 분들의 피드백을 메시지, 문자를 통해 받고 있다. 진짜 하나님 은혜입니다. 강연 후 가시다가 노숙인 분들을 만났단다. 지갑의 전부를 꺼내주시고 또 이렇게 저렇게 도와드리고 간단다. 왜? 더 미치고 싶단다... 나눔에. 그래서 세상 바꾸는거죠! 오늘도 하나님께서 하셨다! 하나님께 영광입니다.

〈피드백 메세지 중...〉

안녕하세요! 오늘 강연 끝나고 마지막에 명함 요청 드린 김××입니다. 오늘 좋은 말씀 나눠주셔서 너무 감사해요. **그런 의미로 제가 신기한 일 말해드릴까요?** 강연 끝나고 혜화역 쪽으로 걸어가는데 한 노숙인 아저씨가 계셨어요. 손이 추우신지 계속 손을 감싸시면서...

오늘 들은 강연내용이 생각나서 따뜻한 장갑 사드리려구 파는 곳을 찾다가 산 다음 그쪽으로 갔는데, 한 여자 분이 먼저 그 앞에 앉아 계신

거에요. 그래서 저도 옆에 장갑 드리면서 쭈구려앉았져. 그런데 그 여자 분이 선뜻 아저씨께 십만원을 건네셨어요. 아저씨가 쌀을 사야한다 해서... 저도 갖고 있던 현금 만원을 드렸어요.

아저씨가 자기를 왜 주냐고, 괜찮다고 하셨는데... **그 여자 분이 오늘 어떤 강연을 들었는데 이제 그렇게 살기로 결심하셨다고 하시더라구요.** 전도사님, 감사합니다. **덕분에 세상이 바뀌고 있고 또 바뀔거에요.** 늘 힘내세요. 응원합니다

🍃 둘째는 말로 먹고 살껍니다.

말로 먹여 살릴낍니다.

언젠가 어머니께스 영빨 있으신 한 전도사님께서 말씀(예언)해주시더라며 나에게 말씀하셨지. "둘째는 입술에 은사가 있습니다. 말로 먹고 살껍니다."라고 했다시며.

그 예언(?) 이루어졌다. 흐. 나... 진짜로 말로 먹고 산다. 돈 버는기 직업이라면 말하고 돈 버는 강사가 되었다. **근데 말로 묵고 사는데 그치는기 아니라, 말로 먹여 살리기까지 한다.** 난 독거노인, 노숙인 분들을 모신다. 부모님이 없는 친구들도 후원한다. 말로(벌어서) 먹여살리는기다.

어제도 강의를 했다. 말했다. 벌었다. 그래서... 마치고 바로 남포동 노숙인 할아버지 방값 내드리러 댕기왔다. 난 이래 사는기 좋다! 말하고 돈 벌고, 또 돈쓰가 사람 살리는거. 앞으로도 이래 살끼다. 말하고, 돈 벌어서 남 주면서.

같은 또래 대학생이 보는 25살짜리 청년(강사)의 삶

2012년 초 여름. 100여 명의 대딩들 앞에서 또래 강사가 대학 강단에서 강연을 했다. 대학교 강의였기 에 종교적인 발언(?)은 삼가면서... 그냥 내 사는 이 야기를 랩같이 신나게 뜨겁게 전달했었다.(예수 얘기 안해 도... 예수쟁인거 알더라.)

너무 잘 들어 준다. 웃어준다... 울기도 한다. 강의가 끝나니 우 몰리온 다. 거짓말이 아니고 명함 달라고 사진 찍자고 난리였다. 대박 났었다. 얼마 나 대박이었냐면... 교수님께서 매 학기 초청해주신단다. 부산대학교 〈국제 구호개발협력의 이해〉 매 학기, 마지막 수업은 송 강사가 출강한다.(교수라 치 주는가? 풉.) 하나님께 영광이다.

아래 글은... 또래 대학생이 나의 이야기를 듣고 고대로 적어낸 느낀점들 이다... 보면서 많이 울었다. 내 같은기 뭐라고 이래 격려 해주노. 너무 행 복하다. 더 열심히 단디 살아내야겠다. 세상 꼭 바꿀꺼다! 으샤.

- 이번 학기에 가장 인상 깊은 강의였다. 좋은 자극제가 될 것 같다.

- 일반 강사님들과는 다르게 굉장히 유쾌하고 쉬운 강의였다. 근데... 여운은 길다.

- 봉사에, 아니 어떤 일에 한 사람이 미치면 전염성이 있다는 것을 여기서도 보게 된다.

- 세상을 변화시키는 힘은 복잡한 이론이나 제도보다. 단순하지만 진실된 마음이... 그리고 실천
  이 더 강하다는 것을 느꼈다.

- 어떻게 저렇게까지 베풀면서 살 수 있을까 싶고... 배우고 싶다. 정말 멋있는 삶인 것 같다.

- 세상을 바꾸고자 한다는 강사님의 강연에 감동 받았다. 세상이 그저 어둡고 각박하지 만은 않으며, 이런 분들이 있음에 따뜻함을 느낀다.

- 일상이 나눔, 봉사활동인 것 같다. 한 치의 망설임도 없이 자기 지갑에 있는 돈을 내놓는 모습이 아주 대단하고 존경스럽다.

- 아름다운, 나누는 세상을 위해서 실천하는 삶. 연애도, 일도, 여가도 모두 분리되어있는 것이 아니라 한 가지. 나눔 아래에서 앞으로 나아가는 모습이 멋지다.

- 스토리가 스펙을 이긴다는 말이 있다. 이 분은 그 말을 여실치 증명해주시고 있는 분이다. 나눔을 통해 다른 분을 섬기며, 또한 자신마저 가치 있는 삶을 만들고 있다.

- '제가 하는 이런 일들이 세상을 바꿀 순 없겠지만 수혜자의 세상을 바꾸어 드릴 수 있었습니다...' 아주 작은 도움이 나비효과가 되어서, 점점 커져서 사회를 바뀔지도 모른다는 생각이 문득 들었습니다. 밥 한 끼만 줄여보면... 세상이 바뀔 수도 있습니다... 흑... 대박.

- 어릴 때부터 운동 밖에 못하시던 분이 자신의 전부인 운동을 잃고, 절망을 빠질 수도 있었을 텐데 오히려 일어나서 주위의 소외된 사람을 돌보는 것을 보면서 내가 너무 안일하게 산 것 같아 부끄러웠다.

- 나눔, 막연한 나눔이란 단어에 대해서 따뜻한 이야기를 들을 수 있었던 시간이었다. 25살 나이에 어떻게 저렇게 행동을 할 수 있는지 신기했다. 강사님은 정말 행복해보이셨다. 나도 내 꿈을 진지하게 다시 생각해봐야겠다.

- 25살 어린나이다. 하지만 내가 봐왔던 25살 그 누구보다 대단한 사람임을 알았다. 겉과는 다르게 여기 이곳에 앉아서 배우기만 하는 그 누구보다 직접 실행으로 옮기시는 정말 멋진 사람이다. 요즘 정말 좋은 어른이 되는 것이 어려운데 이 분은 좋은 사람이자 좋은 어른이 될 것 같다.

- 훤칠한 키에 잘생긴 외모에... 강사님께서... 자신의 과거 이야기를 해주시는데. 남자대 남자로 봐도 정말 멋있었다. 너무 재밌고 감동적이어서 그 이야기에 그새 끄덕이고 공감하고 있는

나를 발견했다. 나누며 섬기는 삶, 남이 보면 아깝고 한심해 보일 수도 있지만 내 눈에는 어느 대기업에서 일하는 사람보다 훨씬 잘 살고 가치 있게 사시는 것처럼 보였다. 나도 송주현 강사님처럼 저렇게 나의 사랑을 남한테 주고 좀 더 삶을 의미 있고 가치 있게 살고 싶다.

– 처음에는 교회에서 온 사람이라 생각하고 전도할려고 오신건가하고 긴가민가했지만. 정말 멋진 형이다. 25살이면 나와 몇 살 차이 나지도 않는데 어떻게 저런 일을 하고 있을까하고 놀랐다. 특히 노숙인 아저씨를 여인숙으로 모시고 일을 하는 조건으로 지원해드렸을 때 한 사람의 인생을 살리고 새로운 삶을 살아가게 할 수 있구나 하는 생각이 들었다. 다시 생각해봐도 대단하다. 이런 훌륭한 분을 만날 수 있도록 해주신 교수님께 감사드린다.

– 너무 재미있고 감동적인 강의였다. 독거노인, 고아와 같은 소외이웃돕기뿐만 아니라 노숙인, 폐지 줍는 할머니까지 보살핀다는게 너무나 훌륭하고 새로웠다. 사실 원래 길에서 노숙인이나 폐지 줍는 분등을 보면 아무 생각 없이 지나쳤었기 때문이다. 그러나 강사님의 '관심'이라는 말이 와 닿았다. 동정심이 아닌 관심인 것이다. '관심' 하나에 사람을 바꿀 수 있고 또 살릴 수 있고, 주는 자와 받는 자의 삶이 모두 행복해질 수 있는 것이다. 이제 관심의 중요성을 깨달았고 용기를 내어 실천해 강사님처럼 멋진 사람이 되어야겠다.

– 항상 사소한 것부터 큰 일이 시작되는 것 같다. 강연하시는 분의 나눔인생 첫 동기도 학생시절 친구에게 3000원짜리 슬리퍼를 사주여 시작했다고 한다. 이런 나눔이야기를 계속 들어보니 가장 중요한 것은 관심이라고 생각한다. 주위의 소외된 이웃에게 금전적 도움도 좋지만 지속적 관심을 나눠주는 것이 가장 큰 나눔이며, 자신의 마음이 시키는 진심 그대로를 행하면 진정한 나눔을 행할 수 있는 것 같다. 강연하시는 분 이야기를 들어보며 가장 크게 와닿는 것은 지금 내가 받는 용돈이 작다고 하지만 나눠줄 수 있는 돈이라고 깨달은 것이다. 사과 하나를 가지고 있을 때 반쪽을 나눠주는 것, 사과가 반쪽밖에 없지만 그 전부를 나눠주는 것이 가장 큰 나눔이 된다고 생각한다는 말씀에서 진심을 느낄 수 있었다.

– 그가 도움이 필요한 사람들에게 준 것은 돈뿐이 아니라고 생각한다. 관심, 사랑이 더욱 더 큰 부분을 차지하는 것 같다. 내가 먹는 밥 한끼, 커피 한 잔도 아낀다면 도움이 될 수 있다는 사실이 새삼 느껴졌다. 청년으로서 꿈을 가지고 세상을 향해 나아간다는 점이 참 대단하고 멋있다는 생각을 했다. 나는 늘 더 큰 무언가를 하려고 했는데 작은 것도 못하면서 큰일을 할수 없을 것이라는 생각이 들었다. 작은 것부터 실천해야겠다.

- 나누고 사시는게 정말 행복해 보이신다. 많은 것을 가지는 것이 잘 사는 것이 아니라 나누며 사는 것이 잘사는 것이라 말씀하시는 모습이 멋있었다. 우리의 조그만한 관심이 외롭고 소외된 이웃들에게는 큰 힘이 될 수 있음을 알았고, 나도 내 주위에서 도울 수 있는 일을 찾아봐야겠다고 다짐하게 되었다.

🍃 한 명을 천 명같이! 천 명을 한 명같이!

5년 전, 21살. 처음으로 간증요청을 받고 나갔었지... 첫 장소는 서울 잠실 한 건물 지하에 위치한 개척교회였다. 열 두세분 정도 앉아계셨던 것 같은데 진~짜 열심히 했었다! 천 명, 만 명이 앉아있는 것처럼.

요즘은 솔찌 규모가 쫌 다양해졌지만 그때의 초심 잃지 말자는 마음으로 어디서든 최선을 다하려고 노력하고 있다. 오늘 오전예배에 초청받은 교회 네비에 주소를 찍고 도착해보니! 개척교회였다. 15명 남짓 목사님부터... 거의 다 어르신... 평균 연령대가 60대였다. 흐. 역시나 열심히 했다. **당연히 천 명, 만 명이 앉아있는 것처럼!**

대박... 아버지, 어머니, 할아버지, 할머니들께서 모두 진짜 장난아니게 웃어주시며 그리고 찐한 눈물까지 흘리시며 들어주시네! 간증이 끝나고... 내려왔다.

목사님께서 오늘 은혜를 너무 많이 받았다시며 눈물을 흘리신다. 그리곤 한동안 말을 잇지 못하시다가... 특별헌금을 하자신다. 50만원이 나왔다시며 건네주시는데... 진짜... 눈물삐 안나더라. 다 마치고 나오는데 어머니들께스 식당에 계시다가 맨발로! 계단까지 뛰어나오신다. 그리고 손을 꼭 잡으시고 안 보내주실라신다. (오늘 내 온다고. 밥도, 반찬도 특별메뉴였다는데...)

아... 너무 큰 사랑 받은 것 같다. 그래서 오후, 저녁까지 4탕 역시 잘해낼 수 있었다. 나도 사람 많은 모임 좋다. 근데… 사람 많이 없어도 똑같이 한다. 아니! 더 열심히 하려고 노력한다. 왜? 처음을 기억하니깐. 그때 다짐 했거든. **한 명을 천 명같이! 천 명을 한 명같이!**

오늘은 '한 사람(영혼)을 위한 사람이 되고싶다'는 열정이 생기는 밤입니다. **예수님께서 나 한 사람을 위해 십자가에서 돌아가신 열정을 보여주셨던 것처럼.** 오늘도 하나님께 영광!

🍃 나의 강의는 이론이 아니라, 술 따라드리는 삶이다.

인터넷되는 부산역 카페스… 다음주 코스타 강의 준비할
끼라꼬. 부산역 쪽으로 걸어가는데~ 헉! 누가 내 손을 잡아
채네. 내가 방 잡아드린 노숙인 아버지셨다.

그래! 내 강의는 이거지. **뭔가 멋지고 논리적인 '이론'이
아닌, 이래 노숙인 아버지들께 술 한 잔 따라드리는 '삶'이
지.** 아버지, 비오는 날 술 한 잔하시니… 눈가도 촉촉히 젖으
시네.

"고맙습니다. 진짜…총각같은 사람이 어딧는교. 뭐라 표현을 못하겠습
니다."

이 아버지도 이래저래 참 많이 도와드렸네. 입고 계시는 옷도 내가 해드
린거네. 어디서 많이 봤다켓다. 열심히 강의안 준비하다가 잠시 생각에 잠
기본다. 내 인생…

🍃 밴쿠버 코스타, 내 인생 '최고'의 강의가 되었다?!

진짜... 아침부터 4번 연속으로 연강을 했다. 전날 밤, 하도 긴장해스 그런지 잠도 올케 못자고... 하루종일 눈이 안 떠졌는데. 학부모세미나 하나님 은혜로... 어머니들과 울고 웃으며 첫 스타트를 매우 잘 끊을 수 있었다. 선택강의도 처음 하는 내용치곤 생각보다 재밌게 잘 한 것 같다.

무엇보다 전체강의 시간... 진짜. 대박이었다. 대박났다(?) 말로 표현할 수 없는... 지금도 생각하면 설렌다. 진짜 잘했다(?). 하던 대로 하자는 마음으로 시작했는데, 밴쿠버 애들, 너무 순수하다. 진짜 빨려들더라!! 그 눈빛, 반응... 내 평생 못 잊겠다.

내가 생각하는 빨려드는(?) 타임이 있다. (한국에서도 눈빛이 바뀌는 타임이다.) 그때 박수를 한 번 치더니... 한마디 한마디 끝날 때마다 박수를 쳐준다. 거짓말 아니라 진짜 계~속 박수가 터져 나왔다. 이상했다. 신기했다. 한국에서도 박수가 나오기도 하지만 여기서는 완전 군대(?), 사이비 수준이었다. 한 마디 한 마디에 진심어린 박수로 반응해주는데 진짜 눈물이 다 날 뻔했다.

"연탄도 석탄도 자신을 희생하여 자신을 불 태우면서 까지 세상을 따뜻하게 만드는데, 우리가 코스탄이라면 나 자신을 더 희생하고 나 자신을 더 불태워! 이 세상을 더 따뜻하게 만들어야지! 연탄보다 못한 인생 살면 되겠나?"

"재밌지? 노숙인 아버지들이 자립해왔고... 일어날 수 없는 기적같제? **무엇보다 예수님 사랑 그 자체가 기적이야!"**

"막 가슴 뛰지 않나? 난 가슴 터지겠다. 세상을 바꾸고 있는 중이니깐 흐..."

"이 행님, 오빠가 예수 믿는 것이 사는 것 같나? 난 다른 건 없다. 진짜 죽을 때 까지! 예수 믿는 것 같이 살고 싶다. 예수 믿는 것 같이 살아서 이 땅을 천국같이 만들어야지!"

"꿈은 이뤄진다? 나도 코스탄이었어. 2009년 2월 19일, 하나님께 기도를 했지. 하나님 저도... 저 강사님들처럼 코스타에서 강의하게 해주세요! 신기하다? 2013년 2월 19일, 밴쿠버 코스타에서 강의하러 와달라고 연락이 왔어. 그리고... 오늘, 여기 서 있네! 하나님 살아계신다."

"난 나이도 어리고. 돈도 없고... 뭐 하나 제대로 갖춰진 것도 없지만... 내가 가진 이 사과 반쪼가리로 세상을 바꾸고 싶다. 5,000명을 먹여 살리고 싶다. 세상 꼭 바꾸고 말꺼다!"

진짜... 지금까지의 내 인생 중 최고의 강의가 될 것 같다. 절대 못 잊겠다. 그 동의한다는 700여 명의 박수소리... 꿈속에서만 일어날 일이 일어났었다. 진짜... 하나님 짱이다! 애들이 끝나고 몰려온다. 사진 찍자고! 싸인해달라고! 진짜 몰려왔다. 이렇게 순수한 아이들을 만날 수 있었다는 그 자체만으로도 행복하다. 설렌다. 아직도...

진짜! 동영상 보여주고 싶다. 살~아있었던 장면을!! 아... 하나님 진짜 짱이다! 너무 행복하다. 진짜 꿈만 같다! 이 꿈... 계속 누리고 싶다. 참 좋다.

하나님께서 하셨음을 그 누구보다 잘 알기에 오직 하나님께만 영광이다♥

ρs. 존경하는 유임근 목사님께서 너무 이뻐해 주신다. 찐한 토킹도 나눴다. 코스타 계속 불러주신단다! 비행기 싫은 주님 주소서. 전 세계를 댕기며 배우고 싶습니다.

🍃 냄새나는 남고딩들과...

오늘은 남자고딩만 450명. 강당에 들가니... 특유의 냄새가 반겨준다. 일명 남고딩 쩐 땀냄시. 과연 쩌네...안 웃어주는거 아이가 했는데 진짜 애들 마 살아있네. 애들 잘 들어준다. 진짜 1시간동안 초집중모드다. 웃기도 잘 웃어주고! 오늘도 내가 감동 받았다. 끝날 때는 진짜... 한마디 한마디에 박수가 터져나온다.

"행님 남자같나?"

"네! 살아있네~~~"

"진짜 남자처럼 살자! 찌질하이 살지말고~~~"

"돈을 쫓지말고. 꿈을 쫓자! 세상 바꿔보자!"

남고딩을 웃게하고 감동받게 하는 강사! 내가 아닌 하나님이시다. 오늘도 하나님께스 하셨습니다. 하나님께 영광임다!!!

ps. 제일 마지막에 제일 중요한 한마디 했다.
  "난 크리스천이야! 예수 믿는 사람이야~ 그래서 이렇게 살아"
  난 이렇게 예수를 전하고 싶다. 내가 살아낸 삶을 통해...(일반 학교 강의. 좋다~~ 더 많이 댕기고 싶다.)

소년원 출신, 노인복지사? 인생 한놈 꼬았네. 크...

오늘 아츰에... 한통의 카톡이 왔다. 머쓰마였다. 흑. 새이... 대뜸 지를 아냐고 사진까지 보냈더라. 아무리 봐도 누군지 모르겠던디. 그냥 '아, 잘 지내나?' 이래 답장을 보냈지. 들켰다. 내가 지 모르는거. 흐... 일이 있었는지. 오후에 연락이 다시 왔다. 부산소년원에서 만난 애다.

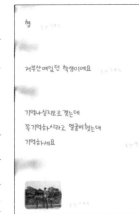

지난 겨울방학 때 소년원에 강의하러 갔었지. 하나님 마음 주시가 100만원 치 통닭도 쏴뿌고... 눈물로 내 가슴을 전달했었다. 하나님 은혜로 잘 전달되었던 것 같다. 몇 주 뒤 편지도 많이 왔었고... 나오고 연락 오는 애들도 있었고 또 같이 노숙인 아버지 섬기기도 했었다.

오늘 이 녀석, 잘 생긴 놈이 감동을 주네. 내 강의가 많이 와 닿았다고 알바해주던데... **꿈이 생겼단다. 그것도 노인복지. 독거노인 분들을 섬기는 내 삶이 자신의 꿈이 되었다며...** 공부도 하고 있단다. 진심 감동이다. 지는 서울 어르신들 책임 질테니 내는 밑에 책임지란다. 자슥, 나를 자극시키네. 새이... 더 열심히 살아야겠다! 예수 믿는 것 같이... 동생의 앞길에 축복을. 하나님께는 영광.

ps. 소년원에서 이래 얘기 했었는데... 하나님 은혜로 이뤄지네.
"사람들은 분명히 너그들한테 손가락질 할꺼다. 그렇다고 똑같이 손가락질... 그다가 주먹질까지 하지 말고. 그 사람들이 너그들한테 손가락질한다고 정신없어가... 안하는, 못하는 일을 해라. **너그들 향해 손가락질하는 이 세상에! 오히려 손 내밀어 주라는기다.** 너거들이 세상을 바꿔야한다. 그래야 간지다! 해보자. 할 수 있나?"

💬 **한 손에는 살아낸 말씀 들고, 한 손에는 살아있는 마이크 들고.**

증인이 되고 싶다. 증명하고 싶다.

나, 말씀을 읽는다. 나, 말씀대로 살아내고 싶다. 나, 살아낸 삶으로 그 말씀을 이야기하고 싶다. 나, 욕심(?)이 있다. 말씀은 **아직도 단디 살아있다는 것을 증명하고 싶다. 증인이 되고 싶다.** (살아낸 삶으로...)

오늘도 다같이 말씀을 읽었다.

누가 이 세상의 재물을 가지고 형제의 궁핍함을 보고도 도와 줄 마음을 닫으면 하나님의 사랑이 어찌 그 속에 거하겠느냐 자녀들아 우리가 말과 혀로만 사랑하지 말고 행함과 진실함으로 하자(요일3:17,18)

그리고 이야기했다. 〈난 예수쟁이 같이 살련다〉는 제목으로... 말씀대로 살믄 재미난다꼬. 행복하다꼬. 육수 빼가면서 이야기했다. 왜? 말씀은 살아 있으니깐! 내가 그 증인이니깐.

  – 하나님께서 기뻐하시는 예배(히13:16).
  – 선한 사마리아인의 비유(눅10:30~37).
  – 첫 소산물을 여호와께 드리라(신26장 등).
  – 너희는 세상의 빛이라(마5:14~16).
  – 먼저 그의 나라와 그의 의를 구하라(마6:33).
  – 살아있는 믿음(약2:15~17).

살아내고 싶다. 삶으로 하나님 말씀을 증거하고 싶다. 더 살아내자. 그다음에 이야기하자. 날 보고... 예수없는 나눔(선행)만을 한다고 하시는 분들도 계신다. 난 예수쟁이다. 한 손에는 이 세상의 떡을 한 손에는 생명의 떡을 들고서 세상에 나간다. 그리고 나눈다. 예수 전하기 위해, 세상 바꾸기 위해... 이것이 나의 핵심가치이다.

난 예수님이 좋다. 왜? 날 살려주셨으니깐. 좋은께 예수님처럼 살고 싶다. 예수님의 삶처럼 간지나게 살고 싶다. 가난하고 헐벗고 굶주린 자들의 가족, 친구가 되고 싶다. 왜? 난 예수님이 좋은 예수쟁이니깐. 난. 예수 믿는 것 같이 살련다.(내 평생의 소원이다.)

ps. 한 손에는 살아낸 말씀 들고. 한 손에는 살아있는(?) 마이크 들고.
오늘도, 내일도... 죽을 때 까~지 이야기하고 싶다. 오늘도 하나님께 영광

나눔 vs 진정한 나눔 vs 미친 나눔

내가 생각하는 나눔,
그리고 삶

Part 06

제 6 장

나눔묵상
(생각)

누가 이 세상의 재물을 가지고 형제의 궁핍함을 보고도 도와 줄 마음을 닫으면
하나님의 사랑이 어찌 그 속에 거하겠느냐
자녀들아 우리가 말과 혀로만 사랑하지 말고 행함과 진실함으로 하자 [요일3:17,18]

나눔묵상
(생각)

🍃 나눔전도사가 되고 싶다.

　범사에 여러분에게 모본을 보여준 바와 같이 수고하여 약한 사람들을 돕고 또 주 예수께서 친히 말씀하신 바 주는 것이 받는 것보다 복이 있다 하심을 기억하여야 할지니라(행20:35)

　2,000년 전의 나눔전도사셨던 바울 선생님과 같이 먼저 살아내어...
삶을 통해 위와 같은 도전을 하고 싶다!

　먼저 내가 살아내자. 그리고 '여러분도 나누어보세요' 라꼬 도전하자! ♥

🍃 나눔의 순환의 원리 '천국은행 이자'

> 가난한 사람이라면 누구든지 외면하지 말라. 그러면 하나님께서도 결코 너를 외면하지 않으실 것이다. 네가 가지고 있는 정도에 맞게 힘닿는데 까지 자선을 베풀어라. 네 재산이 적으면 적은대로 두려워하지 말고 자선을 베풀어라. 그렇게 하면 곤경에 처하게 되는 날을 대비하여 좋은 보물을 쌓아 두는 일이 될 것이다. – 유대인의 외경– 토비트4:7~9

나는 나눔에는 '순환의 원리'가 있다고 주장하며 살아가고 있다! 지난 2010년 11월 한 달, 나에게 모처럼만의 곤경(?)이 찾아왔다. 11월 초 였나? 갑자기 아버지께서 회사에서 실직을 당하신 것이다.(누구에게도 말할 수 없었던... 흑.) 심적, 경제적인 부담은 밤잠을 설치게 했고... 오랜만에 쪼매 힘들었다.

말그대로 '짜치는 시간'이었지만... 11월에도 나의 나눔은 그치지 않았다. 비자금(?)(간증 등으로 받은 사례 등)을 생활비로 써야했지만... 때에 따라 계속적으로 나누고, 베풀었다.(마음 주실 때... 그저 순종함으로.)

집에서는 생활비를 받아올 수 없었고... 짜치는 생활을 해야했던 나에게 나눔의 손길은 전혀 예기치 못한 누군가를 통해 슬며시 다가왔다.(나눔의 순환의 원리) 아버지, 어머니와 같이 교회 청년부 시절을 보냈던 어머니 친구 모 집사님을 20년만에 만나게 되었는데 나에게 전해주라며 20만원이 담긴 봉투를 주셨단다. 주의 일을 할 아들을 후원하고 싶다며...(2년 전, 전화로 안부를 묻다 나의 진로를 알게 되시어, 기도와 관심을 가지시고...)

그리고 2주 뒤에는 한 집사님께서 5만원을 전해주시는 등 나눔의 손길은 '곤경'에 빠진 나에게 '순환의 원리'로 돌아오게 된 것이다. 어머니께서는 "청년부 시절, 나도 없었지만... 친구한테 이래저래 섬기고 베풀었던 것이 이래 돌아오게 된다."고 하시며 "현아~ 지금처럼 없을 때 일수록 더 베풀면서 살아라."고 어릴적부터의 가르침을 다시금 상기시켜주셨다.

나는 '나눔의 순환의 원리'를 '천국은행의 이자'라고도 생각하는데...

"너희 소유를 다 팔아 구제하여 낡아지지 아니하는 주머니를 만들라 곧 하늘에 둔 바 다함이 없는 보물이니 거기는 도적도 가까이 하는 일이 없고 좀도 먹는 일이 없느니라(눅12:33)"는 예수님의 말씀처럼 우리가 나누고 베푸는 것은 '천국은행에 입금'하는 것이라 생각한다.

이래 입금을 해놓으면... 이율이 쎈 천국은행에서 '곤경'에 처할 때 이자를 돌려주면서 더 나아가 계좌에 입금을 더 땡기는 은행장님의 '고객관리의 지혜가 아닐까?'라고 생각해보는 것이다.

지난 한 달 동안이 아니라 난 삶 속에서 **'나눔의 순환의 원리'**, 즉, 누군가에게 나눌 때 또 다른 누군가를 통해 다시 돌아오는 것. 누군가로부터 나눔을 받은 것에 감사함으로 다시, 또 다른 누군가에게 나누는 것. 이러한 '나눔의 순환의 원리'와 천국에서 찾게 될 예금(상급)을 이 세상에서도(특히 곤경에 처했을 때) 받게 되는 **'천국은행의 이자'**. 나는 이 놀라운 원리, 비밀을 알기에 앞으로 더 나누고 베풀며 살아갈 것이다. 그리고 도전할 것이다. 나눔은 과연 살아있는기라꼬!

주라, 그리하면 너희에게 줄 것이니 곧 후히 되어 누르고 흔들어 넘치도록 하여 너희에게 안겨 주리라. 너희의 헤아리는 그 헤아림으로 너희도 헤아림을 도로 받을 것이니라(눅6:38)

🍃 Here & Now

대부분의 어릴적 꿈.
'성공해서 불우한 이웃을 도우며 살겠다.'일 것이다.

난 도전하고 싶다.

지금부터 여기서부터
소외된 이웃을 돌아보는 것으로 성공한 인생으로 살기를.

개독교시대에 기독교인의 삶은?

너희가 이방인 중에서 행실을 선하게 가져 너희를 악행한다고 비방하는 자들로 하여금 너희 선한 일을 보고 오시는 날에 하나님께 영광을 돌리게 하려 함이라(벧전2:12)

개독교라 비방하는 이 세대 앞에서 우리는 그저 '기독교'로 살아가면 된다. 우리가 행실을 선하게 가지고, 선한 일을 하며 살아간다면! 비방하는 자들, 즉 개독교라 손가락질 하는 현 세대들도 결국은 하나님께 영광 돌리게 될 것이다.

그러므로...
그러나 너희는 택하신 족속이요 왕 같은 제사장들이요 거룩한 나라요 그의 소유가 된 백성이니 이는 너희를 어두운 데서 불러내어 그의 기이한 빛에 들어가게 하신 이의 아름다운 덕을 선포하게 하려 하심이라(벧전2:9)

우리를 기이한 빛 가운데 들어가게 하신 그분의 아름다운 덕(복음)을, 선한 행실로(삶으로) 선포(선전)하며 살아가야 한다. 주현아. 니가 먼저!

ps. 성경 속에는 모든 문제의 답이 있다. 다만, 우리가 답대로 살아가지 않는 것이 문제지. **성경 대로 살믄 수월할낀데...** 하나님, 은혜를 주시옵소서. 단디 살아갈 수 있도록.

🍃 짜치게 산기 은혜이다.

나의 눈과 마음, 손과 발이 소외된 이웃에게 향하는 것은 내가 그렇게 살아왔기에...(지금도 뭐...) 겉으론 드러나지 않는(원래 없는 놈들이 더 있는 척 한다지.) 나의 삶이 있기에... 그들을 보는 눈과 마음에서 동일한 눈물이 나기 때문이다.

오늘도 난 울었다. 나의 말 못할 상황으로... 그래서 그들을 향한 마음이 더 커진다. **하나님께 감사드린다. 짜치게 살게해주셔서...** 다 뜻이 있는기라.

그렇다. 우리집은 내가 태어났을 때부터 지금까지 여유롭게 살아본 적이 없다. 언제나 빚을 진채 갚아내는 것은 엄두도 못내고~ 그냥 그렇게 살아왔다. 참 신기하다. 그래도 여기까지 살아온 것과 없지만 감사함으로 화목하게 살아올 수 있었음이... 아, 그래서 우리가정은 항상 하나님을 의지했고 그분의 은혜로 살아오게 되었다.

솔직히 아직도 나누고 베푸는 것은 우리가정에 나의 형편에 이치상 맞지 않다. **하지만, 없을 때 나누는 것이 어릴 적부터 부모님의 가르침이었으니, 오늘도 내일도 난 나누련다.**

하나님 감사합니다. 짜치게 살게해주셔서...

부자는 자신이 먹다 남은 것을 주고 가난한 사람은 자신의 전부를 준다.
–니콜라스 월터스토프

🌿 나눔, 손잡음의 원리

간증을 할 때(나눔에 대해), 옆 사람과 손을 잡게 한다. 그리고 오른손만 들어 보라고한다. 왼손만 들어 보라고한다. 옆 사람과 손을 잡고 있기에... 한 손만 들어 올릴 수 없다.(저거들끼리 신나가 웃는다.) 레크레이션 하듯... 타박(?)을 주고 이렇게 말한다.

"이것입니다. 우리가 오른손 밖에 들 힘이 없을 때라도 누군가 나의 손을 잡고 있다면, 왼손도 들어지게 됩니다. 누군가 왼손 밖에 들 힘이 없을 때라도내가 그 손을 잡아준다면... 두 손을 들고 만세를 외칠 수 있습니다.

손잡음, 이것이 '나눔'입니다. 예수님께서 그 피 묻은 손으로 저의 손을 잡아주시고... 일으켜주셨기에. 저도 힘들어하고, 아파하는 소외된 이웃에 손을 잡고... 살아가려합니다. 우리 손잡고 삽시다. **예수님께서 우리의 손을 잡아주셨듯이.**"

🌿 미친나눔(나눔 강의 하이라이트(?))

나눔이란 사과가 두 개가 있을 때 두 개 중 하나를 나누어주는 것을 나눔이라 할끼다. 더 나아가 진정한 나눔이란 사과가 하나 밖에 없을 때라도 그것을 반으로 쪼개어 나누어 주는 것이 진정한 나눔이라 생각한다.

끝으로 미친나눔이 있는데, 미친나눔이란 사과가 반 밖에 없을 때라도 이것을 내가 먹지 않고, 그 전부를 넘한테 주는게 미친나눔이라 생각된다.

어떻게 보면, 내가 살아가는 이 모습... 미친나눔이다. 내 나이 올해 스물다섯, 돈없다. 그래도 나는 이 사과 반쪼가리로 세상을 바꾸고 싶다는 되도 안하는 꿈이 있다.

"저 돈 없어요. 하지만 제 가슴엔 사랑이 있지요.

저 돈 없어요. 하지만 제 가슴엔 예수가 있습니다."

오직 예수, 그 사랑으로 난 세상을 바꾸고 말끼다. 내가 가진 사과 반쪼가리를 예수님께서 축사하시면 5,000명을 먹여살릴 수 있으니깐... 앞으로도 나는 나누련다. 나의 전부를...

🍃 나의 나눔은 밑 빠진 독에 물 붓기

나에게 나눔은 '밑 빠진 독에 물 붓기'이다. 나의 독(지갑)에는 구멍이 나있다. 그래서 마... 흘려보낸다(나눈다). 그냥 나눌 수밖에 없다. 빵꾸가 나있으니. 근데 신기한 것은... 나의 독(지갑)은 바닥을 드러내지 않는다. 하나님께서 나의 독에 마 계속 부어주시기 때문이다. 성경에서는 이것을 **'하나님의 공급하시는 힘'**이라 한다.

난 고마 계속 흘려보낸다(나눈다). 구멍이 나있으니... 나의 독은 하나님께서 일부로 구멍을 내놓으신 것 같다. 이것을 '하나님의 은혜'요, 그 은혜로 '내게 주신 은사'라고 표현하고 싶다.

나의 나눔은 하나님께서 하시는 것이다. **하나님께서 밑 빠진 독에 물을 붓고 계신다. 난 그저... 그 독이 될 뿐이다.** 구멍을 메우지 않을 뿐이다.(하나님의 일하심을 볼 수 있으니!) 난... 하나님 은혜로 재미나게 산다. 아주 신이난다. 하나님 마 부어주소서. 구멍 안막을게욧.

만일 누가 말하려면 하나님의 말씀을 하는 것 같이 하고 누가 봉사하려면 하나님의 공급하시는 힘으로 하는 것 같이 하라 이는 범사에 예수 그리스도로 말미암아 하나님이 영광을 받으시게 하려 함이니 그에게 영광과 권능이 세세에 무궁토록 있느니라(벧전4:11)

🍃 삼위일체 하나님, 나눔에서도?

나는 나눔에는 삼위일체 하나님이 드러난다고 믿는다. 먼저 **성령님**께서 나눔에 대한 **감동**을 주신다. 소외된 이웃을 만나게 될 때나, 또한 어떤 상황 속에서, 여기서 우리는 합당한 반응으로 순종을 해야 하는데 사람인지라... 어렵지요? 네, 그래서 하나님의 은혜가 필요합니다.

우리가 **하나님의 은혜**로 순종을 하게 되면, **예수 그리스도의 사랑**이 나눔의 시혜자와 수혜자에게 동일하게 임하게 된다고 믿는다. 나눔의 현장에는 예수님의 미소가 너, 나 할 것 없이 드러난다.

나눔! 삼위일체 하나님의 일하심을 맛볼 수 있는 과연 살아있는 은혜다. 함께 안해보실랍니까?

🍃 나눔에는 바이러스가 있다.

나의 꿈은... 날 만나는 모든 사람들이 **나눔 바이러스에 감염되어, 중독에 이르러 말 그대로 나눔에 미치가, 이 세상을 하나님의 나라**(천국)**처럼 아름답고, 따뜻한 세상을 만드는 것이다.**

나는 꿈꾼다. 예수님께서 가르쳐주신 이웃사랑. 이 이웃사랑의 실천적 모습인 '나눔'이 당연한 크리스천이 되어, 세상을 살리는 기독교를 꿈꾼다.

기독교의 대표 가치이자, 이 세상의 보편적 가치이기도 한 '나눔'. 이 '나눔'이 이 차갑고 어두운 세상을 따뜻하게 밝히는 작은 촛불이라 믿는다. 함께 세상의 빛으로 살아갑시다. 제가 먼저 더 살아내겠습니다. 기도, 응원, 격려 부탁드리겠습니다.

🍃 나꼼수 :: 나눔은 꼼수다.

나에게 나눔은 꼼수다.

사람을 위로하고, 격려하려는 꼼수.
사람을 변화시키려는 꼼수.

세상을 따뜻하게 해보려는 꼼수.
세상을 살려보려는 꼼수.

예수님 전해볼라카는(?) 꼼수.

하나님 은혜를 누릴라는(?) 꼼수다.

나꼼수.
나는 꼼수를 부린다.

나눔은
사람을... 세상을 살리는
그분(하나님.성령님.예수님)이 드러나는
째빌한(?) 꼼수이기에...

우리 함께 꼼수 부립시다.
우리 함께 참 나꼼수에 열광해봅시다.

나눔은 꼼수입니다.

🍃 나눔은 그 광경을 지켜보는 제 3자에게도 영향이 흘러간다.

나눔은 수혜자, 시혜자 뿐만 아니라... 그 모습을 지켜보는 제 3자에게까지 따뜻함이 전해진다. 어짜다보이 나눔이 삶이 되었다. 진짜 나눔에 미쳤다. 페북에 매일 글을 올린다. '나눔'에 대해서. 많은 분들이 요 글을 읽어주신다. 3인칭의 관점으로 보는 것만으로도 무언가 영향이 흘러가나보다. 누군가의 표현처럼 대리만족인가요?

무튼, 연락이 온다. 이래저래... 유럽. 프랑스, 스위스. 캐나다, 호주, 미국에서도. 신기하다. 하나님 은혜로 이 이야기가 영양가가 있는지. 관심들을 많이 가져주시고 더 나아가 실천(동참)까지 이어진다.

실제 나눔의 현장에서는 이보다 더한 은혜가 있다. 조용하던 할머니 집이 시끄러워진다. 웃음소리가 들린다. 옆집에서 기웃거리신다. 사람 사는 냄새 난다는 말씀까지 더하시고 그리고 자신이 받지 않으셨는데도 고맙다고 하신다.(왜 일까?)

"교회 댕기는 청년은 이래 착하게 사는가뵈?" 라신다.

부산역. 식사와 사랑을 나눈다. 옆에서 지켜보는 행인 1, 2, 3 아버지, 어머니들께서 한 마디씩 하신다.

"참 좋은 일 하십니다. 혹시 어디서 나오셨습니까? 아 교회에서 나오셨습니까? 역시 교회댕기는 사람들은 좋은 일 많이 하네요." 라고 말씀해주신다. 이라면서 개독교는 기독교로 조금씩 조금씩 회복 되어가는 거겠지?

그리고 내 제자들의 알바(?)까지...

"선생님. 예수님 믿는 사람은 다 착해요?"

"아니. 쌤 봐라... 소망 없다이가?"

"선생님은 착한 일 많이 해서 다 착해 보여요."

나눔은 수혜자, 시혜자에게 그치는 것이 아닌, 제 3자... 그 광경을 보고, 듣는, 읽는 분들에게까지 영향력이 있다. 예수님의 사랑을 느낄 수 있다. 많은 사람들이. 1석 3조라 카믄 되겠지요. 우리 함께 나눔으로. 예수님의 사랑을 자신이 먼저 느끼고, 또 타인에게도 느끼구로 해줍시다.

〈페이스북 친구 분의 글〉

글을 읽는 내내 흐르는 눈물이 주체가 안 되네요... 전도사님 글은 언제나 저를 반성하게 만들어요. 그거 아시나요? 당신의 실천은 노숙인 아버지 어머니들뿐만 아니라 그 모습을 보고, 읽는 많은 이들의 마음도 움직인다는 사실을... 파이팅입니다. - 조현희

🍃 고지론 VS 저지론

'삼일교회 청년을 국한해서 말하는 것이 아니라, 한국교회 청년들의 의식 구조 속에 잘못된 고지론, 어설픈 고지론이 있다. 믿는 자가 성공해야 하나님이 영광을 받는다는 식으로 말하는 것은 문제다. 한국교회가 지금처럼 만신창이가 된 것은 고지에 올라간 1%가 없어서가 아니다.

삼일교회 공동체가 예수님의 말씀 그대로 아무도 가려고 하지 않는 길, 하려 하지 않는 일, 그 좁고 협착한 곳을 찾아서 저지대로 내려간다면, 한국교회는 10년 안에 변할 수 있다. 나는 십자가의 정신을 따르는 청년 공동체에 대한 소망이 있다.

한국교회는 예수님이 오셔서 한결 같이 걸었던 길, 장애인 · 죄인 · 병자 · 고아 · 과부 · 나그네 · 사회적 약자 · 소수자들에게 더 많은 힘을 쏟아야 한다. 이것 말고는 답이 없다.'

– 송태근 목사님(삼일교회)

이번에 삼일교회에 부임하신 송태근 목사님께서 삼일교회 한 청년의 '삼일교회에 부임하면 우리를 어떤 청년으로 키우실거냐'는 질문의 답이자, 송태근 목사님의 목회철학이기도 하다는 인터뷰 내용... 괜히 힘이되는 글이다.(왜 혼자 이래 위로받지?)

한편으론 난, 김동호 목사님께서 말씀하시는 바른 고지론에 대해서도 동의하고, 또한 꿈(?)꾸기도 한다. 내가 대학생 때 총학생회장으로 어떻게 보면 고지를 점령했을 때 그 맛을 이미 봤거든.

내가 잘났다는 것은 아니지만 진짜 잘했다(?). 하나님 은혜로! 1년의 임기동안 2,000만원이 넘는 금액을 성금으로 모금하여 지역사회와 세계선교를 위해 나누고, 베풀었던 간증이 있기 때문이다. 즉, 대장만 잘하믄 무리도 함께 따라가게 된다는 것.(하나님께서 하신 일. 난 그저 순종만 교만하게 안비치길 간절히 바람.)

그랬던 내가 지금은 어떻게보믄 저지론(?)에 따라 짜치는 사람들 찾아댕기삿는데... 가끔 한계를 많이 느낀다. 왜냐면? 인력도 많이 부족하고 돈도 없으니깐. 그래서 가끔은 총학생회장 시절이 그립기도 하다. '대장'이 되면(고지를 점령하면.)! 더 쉽게, 더 많은 자원과 인력으로 선한 마음으로. 바른 생각을 가지고 예수그리스도의 사랑을 나눌 수 있는 일. 즉, 선한 일을 도모하기가 훨씬 수월코 영향력이 있거든.

그러나 크리스천은 예수님처럼 저지를 향해야 한다는 것을 단디 배워가고 있다. 고지론, 저지론 난 둘 다 찬성이다. 저지(낮은 곳을 섬기는)는 당연히 향하고, 또한 고지(사회적 영향력이 있는)도 정복하여... 고지에서 저지로 잘 흐르구로만 해준다믄, 금상첨화.

저지에서 손과 발이 힘들어질 때 고지에서 그 영향력으로 도와준다믄 저지도 얼매나 힘을 얻을꼬... 내도 돈이 없어질라칼 때쯤이면 누군가 툭하고 던져주는 후원금이 얼매나 도움이 되든지.(잘 사시는 권사님께서... 100만원 툭~)

난 청부, 청빈을 꿈꾼다.

돈 많이 벌어서 남 많이 주는 삶.

돈 함부로 쓰지 않고 돈 함부로 주는 삶.

돈 많이 벌어도, 돈 많이 없는 삶을 꿈꾼다.

무튼, 여러분. 고지를 점령해서 저지에도 신경 많이 써주시고요. 가난하고 외로운 이들을 향한 발걸음... 즉, 예수님의 발걸음. 함께 되짚어가요. 어찌됐든 개독교를 기독교로 회복시켜봅시다. 다음세대는 우리차례입니다.

영향력은, 영향력이 없는 사람들을 위해 '대신' 주어지는 것이다.
– 나눔전도사 송주현

🍃 나눔은 크리스천의 당연한 삶

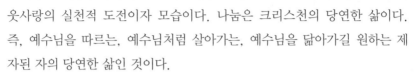

　나눔은 예수님께서 삶으로 가르쳐주신 이웃사랑의 실천적 도전이자 모습이다. 나눔은 크리스천의 당연한 삶이다. 즉, 예수님을 따르는, 예수님처럼 살아가는, 예수님을 닮아가길 원하는 제자된 자의 당연한 삶인 것이다.

　예수님의 삶은 가난하고, 헐벗고 굶주린 자들을 직접 찾아다니시며 그 사랑과 긍휼로 보살피고, 위로하셨던 삶이셨기에, 우리는 예수님을 따라, 예수님처럼, 예수님을 닮은 삶을 살아내야 한다.

　'지극히 작은 자에게 한 것이 나에게 한 것이니라'는 예수님의 말씀처럼, 우리는 소외된 이웃과 함께하는 것만으로도... 예수님과 데이트하는 행복을 누릴 수 있을 것이다.

　또한, 신명기 15장 11절의 말씀 **'땅에는 언제든지 가난한 자가 그치지 아니하겠으므로 내가 네게 명령하여 이르노니 너는 반드시 네 땅 안에 네 형제 중 곤란한 자와 궁핍한 자에게 네 손을 펼지니라'** 처럼... 나눔은 하나님의 명령이다. 우리는 말씀에 대한 합당한 반응인 순종을 삶으로 이뤄내야겠죠?

　하나님께서 기뻐하시는 예배, 히브리서 13장 16절의 말씀 **'오직 선을 행함과 서로 나누어 주기를 잊지 말라 하나님은 이같은 제사를 기뻐하시느니라.'** 삶으로 예배를 드릴 수 있는 은혜 또한 나눔의 삶이다.

　내가 나누는 현실적인 이유는 어릴 적 부터 받아온 여러분들의 도움을, 은혜를 갚기 위해 또한 하나님께서 나의 삶에 소외된 이웃들의 현실을 보게 하시고, 강조하셨기에.

　무엇보다 하나님께 받은 사랑과 은혜가 너무 커서 나누고 베풀지 않을 수 없다. 함께 나눔으로 하나님의 사랑을 전합시다. 그리고 나눔으로 세상을 아름답게 살려나가봅시다. 샬롬.

🍃 세상을 바꾸는 방법

제가 하는 나눔이, 봉사가.
세상을 확! 바꿀 수는 없을 것입니다.

하지만.
그 한 사람에게만큼은.
세상이 확! 바뀌게 된 것일낍니다.

앞으로도.
세상을 확! 바꾸렵니다.
'한 사람만의 세상'을...

한 분, 두 분...
그러다 보면 세상이 확! 바뀌겠지요.

함께 세상을 바꿔봅시다!
확!

🍃 우리는 과연 '축복의 통로'인가?

인터넷 기사 댓글인데... 생각하게 만든다.

'기독교 근본주의가 왕성한 미국과 달리 여기 한국은 개독교 맹목주의가 왕성하지. 죽으면 자기는 천국간다는 사람들이 재산은 왜그렇게 집착하는지 몰라....'

'잘 사는 사람'은... 5,000명분을 깔고 앉아 혼자 먹는 사람이 아니라. 5,000명을 먹여살리는 사람이다. – 김동호 목사님 유행어(?)

우리는 서로 '축복의 통로'라꼬 손을 벌리가 축복한다. 근데... '통로'는 빼놓고 '축복'만 붙들고 사는 것 같다. 복 받으면 통로가 되어 흘리야 한다. **복받을라꼬만 하지 말고... 통로가 될끼라꼬 설치샷는 그런 크리스천이 되었음 좋겠다.** 내부터.

넌크리스천들이... 크리스천은 복(재산)의 집착하는 사람들이라꼬 생각하지 않고. 통로(나눔)의 사람들이라꼬 생각하게 되는 그날까지. 개독교에서 기독교로 회복되는 그날까지. 내부터 단디 설치야긋다! 파이팅.

ps. 이 글을 적고 있는데 모금을 하는 청년들을 만났다. 지갑을 꺼냈다. 천원짜리 몇장 내야지하고... 이런... 만원짜리 하나삐 없네. 이런 글 적고있는데. '하나님 너무 하시네!'하믄서 넣어뿟다. 이렇게 **연습하자. 복에 집중하지않고, '통로에 집중'하는 연습.** 난 축복의 통로가 될끼다. 하나님께 받은 사랑, 은혜, '축복'을 나누고, 베풀고, 흘려보내는 '통로'가 될끼다.

🍃 사람 수의 민감한 현 한국교회. 사람 늘리자!

(사람 수의 민감한) 현 한국교회는 교회 내의 사람 수를 늘릴려고 하기보다 **교회 밖의 사람 수를 늘려야할 때**인 것 같습니다. 즉, 교회가 품고 섬기는 소외된 이웃의 수가 늘어나야 할 때입니다. – 나눔 전도사 송주현의 개똥철학

교회에는 두가지 목적이 있다고 한다. 하나는 모이는 것이고, 다른 하나는 나가는 것이라고 한다. 현 한국교회는 모다는데만 집중하는 것 같다. 큰 교회는 마 한그슥 더 더 더. 작은 교회는 쪼매라도 더 더 더. 한국교회는 모이구로만 할라는 것 같다.

개독교가 기독교로 바뀌기 위해선. 인자는 모다기보다 나가야 할 때 인 것 같다. 나가서 세상을 품고 섬긴다면... 자연스레 모이지 않을까? 품고, 섬기는 사람들 즉, 교회 밖의 사람들이 늘어나면... 그 사람들이 교회 내로 모일끼니깐.

아무리 개독교라 해사도 예수님의 사랑을 입이 아닌, 가슴으로, 삶으로, 행함으로 전한다면... 세상도 그 사랑을 인정해주고 받아먹을 것 같은데... 아닌가? 무튼 난 소외된 이웃에 관심이 많다. 예수님이 짜치는 나에게도 먼저 관심을 가져주셨으니깐. 흐.

🍃 동사무소에서 느낀(?) 내가 꿈꾸는 교회

내가 속해 있는 〈커뮤니티 울〉이란 청소년 단체에서 매년 방학마다 주최하는 '나눔수련회'가 있다. 수련회 프로그램 중... 나눔에 대한 도전 후 학생들이 모금을 하여 직접 독거노인, 노숙인 섬김을 하는 살아있는 시간이 있다. 그 시간을 위해 미리 동사무소를 찾았을 때에 일이다.

독거노인 10명을 소개받기 위해... 3일 전. 전화를 했더니 보건소에 전화를 해보라는 등 이래저래 돌리샷드만. 계속 부탁드린다고 하니... 명단을 뽑는데 쫌 걸린다며 3일 뒤에 동사무소로 방문해달라해스(뭐시 그리 오래 걸린다꼬. 흐..) 오늘 갔더니 준비가 단디 안 되어 있어서... 그서 2시간 정도 앉아있었네. 공무원님들의 일처리에 열채잇다는 것... 맞다. 근데 그 시간동안 많은 것을 보고 느낄 수 있었다.

동사무소는 어째보면 짜치는 사람들이 많이 찾아오는 것 같은데... 쫌 어째 혜택을 받을 수 있는게 없는지, 도시락 배달이나, 쌀이라도 받을려고... 할아버지, 할머니들이 역시나 많으시다. 동사무소에서는 '도시락 배달 인원이 다차서 안 된다, 이런저런 조건 때문에 안 된다, 복지회관에 가보세요.' 등 그냥 그렇게 뺑뺑이(?)를 돌리신다. 할머니, 할아버지들을.

얼마나 자존심도 상하고 마음이 아프고 힘드실까? 내가 막 다 도와드리고 싶지만, 난... 돈 없는 일개 청년이라 한계가 많다.

정부에서도, 시청에서도, 동사무소에서도, 복지관에서도 도와드릴려해도 복지시스템이나 재원 등의 한계가 분명 있을테고... 그럼 이 일을 누가해야할까?(소외된 이웃들을 자진해서 섬기고 도와드려야 할 일을...) 난 주저 없이 교회가 해야 한다고 말하련다.

그렇다면 교회는 뭐하는가? 내가 지금까지 여기저기 다니면서 소외된 이웃들을 찾아뵈고 도와드린다고 하는데... 그분들에게 '성당'의 영향력은 어째 다 말할 수가 없다.(내가 다니는 곳에서의 모습이다. 가보지 못한 곳은 또 다르겠지?)

도시락배달을 성당에서 한다.(정부에서 위탁받아서 하지만 할머니들은 성당에서 밥 준다고만 아신다.) 몸이 불편해서 성당에 못 오시는 할머니들을 위해 신부님들이 직접! 기도해주시러, 미사(?)를 드리러 매주 심방을 오신다. 말 그대로 돈 안 되고 대접도 받지 못하는 그곳에 그냥... 찾아오신단다. 매주! 흐. 교회 심방의 모습들을 생각해볼 때 신부님들의 심방(?)은 많은 것을 생각하게 한다.

교회에서도 소외된 이웃들을 향한 사역, 살아있게 활발하게 하는 교회도 많다!♥ 더 많았음 좋겠다는 당연하게 했음 좋겠다는... 어린 마음인거지.

내가 만약 목회를 하게 된다면 소외된 이웃들이 동사무소에서 뺑뺑이 안 당하게끔, 또 상처 안 받게끔 먼저 찾아다니며 도와주는 교회를 하고 싶다.

그리고 동사무소에서도 "우리는 해드릴 수 없으니... 저기 저 복지관에 가보세요."가 아닌, **"나눔교회**(가칭) **가보세요. 거기는 단디 도와줄낍니다."** 라고 당연한 절차마냥 소개 되어지는 교회를 하고 싶다.

젊은 열정이라서 그런지 몰라도, 나... 진짜 소외된 이웃들의 친구가 되고 싶다. 예수님처럼. 아... 세상은 참 답답한게 많다. **이 답답한 것을 교회가, 예수쟁이가 풀어 재꼈으면 좋겠다!** 나부터. 먼저. 더. 예수님이었다면 어떻게 하셨을까?

🍃 이 세상 사람 vs 저 세상 사람

저는
이 세상 사람이 아니라
저 세상 사람이 되고 싶습니다.

받는 것이 복되다는 이 세상이 아닌.
주는 것이 복되다는 저 세상.

섬김을 받으려 하는 이 세상보다.
도리어 섬기어라는 저 세상.

돈을 잘 벌기 위해 공부하는 이 세상이 아닌.
돈을 잘 쓰기 위해 공부하는 저 세상.

온 천하를 얻기 위해 수명을 다하는 이 세상보다.
한 영혼을 얻기 위해 목숨 바치는 저 세상.

혼자 잘 살기 위해 줄긋고 달려가는 이 세상이 아닌.
더불어 잘 살기 위해 함께 손잡고 걸어가는 저 세상.

나의 이익을 구하는 이 세상보다.
타인의 유익을 구하는 저 세상.

말과 혀로써 사랑하는 이 세상이 아닌.
행함과 진실함으로 사랑하는 저 세상.

축복에 집중하는 이 세상보다.
통로에 집중하는 저 세상.

밑 빠진 독의 구멍을 메우는 이 세상이 아닌.
밑 빠진 독의 구멍으로 흘려보내는 저 세상.

이틀 분을 쌓아두다 썩고 마는 이 세상보다.
하루분만 챙기고 남겨두는 저 세상.

손가락질 하는 이 세상이 아닌.
손내밀어주는 저 세상.

차가운 머리로 계산하는 이 세상보다.
따뜻한 가슴으로 반응하는 저 세상.

나의 편안함을 추구하는 이 세상이 아닌.
남의 평안함을 추구하는 저 세상.

욕심이 당연한 이 세상보다.
나눔이 당연한 저 세상.

나를 위한 이 세상이 아닌.
우리를 위한 저 세상.

있거나, 많을 때 시작하려는 이 세상보다.
적거나, 없어도 시작하는 저 세상.

저는
이 세상 사람이 아니라
저 세상 사람이 되고 싶습니다.

하나님, 예수님, 성령님께서
계시고, 가르치시고, 인도하시는 저 세상.
그 어디보다 아름답고 따뜻한 하늘나라.

🍃 돈 되는 일 vs 돈 안되는 일

어제 해버렸다. 정말 하고싶었던 말을... 흐.

"요즘 세상은 돈 되는 일만 쫓습니다. 아니... 크리스천들도 돈 되는 일만 원하는 것 같습니다. 그럼... 돈 안되는 일은 누가하나요? 돈 안되는 일... 누군가는 해야 합니다. **저는 아무도 하려고 하지 않는 그 돈 안되는 일을 우리 예수쟁이가 해야 한다고 생각합니다!**

주님이 나에게 돈 안되는 일 하라시면 그냥 합시다. 예수쟁이마저 돈 안되는 일을 마다하면... 세상은 안돌아갈 것 같습니다. 잘못 들으시면 안 됩니다. 돈 되는 일도 해야 합니다. 그래서 돈 안 되는 일하시는 분들의 든든한 지원군이 되어줍시다!

함께합시다. 돈 안 되는 일이지만. 주님이 원하시는 그 일을... 돈 안 되는 일. 나에게 시키신다면 어떻게 하시겠습니까? 주님이 하라시면 합시다.

감히 고백해봅니다. 저 어쩌다보니 돈 안 되는 일하고 있습니다. 돈 드는 일하고 있습니다... 돈 안되도 그 어떤 일보다 행복합니다.

그리고 신기한건 이 돈 안되는 일이 언젠가부터 돈 되는 일이 되었습니다. 요즘 돈 많이 벌어요. 그래서 더 많이 나눌 수 있게 되었습니다. 돈보다 주님의 부르심을 쫓아보아요. 우리 예수쟁이 청년들은...

우리는 이 세상 사람이 아닙니다.

우리는 저 세상 사람이잖아요... 흐."

주님 말씀하시면 내가 나아가리다.

주님 뜻이 아니면 내가 멈춰서리다.

나의 가고 서는 것 오직 주님 뜻이니.

오 주님 나를 이끄소서.

뜻하신 그곳에 나있기 원합니다.
이끄시는대로 순종하며 살리니.

연약한 내 영혼 통하여 일하소서.
주님나라와 그뜻을 위하여.

오 주님 나를 이끄소서.

ps. 나도 더 돈 안되는 일을 하고 싶다. 돈보다. 더 크고 높은 가치가 있기에...

🍃 자칭(?) 비서실장 조민기

너희 중에 누구든지 크고자 하는 자는 너희를 섬기는 자가 되고 너희 중에 누구든지 으뜸이 되고자 하는 자는 모든 사람의 종이 되어야 하리라 인자가 온 것은 섬김을 받으려 함이 아니라 도리어 섬기려 하고 자기 목숨을 많은 사람의 대속물로 주려 함이니라(막11:43~45)

나에게는 동생이 있다. 친동생 같은 친구다. 민기다 조민기. 아새이 진짜 몬났다. 나도 뭐 피차일반이지만 흐... 내가 고신대학교에서 총학생회장을 할 때부터 자칭(?) 비서실장이라면서 따라댕기며 무엇이든지 함께하게 된 동생이다.

군 제대 후... 아놔... 더 오래 붙어있게 되었다. 밥도 같이 묵고, 심지어 같이 동침(?)하면서... 함께 산다. 우리 아버지, 어머니보다, 여자친구 은비보다, 더 오랜 시간을 함께하는 참 보기 싫은(?) 동생이다.

난 민기를 보면서 예수님 생각이 많이 난다. 정말 예수님처럼 섬긴다. 드러나고 싶고, 으뜸이 되고 싶을텐데... 묵묵히 뒤에서 모든 일을 서포트 해준다. 사진도 찍어준다. 그래서 지 사진은 많이 없다. 뿐만 아니라... 내 피곤할꺼라면서 청소도 지가 하고, 뭔가 귀찮은 일을 직접 찾아서 다해놓는다. 지도 내랑 똑같이 활동하기에 내나 피곤할낀데... 항상 너무 고맙고... 또 미안하다.

힘들고 지쳐도... 스트레스가 극에 달했을 때에도... 통닭 한 마리 뜯어무면서 함께 울고, 함께 웃어 줄 수 있는 동생이 있어서 참 좋다. 난 우리 동생 민기랑 평생 함께 하고 싶다. 무엇을 하든지... 이 고마운 마음 잊지 않고 갚으며 살리라.

무튼 민기야. 이 글 보고 있으면... '시키라.' ^(통닭).

ρs. 사진... 대박이네. 4년 전에는 둘 다 사람 같았네... 근데, 지금은 폭삭 삭힛네... 미안.

Epilogue
에필로그

💜 **난 여자들 때문에 산다.**

나는 여자가 좋다. 그래서 나는 여자들 때문에 산다.

먼저는 우리 어마니... 몸도 불편하시면서 거의 매일같이 기도원으로 출근(?)하신다. 그리곤 이 아들위해 눈물로 기도해주신다. 그 기도빨, 무릎빨로 여기까지 오게 되었다. 플라스, 엄마표 밥빨로 지금 내 키가 되었다지. 191cm. 김 권사님 항상 고맙소! 사랑해요!!!

그리고 홍난희 대한수도원 부산기도원 원장님. 진짜 친 할머니 같으시다. 어릴 적부터 찾아뵐 때면 손주같이 매일을 '피자 사먹어라... 맛있는거 사 먹어.'하시면서 용돈을 쥐어주셨다... 무엇보다 매일 밤마다 밤새 이 손주를 위해 중보해주시는 그 은혜 어찌 잊겠노? 우리 큰 이모부터, 경미 집사님 등 구포제단 식구들의 그 눈물의 기도, 그리고 후원 또한 어찌 잊겠노? 정말 난 복 받았다. 정말 여자들 때문에 산다... 여자들 기도빨로 산다.

우리 나눔커뮤니티 후원회장(?)님이신 노선희 권사님. 항상 기도로, 물질로 우리팀을 섬겨주신다. 참 감사한 것 밖에 없다. 괜히 주무셔야 하는데 TV 잘 못 트셔서(?) 내 보시뿌고... 그 후로 지금까지 아들같이 항상 챙겨주시는 우리 권사님. 이 책 가지고 태안 놀러갈게요. 또 별장에서 쉬게 해주세요. 흐흐.

여자는 아니지만... 여자같은(?) 우리 아버지. 난 경상도 아버지가 아들 래미 집에 들어왔다고 안아주고, 나갈 때 또 안아주시고... 전화 끊을 때도 '사랑해. 아들.'이라고 하시는기... 아직도 이해가 안간다. 그만큼 우리 아버지 사랑이 많으시다.

이 아들 위해 평생을 눈물로 양육해주셨다. 난 아직도 우리 아버지가 슈퍼맨이라 믿는다. 나보다 키도 작고, 씨름해도 이제는 질 수밖에 없으시지만... 우리 아버지의 순수한 신앙과 영빨은 과연 슈퍼맨이시다. 내 꿈이 하나 더 있다. 그것은 우리 아버지 같은 아빠가 되는 것이다. 내 성격이 좋은 편이 아니라서 쫌 힘들겠지만 노력할꺼다. 그 받은 사랑 너무 감사하니깐.

송주은... 이름 여자 같죠? 우리 행님이다. 어릴 때 진짜 많이 싸웠는데... 주 때리고 문에 손 낑가뿌고. 그라고 엄빠한테 맞고... 울고. 흐흐. 우리 행님 말은 안 해도 동생 얼마나 챙기주는지 아무도 모를끼다. 행님. 항상 고맙다이. 우리 예수님 잘 믿자이.

그 어떤 여자보다 뛰어난 이름(?) 품. 나으천사 나은비씨. 남자친구 위해 얼마나 열심히 기도해주는지 아무도 모르실끼다. 그 기도빨로 나는 살아간다. 이제 결혼해스 더 이쁘게 살아가는 모습 보여드릴게요. (나눔 결혼식 기대해주세요 지금까지 모셨던 할아버지, 노숙인 아버지들 결혼식에 모실낍니다. 그리고 축의금은 좋은데 쓸끼랍니다!)

난 세상 그 어떤 여자보다 이 여자가 좋다. 사랑해 은비야! 그 누구보다 사랑해줄게. 진심이다. (으.. 갱상도 남자 손발 오그라든다.)

우리 은비를 이렇게 아름답고 현숙하게 길러주신 아버지, 어머니! 항상 기도와 응원으로 함께 해주심에 감사드립니다. 앞으로도 은비랑 이쁘게 만나다가... 이쁘게 살겠습니다. 흐흐. 감사합니다.

♥ 정말 마지막으로 하고 싶은 말이 있다면?

우리 젊은이들이여!!! 일어납시다. 돈 많이 벌어서 더 넓고, 더 좋은 것 취하기 위해... 우리의 젊음을 허비하지 말고... 세상 바꾸는 간지나는 일에 우리의 젊음을 쏟아 봐요!!!

제가 먼저 더 열심히 살겠습니다. 그래서 제 꿈처럼 '세상 꼭 바꾸겠습니다!'. 아름답고 따뜻하고, 간지나게... 함께. 세상 바꿔가요!!! 말이 아닌. 삶으로...!!! 이 세대의 주인공은 우리에요.

그리고 기독교, 너무 욕하지 말아주세요. 이름도 없이 빛도 없이... 세상 바꾸고 있는 간지나고 살아있는 크리스천들도 많아요! 저도 그분들 따라가려고 노력하는 정도일 뿐입니다. **예수님은 당신을 사랑하십니다.** 제 삶으로 더 그 사랑 나누겠습니다. 무엇보다 저부터 예수 잘 믿겠습니다. 기도 많이 해주세요. 정말 예수님 더 잘 믿고 싶습니다. 기도가 필요합니다. 부탁합니다.

보잘 것 없는 글... 읽어주셔서 감사합니다.
하나님께서 하셨습니다. 하나님께 영광입니다.

Supplement

☕ 2013.02.26 :: <모두 '짝' 찾으러 갔을 때
　　　　　　　우린 '이웃'을 돌보러 갔습니다.> - 조선일보

나눔대첩 기획자 송주현씨
노숙인 체험해보니 자립기반 마련 시급해
자비로 월세방 얻어주고 직업 갖도록 약속 받아
대학 졸업 후 활동 나서 노인 · 아이 30여 명 돌봐
'나눔대첩' 입소문 타며 지난 연말 500여 명 모여 방한용품 등 선물 전달
"각자가 주위 사람을 돌보는 것"이 내 꿈

"12월 24일, 솔로는 모두 여의도공원으로 모입니다."

　지난해 연말, 대규모 단체 미팅 행사였던 '솔로대첩'은 인터넷을 뜨겁게 달궜다. 당초 '솔로
대첩'은 서울을 포함, 전국 14곳에서 3만5000여 명의 참가자를 예상했지만 2860명 정도만 참
여하면서 싱겁게 끝이 났다. 한편, 페이스북에서는 소외된 이웃과 함께 성탄절을 보내자는 취지
의 '나눔대첩'에 대한 관심도 고조되었다. 전국 21개 지역에서 500여 명이 자발적으로 모였고,

이들은 김밥, 방한용품 등 선물을 준비해 노숙인들에게 전달했다. 영등포·수원·대전·부산 등 몇몇 지역에서는 '나눔소(小)첩'을 열어 나눔의 손길이 지금까지 이어지고 있다.

지난 16일 토요일 저녁, '나눔소첩' 현장을 찾았다. 영등포역 카페 한쪽에 사람들이 하나둘씩 모였다. 한 손에는 유성매직과 액체화이트를, 한 손에는 귤을 들고 사뭇 진지한 표정으로 그림을 그리는 이들. 작년 '나눔대첩' 이후 매주 토요일마다 영등포역·쪽방촌 노숙인들에게 재밌는 그림이 그려진 귤을 나눠주는 '나눔 커뮤니티' 자원봉사자들이다. 한상대(29) 팀장은 "페이스북을 통해 부산의 한 젊은 청년이 '나눔대첩' 행사를 기획하고, 그가 3년째 노숙인들과 독거노인을 돕는다는 사실에 자극을 받아 봉사활동을 시작했다"고 말했다.

쪽방촌 할머니들은 송주현씨(사진 왼쪽)의 또 다른 가족이다.

'나눔대첩' 아이디어의 주인공은 작년에 신학대를 졸업하고, 부산의 한 고등학교에서 종교강사를 하는 송주현(25)씨. 송씨는 수업이나 강연이 없는 시간에는 쪽방촌의 독거노인을 뵙거나, 부산역 등지의 노숙인을 찾아간다. 한 달 최소 생활비 30만원을 제하고는 모두 이들의 생활비나 월세 보조금으로 사용한다. 부모님은 송씨가 다른 신학생들처럼 목사가 되길 원했지만, 그는 '사회활동가'에 가까운 길을 선택했다. 그 시작은 3년 전으로 거슬러 올라간다.

송씨는 총학생회장직을 맡아 학교 홍보 차원에서 나눔 행사를 기획했다. 부산 영도지역의 독거노인 50가정을 찾아 연탄도 나르고, 쌀·김치 등 식료품을 전달했다. 지역 언론사도 동행해 의례적으로 사진도 찍었다. 촬영이 끝나고 "또 올게요"라며 인사를 하고 돌아서는데, 한 할머니가 송씨의 손을 꼭 잡으며 "고맙다"고 하신 것. 송씨의 마음엔 뜨거운 울림이 생겼다. 말로만 그쳐서는 안 된다는 생각이 들었다. 이때부터 친구 30여 명을 모아 '나눔계모임'을 만들었다.

☕ 2013.3.16 :: <다함께 나눔전도사가 되어 보실래요?> - 한국기독신문

26세. 대학을 졸업하고 취업을 하거나, 대학원에 진학해 공부를 더 하기도 한다. 아니면 취업준비를 하거나 유학을 가거나 하는 사람도 있다. 이것이 대한민국을 살아가는 26세 청년들의 모습이다.

모두들 자신의 행복한 미래를 꿈꾸며 나아가는 시기인 것이다. 취업 스펙 쌓기에 열중하고, 어느 기업에 들어가느냐가 최대 관심사인 이들 중에서 유독 다른 행보를 보이는 청년이 있다. 송주현 나눔전도사(나눔커뮤니티 대표)가 바로 그 주인공이다.

2010년 고신대학교 기독교교육과 3학년 재학시절, 총학생회장으로 활동하며 학교의 행사로, 홍보 목적으로 '나눔축제'를 개최한 것이 계기가 돼 송주현전도사의 인생은 바뀌기 시작했다. 학교를 알리기 위해 시작한 '나눔축제'는 학생들의 자발적인 성금으로 영도에 사시는 독거노인 50가정을 방문해 연탄을 배달하고, 도배 및 간단한 수리작업을 하면서 봉사활동을 하는 것이었다.

이 나눔 활동이 마무리 되어갈 때, 할머니 한 분께서 송 전도사에게 고맙다며 손을 꼬옥 잡아주셨다. 그 순간, 송 전도사는 그 손을 놓지 않고 계속 잡기로 결심했고 그렇게 송 전도사의 나눔 활동은 본격적으로 시작됐다. 지인들과 '나눔계'를 만들어 일주일에 3천 원씩 모아 독거노인분들을 찾아뵙고 생필품을 나눠드렸다. 또한 노숙인들에게도 먹을 것을 사서 일일이 나눠드리며 섬기게 됐다. 이후, '나눔계'를 확대시켜 더욱 나눔이 확산될 수 있도록 '나눔커뮤니티'를 만들어 많은 자원 봉사자들과 함께 활동하기 시작했다.

"노숙인들에게 가장 필요한 것이 무엇일까 고민하다 제가 직접 노숙인 생활을 했습니다. 그러다보니 이 분들의 잠자리 해결이 우선인 것을 알게 됐죠. 노숙인쉼터에서도 제대로 적응하지 못한 분들이 많아 결국 거리에서 지내시더라고요. 그래서 노숙인분들에게 방을 잡아 첫 달 방세는 제가 낼 테니 다음 달 방세는 스스로 내시라고 말씀드렸습니다. 자립 할 수 있는 기반을 잡아드리는 거죠."

노숙인들에게 잠자리를 제공함으로써 위생, 청결상태가 함께 해결되고 몸이 불편한 사람은 회복할 수 있는 여건도 마련 돼, 자립의지가 점점 생겨나게 된다는 것이 그의 설명이다. 그의 노숙인 잠자리 마련 나눔은 지금 8명으로 확대해 이어나가고 있고 실제로 4명은 일하면서 방세를 스스로 해결하게 됐다.

독거노인분들의 생활비와 생필품, 그리고 노숙인들의 방세까지. 많은 돈이 필요하지만 그는 단호하게 돈으로만 나눔을 실천하는 것은 아니라고 말한다. "저는 계좌이체나 택배를 이용하지 않습니다. 꼭 직접 찾아가서 인사드리고 손잡아 드리면서 할머니, 아버지들과 놀다오지요."

물질의 후원도 중요하지만 나누고자 하는 마음이 더욱 중요하다는 송 전도사는 자비량 나눔을 선호한다. "물론 강연을 나가면 많은 분들이 도와주시겠다고 말씀하시고 도움도 실제로 많이 받습니다. 그러나 후원을 받아 그 돈으로만 나눔을 실천한다면 후원이 없을 때는요? 결코 후원에 의존해 나누고 싶지는 않습니다."

그래서 그는 자신의 강연비와 장학금 등에서 자신이 쓸 최소한의 돈을 제외하고 나머지는 전부 나눔 활동에 사용하고 있다. 서른 명이 넘는 분들에게 아들과 손자 역할을 하고 있는 송 전도사는 자신처럼 아무것도 가진게 없는 사람도 나눔을 실천할 수 있음을 보여주고 싶다고 한다. 그래서 주변에 있는 사람을 돌아볼 수 있는 사람들이 더욱 늘어나기를 바라는 마음에서 더 열심히 나눔전도사의 역할을 담당할 것을 다짐한다고.

그러나 직장도 없이 돈도 모으지 않는 송 전도사에게 쏟아지는 주변의 시선은 힘들고 어려웠었다고 고백하며 그래서 더 든든히 곁에서 응원해주시는 부모님께 감사하다고 말했다.

나눔을 실천하면서 자신은 아무것도 아니지만 나를 통해 하나님께서 살아 역사하심을 깨닫게 되어 행복하다는 송 전도사는 "축복의 통로로 살려면 축복보다 통로라는 것에 더 집중해야 하는 것 같아요. 통로로 사니 축복이 열리더라고요. 여러 곳에서 불러주시고, 도와주시고, 함께 하길 원하시니 너무나 기쁩니다.

특히 이 땅의 청소년들, 젊은이들이 나눔에 관심을 가지고 실천해 나가는 것이 저의 큰 바람인데 하나님께서 저를 그렇게 사용하셔서 감사할 따름 입니다"라며 미소 지었다.

이웃과 함께 나누며 하나님의 사랑을 실천하는 것이 삶의 목표라는 나눔전도사 송주현. 나눔 봉사자로서의 역할과 다른 이들에게 나눔의 동기를 부여하는 강연자로서의 역할로 바쁜 그가, 젊은이들의 롤모델이 될 날도 머지않은 듯 보인다. / 최 선 기자

스물다섯 *미친나눔*으로 세상을 바꾸다